MENTORS

긴 말 필요없다! 짧지만 강한!
영어회화 핵심문장

2025년 04월 21일 인쇄
2025년 04월 28일 발행

지은이   Chris Suh
발 행 인   Chris Suh
발 행 처   **MENTORS**
　　　　　경기도 성남시 분당구 황새울로 335번길 10 598
　　　　　TEL 031-604-0025 FAX 031-696-5221
　　　　　mentors.co.kr
　　　　　blog.naver.com/mentorsbook
　　　　　* Play 스토어 및 App 스토어에서 '멘토스북' 검색해 어플다운받기!
등록일자   2005년 7월 27일
등록번호   제 2009-000027호
I S B N   979-11-94467-65-6
　　　　　979-11-988955-6-1(세트번호)
가　　격   18,600원(MP3 무료다운로드)

잘못 인쇄된 책은 교환해 드립니다.
이 책에 게재된 내용의 일부 또는 전체를 무단으로 복제 및 발췌하는 것을 금합니다.

머리말

✅ 짧지만 강한 그래서 네이티브와 직빵으로 통하는 알짜문장!

영어를 말하고 쓰기 위해서 접근하는 방법은 여러가지가 있다. 패턴부터 시작하여 평생 써볼 기회없는 슬랭, 기본동사, 구동사, 상황별 영어 등 다양하다. 이중 어느 하나만 집착하는 것은 물론 패착이 될 것이다. 일부 겹치더라도 여러 각도에서 영어를 파고 들어야 한다. 이번에 <초간단 영어완성>시리즈 3번째로 정리한 것은 3-4개의 단어로 짧지만 강한 그래서 네이티브와 직빵으로 통하는 알짜표현 250 여개를 제시한다.

✅ 영어학습의 최종목표는 '영어말하기!'

10년이상 하루같이 영어책을 부둥켜안고 보고 또 보았지만 영어로 말을 하지 못하는 것은 변함이 없다. 독해도 잘하고, VOCA 책을 여러 권 달달 외우고, 그리고 TOEIC 점수가 900점이 넘었지만, 영어학습의 최종 목표인 '영어말하기'는 아직도 요원해 보인다. 이상하게도 영어공부는 많이 한 것 같은데 영어로 말하기는 영 제자리 걸음을 하고 있는 것은 어제나 오늘이나 매한가지이다.

✅ 영어에 많이 노출되어 자연스럽게 영어에 대한 감각을 익혀야!

그리고 영어는 살아있는 언어이다. 실험실에서 배우는 과학이 아니다. 외국어로 후천적으로 배우는 입장에서 분석적인 접근이 어쩔 수 없지만 지나치게 해부학같은 과잉분석은, 마치 문법을 배운다고 함무라비 법전 같은 것을 끌어안고 있는 것과 매한가지이다. 이는 결국 영어를 더 어렵게 만들 수도 있다. 최소한의 문법, 최소한의 분석을 통하여 영어를 이해하고 그 다음에는 어떻게든 영어에 많이 노출되어 자연스럽게 영어에 대한 감각을 익혀야 가장 효율적인 영어학습법이 될 것이다.

✅ 외국어로 배우는 처지에서 일정부분 암기해야!

이책 <영어회화 핵심문장>은 그와 같은 맥락에서 기획되고 준비되었다. 너무 어렵지 않으면서도 네이티브가 일상생활에서 많이 쓰는 짧은 표현들을 집중적으로 모았다. 수록된 표현들을 달달 외우면 영어실력이 한 단계 업그레이드된 자신을 발견하게 될 것이다. 너무 쉬운 표현이라고 무시하면 안된다. 머리속으로 알고 있는 것과 실제 네이티브와 만나서 직접 쓸 수 있는 능력과는 별개의 문제이기 때문이다. 영어가 학문은 아니지만 외국어로 배우는 처지에서 일정부분 암기하는 것은 불가피하니 피하지 말고 도전해보자!

이 책의 특징 및 구성

✓ 이 책의 특징

1. 짧은 표현들이지만 네이티브와 만나서 영어할 때 꼭 써야 되는 표현들만 모았다.
2. 실제로 말하지 못하면 아는 것은 아는 것이 아니다. 달달 외우고 네이티브 앞에서도 써보면 영어에 자신감이 붙는다.
3. 생동감 넘치게 녹음된 네이티브를 따라 여러 번 반복해서 큰소리 내서 읽어보면 소중한 영어자산이 될 것이다.

✓ 이 책의 구성

1. Level 01 모르면 영어가 아예 안되는 표현 001-063
네이티브와 대화시 꼭 알아야 하는 핵심문장 중에서도 가장 기본적인 문장 63개를 정리하였다.

2. Level 02 알아두면 뼈가 되고 살이 되는 알짜표현 001-112
Level 중 가장 많은 112개의 핵심문장을 설명하고 있는 공간으로 Level 01보다는 어렵지만 그동안 영어책을 여러번 본 사람들이라면 어디서 한번쯤은 들어본 표현들로 이번 기회에 달달 외워 자기표현으로 만들어본다.

3. Level 03 네이티브와 직빵으로 통하는 표현 001-069
가장 어려운 핵심문장 69개. 영어로 네이티브와 말문을 트려면 꼭 알아두어야 하는 문장들로 피하지 말고 도전해본다.

4. Supplements
영어회화의 필수부분은 아니지만 알아두면 네이티브와 대화시 양념같은 역할을 하며 언어이상의 효과를 가져다주는 '감탄사'와 '의성어'를 정리하였다.

이책의 사용법

Level 01 001

Come o
서둘러!, 그러지마!, 제

01

Come on!
서둘러!, 그러지마!, 제발!, 자 덤벼!

Level 및 Pattern 넘버링
Level 01, 02, 03 단계별 번호를 말한다.

핵심문장
넘버링 오프닝 영어핵심문장이다.

핵심급소공략
네이티브들이 일상생활에서 자주 쓰는 Come on!은 상황과 는 표현이다. 먼저 남은 바빠 죽겠는데 여유작작한 양반에겐「 로, 또한 말이나 행동이 지나친 사람에겐 억양을 내려서「그단 사용할 수 있다. 한편 명사로 come-on은「미끼상품」이나「ㅅ 다.

우리말 설명
핵심문장이 어떤 의미이며 어떠한 상황에서 쓰이 는지 등을 친절하게 설명하였다.

📢 Speak Like This
1 **Come on,** Cindy! We're going to be late!
   신디야, 서둘러! 우리 늦겠다!
2 **Come on,** do it. You've got nothing to lose.
   이봐, 그렇게 해. 밑져야 본전이잖아.
3 **Come on,** Chris. Don't be so lazy.
   왜 이래, 크리스. 그렇게 게으르게 살지마.

Speak Like This
핵심문장이 실제 어떻게 쓰이는지 살아있는 예문 3개를 통해서 몸에 익힌다.

EASY TALK
A: I don't think that I want to go out tonight.
B: **Come on,** that's silly. You **love to** go out.
   A: 오늘 밤엔 외출하고 싶지 않아.
   B: 이러지마, 바보같이. 외출하는거 좋아하잖아.

A: Do you think my make up **looks** all right?
B: **Come on,** you look beautiful!
   A: 나 화장 괜찮은 것 같아?

Easy Talk
핵심문장이 쓰이는 AB 대화 2개를 수록하여 감각적으로 핵심문장을 이해하도록 꾸며졌다.

✓ Talk Tips
Come on~ 다음에 in을 붙여서 Come on 어주면서 "어서 들어와"라는 의미가 된다. 그래 하려면 "Come on in, Betty. Can I get you

Talk Tips
핵심문장의 다하지 않은 이야기 혹은 그와 관련된 추가정보를 알려주는 공간.

1 Come on!
작작 좀 해라!

영화나 드라마를 보면 가장 많이 듣는 표현 중 하나로 그 의미 또한 다양하다. 상대방이 놀릴 때 혹은 과장되게 말할 때 Come on!하면 '이러지마!(Stop it. Stop doing that!)란 뜻이 고, 상대방에게 뭐가를 구할 때, 예를 들어 받 못 본 귀가를 요청하는 말이 또는 뺑을 더 먹겠다 고 졸라대는 아들이 Come on!하면 '제발 허락해 주세요'라는 의미. 또한 상대방이 이동하 면서 Come on!하면 '서두르라!(Hurry up!)는 말이다.

A: What time does the show start?
B: It begins at nine. Do you think you can get ready in time?

Supplements
실생활에 자주 쓰이는 감탄사와 의성어를 정리하 였다.

CONTENTS

Level 01
모르면 영어가 아예 안되는 표현 001-063 015p

001 **Come on!** 서둘러!, 그러지마!, 제발!, 자 덤벼!
002 **Have fun!** 재미있게 지내!
003 **Keep going!** 계속해!
004 **Look out!** 조심해!, 정신차리라고!
005 **Take care!** 잘 지내!
006 **That's okay!** 괜찮아
007 **Excuse me** 실례지만, 미안해요
008 **Have a nice day!** 좋은 하루 보내!
009 **I got a cold** 감기걸렸어
010 **See you later!** 나중에 봐!
011 **What's up?** 어떻게 지내?, 무슨 일이야?
012 **That's right** 맞아, 네 말이 옳아
013 **Help yourself** 어서 갖다 드세요, 마음껏 드세요
014 **I'm sorry to hear that** 안됐네
015 **Cheer up!** 기운내!, 힘내!
016 **How about you?** 네 생각은 어때?
017 **Nice meeting you!** 만나서 반가웠어!
018 **So what?** 그래서 뭐가 어쨌다고?
019 **That's too bad** 참 안됐군, 이를 어쩌나
020 **Calm down** 진정해
021 **How are you doing?** 어떻게 지내?
022 **I'm not sure** 잘 모르겠어
023 **It's my fault** 내 잘못이야
024 **Let me see** 그러니까, 저기, 어디보자
025 **Good for you!** 잘됐네!, 잘했어!
026 **Good job!** 잘했어!
027 **I don't care** 상관없어

028 I'll be right back 곧 돌아올게
029 Let me think about it 생각 좀 해보고
030 No problem 신경쓰지마, 괜찮아, 문제없어
031 Same here 나도 그래, 나도 똑같은 걸로요
032 Sure 물론, 당연하지, 그래, 그럼요
033 This is too much! 이건 너무해!, 그럴 필요는 없는데!
034 Don't worry about it 신경쓰지마, 걱정마
035 Got a minute? 잠깐 시간있니?
036 Guess what? 저기 말야?, 그거 알아?
037 How's it going? 잘 지내?
038 I have no idea 몰라, 모르겠어
039 Take it easy 천천히 해, 진정해, 잘지내
040 Watch your mouth! 함부로 말하지마!, 말 조심해!
041 You're welcome 별말씀을요
042 I'm sorry? 뭐라고(요)?, 예?
043 How's your day? 오늘 어때?
044 I agree with you 내 생각도 그래
045 I'm glad to hear that 그 얘기를 들으니 기뻐, 그것 참 잘됐다
046 I've got to go now 이제 가봐야겠어, 이제 끊어야겠어
047 Take your time 천천히 해
048 That's great 아주 좋아, 잘됐네
049 What a shame! 안됐구나!
050 Can we talk? 얘기 좀 할까?
051 Could you do me a favor? 부탁 좀 들어줄래?
052 Forget it 잊어버려, 됐네
053 I'm doing okay 잘 지내고 있어
054 Way to go! 잘했어!, 잘한다!
055 It was nothing 별거 아닌데요, 별일 아니야
056 This is not my day 오늘 일진이 안좋아
057 Why not? 왜 안돼?, 그러지 뭐!
058 It's up to you 네가 결정할 일이야
059 There's no hurry 급할거 없어
060 Are you okay? 괜찮아?

061 Just a moment, please 잠깐만요
062 Are you sure? 정말야?
063 You did what? 네가 뭐 어쨌다고?

Level 02
알아두면 뼈가 되고 살이 되는 알짜표현 001-112 081p

001 Couldn't be better! 최고야!, 최고로 좋아!
002 Enjoy your meal! 식사 맛있게 해!
003 Get out of here! 꺼져!, 나가봐!, 웃기지마!
004 I appreciate it 정말 감사해요
005 I don't think so 그런 것 같지 않은데
006 I'll be there 내가 갈게
007 Let's get together again soon 곧 다시 만나자
008 Look at this! 이것 좀 봐!
009 Say hello to your wife! 아내에게 안부전해줘!
010 Sounds like a plan! 좋은 생각이야!
011 That's very kind of you 정말 친절하시네요
012 What should I do? 내가 어떻게 해야 하지?
013 This is for you 이건 네거야, 이거 너줄려고
014 All right 알았어, 알았어?, 좋아
015 Do you have time? 시간 있어요?
016 Here's to you! 널 위해 건배!, 너한테 주는 선물이야!
017 I can do that 내가 할 수 있어
018 I have another appointment 선약이 있어
019 Why don't we get some rest? 우리 좀 쉬자
020 That's all right 괜찮아, 됐어
021 Let me take care of it 나한테 맡겨
022 (Are) You all right? 괜찮아?
023 Catch you later 나중에 봐
024 Drop me a line 연락해

025 He didn't show up 걘 오지 않았어
026 I'm all tied up 바빠 꼼짝달싹 못해
027 I can't believe it 설마!, 말도 안돼!, 그럴리가!
028 Can I get you something? 뭐 좀 갖다줄까?, 뭐 좀 사다줄까?
029 I'm not going 난 안가
030 Mind your own business! 상관말라고!, 신경꺼!
031 Talk to you soon 또 걸게, 다음에 통화하자
032 What are you doing here? 여긴 어쩐 일이야?
033 What's the matter with you? 무슨 일이야?, 도대체 왜 그래?
034 Are you serious? 정말이야?, 농담아냐?
035 Come to think of it, 생각해보니까 말야,
036 Who do you work for? 어디서 일해?
037 That's it 바로 그거야, 그게 다야, 그만두자
038 Something's come up 일이 좀 생겼어
039 I know how you feel 네 심정이 어떤지 알만 해
040 How come you're late? 왜 이렇게 늦은거야?
041 I'm with you 같은 생각이야
042 It's a long story 말하자면 길어
043 Let's call it a day 퇴근하자
044 No way! 절대 안돼!, 말도 안돼!
045 Take my word for it 진짜야, 믿어줘
046 What are you talking about? 무슨 소리야?
047 You can call me by my first name 이름으로 부르세요
048 It looks good on you 그거 너한테 잘 어울려
049 It's on me 내가 낼게
050 Don't get me wrong! 오해하지마!
051 Easy does it 천천히 해
052 Everything's gonna be all right 다 잘 될거야
053 Hold your horses! 서두르지 말고 기다려봐!
054 How have you been? 그동안 어떻게 지냈어?
055 I'm looking forward to it 무척 그게 기다려져
056 I couldn't care less 알게 뭐람
057 I don't have time for this 나 이럴 시간 없어

058 **I must be off** 이제 가봐야겠어
059 **I promise you!** 정말이야!, 약속해!
060 **It makes no difference to me** 상관없어
061 **Want some more?** 더 먹을래?
062 **That's no big deal** 별거 아냐
063 **It makes sense** 일리가 있네
064 **What's wrong with you?** 무슨 문제 있어?, 무슨 일이야?
065 **You can say that again!** 그렇고 말고!
066 **How much do I owe you?** 내가 얼마를 내면 돼요?, 얼마죠?
067 **I'm working on it** 지금 하고 있어
068 **I don't get it** 모르겠어
069 **I'm for it** 난 찬성이야
070 **I'm on my way** 지금 가고 있는 중이야
071 **Can I ask you something?** 질문 하나 해도 돼?
072 **Not again!** 어휴 또야!, 어떻게 또 그럴 수 있어!, 다시는 안그래!
073 **Shame on you!** 부끄러운 줄 알라구!
074 **That's no excuse** 그건 변명거리가 안돼
075 **What's with you?** 뭐 때문에 그래?, 무슨 일이야?
076 **Why the long face?** 왜 그래?, 무슨 기분 안좋은 일 있어?
077 **You know what I mean?** 무슨 뜻인지 알겠지?, (평서문) 너도 알겠지만
078 **Are you still there?** 듣고 있어?, 여보세요?
079 **Don't take it personally** 기분 나쁘게 받아들이지마
080 **Get off my back!** 귀찮게 굴지말고 나 좀 내버려둬!
081 **I'm not available at the moment** 지금은 바빠서 안돼
082 **Hope you can make it** 올 수 있으면 좋겠어
083 **Let's keep in touch** 연락하고 지내자
084 **That's not the point** 그게 중요한 건 아냐
085 **What do you do?** 뭐해?, 직업이 뭐예요?
086 **You asked for it!** 네가 자초한 일이잖아!, 그런 일을 당해도 싸다!
087 **Whatever you ask!** 뭐든지 말만 해!
088 **Not that I know of** 내가 알기로는 그렇지 않아
089 **Listen to me!** 내 말 좀 들어봐!
090 **Be cool!** 진정해!, 잘가!

091 Don't be ridiculous 바보같이 굴지마
092 I can see that! 알겠어!, 알고 있어!
093 I didn't mean it! 고의로 그런게 아냐!
094 I don't know how to thank you! 고마워서 어쩌죠!
095 I'm getting used to it 적응하고 있어
096 What's bothering you? 무슨 걱정거리 있어?
097 You did it! 해냈구나!
098 What do you think? 네 생각은 어때?, (상대방이 띨할 때) 무슨 말이야?, 그걸 말이라고 해?
099 That's enough! 이제 그만!, 됐어!, 그만해!
100 What happened? 무슨 일이야?, 어떻게 된거야?
101 What do you call that in English? 저걸 영어로 뭐라고 하니?
102 You shouldn't have done this 이렇게까지 하실 필요 없는데
103 Never say die! 포기하지마!, 약한 소리하지마!
104 I'm working out on Sundays 난 일요일마다 운동해
105 Make it two 같은 걸로 2개 줘요
106 I'm sorry to have kept you waiting 기다리게 해서 미안해
107 I know what I'm doing 나도 다 아니까 걱정마, 내가 다 알아서 해
108 How should I put it? 뭐랄까?
109 Better late than never 늦더라도 하는게 나아, 아예 안하는거보단 늦는게 나아
110 I think you're right about that 그 점에 있어서 네가 맞는 것 같아
111 I'm in charge of it 내가 그거 책임자야
112 I'm talking to you 내가 하는 말 좀 잘 들어

Level 03

네이티브와 직빵으로 통하는 표현 001-069 195p

001 Are you out of your mind? 너 제정신이야?
002 Don't be too hard on me! 나 좀 못 살게 굴지마!
003 Give it a try! 한번 해봐!
004 Just hang out with me 그냥 나하고 놀자

- **005** Let's hit the road 출발하자
- **006** I can't take it anymore 더 이상 못 견디겠어
- **007** I get your point 무슨 말인지 알아들었어, 알겠어
- **008** It was fun having you 같이 함께 해서 즐거웠어
- **009** Let me get this straight 이건 분명히 해두자구, 얘기를 정리해보자고
- **010** Please get it done by tomorrow 내일까지 끝내
- **011** You can't do this to me! 나한테 이러면 안되지!, 이러지마!
- **012** No offense 악의는 아냐, 기분 나쁘게 생각하지마
- **013** I'm done with this 이거 다 끝냈어
- **014** Be my guest 그럼요
- **015** Could you excuse us? 실례 좀 해도 될까요?, 자리 좀 비켜주실래요?
- **016** Don't give it a second thought 걱정하지마
- **017** Don't let me down! 실망시키지마!
- **018** Give me a break! 좀 봐줘!
- **019** I have been there 무슨 말인지 알겠어, 정말 그 심정 이해해, (장소) 가본 적 있어
- **020** I don't buy it 못 믿어
- **021** I got behind the schedule 난 일정에 늦었어
- **022** I mean it 진심이야, 정말이야
- **023** I'll keep my fingers crossed 행운을 빌게
- **024** You're not supposed to be here! 넌 여기 있으면 안돼!
- **025** It doesn't make any sense 그건 말도 안돼
- **026** It slipped my mind 깜빡 잊었어
- **027** Nice going! 참 잘했어!
- **028** Now you're talking! 그래 바로 그거야!, 그렇지!
- **029** Let me sleep on it 곰곰이 생각해봐야겠어
- **030** That's just my luck 내 운이 그렇지 뭐, 내가 하는 일이 그렇지 뭐
- **031** That's weird 거 이상하네
- **032** What makes you think so? 왜 그렇게 생각해?, 꼭 그런 건 아니잖아?
- **033** You bet 확실해, 물론이지
- **034** I'm not into it 나 그런 건 안해
- **035** Do I make myself clear? 내 말이 무슨 말인지 알겠어?
- **036** Does it ring a bell? 뭐 생각나는거 없어?
- **037** You won't believe this 너 이거 믿지 못할걸
- **038** You don't say! 정말!, 설마!, 아무려면!, 뻔한거 아냐!

039 I have company 일행이 있어
040 Hang in there! 참고 견뎌!
041 I won't let it happen again 다시는 그런 일 없을거야
042 I'm not kidding! 정말이야!, 장난아냐!
043 Are you kidding? 농담하는거야?, 무슨 소리야?
044 No kidding! 설마?, 너 농담하냐!, 진심이야, 맞아, 그렇지
045 Here's the deal 이렇게 하자, 이런거야
046 What brings you here? 무슨 일로 오셨나요?
047 I'm all ears 귀 쫑긋 세우고 들을게
048 It doesn't work 작동이 안돼, 효과가 없어
049 You're telling me! 누가 아니래!, 정말 그래!, 나도 알아!
050 There you go again! 또 시작이네!
051 Run it by (me) again 다시 내게 설명해봐
052 You heard me 내가 말했지, 명심해, 얘기들었잖아
053 I'll get right on it 당장 그렇게 할게요, 그럴게요
054 I don't blame you 그럴 만도 해
055 Does it work for you? 네 생각은 어때?, 너도 좋아?
056 Don't let it bother you 그거 신경쓰지마
057 He's gone for the day 퇴근했어
058 How did it go? 어떻게 됐어?, 어땠어?
059 I'm totally burned out 완전히 뻗었어
060 I'll tell you what 이게 어때, 저기 말야, 이러면 어떨까
061 No harm done 괜찮아, 잘못된거 없어
062 That's not how it works 그렇게는 안돼
063 What's got into you? 뭣 때문에 이러는거야?
064 You can count on me 나만 믿어, 나한테 맡겨
065 It's never gonna happen 절대 그런 일 없을거야
066 I'll get back to you 나중에 연락할게
067 Don't give me that! 그런 말마!, 정말 시치미떼기야!
068 You're right on! 좋아!, 맞아!
069 I got this 이건 내가 알아서 할게, 내가 처리할게, 내가 낼게

SUPPLEMENTS
[1] 알아두면 신이나는 감탄사
[2] 알아두면 재미나는 의성어

긴 말 필요없다! 짧지만 강한
영어회화 핵심문장

Level 01

모르면 영어가
아예 안되는 표현
001-063

Level 01 001

Come on!
서둘러!, 그러지마!, 제발!, 자 덤벼!

핵심급소공략

네이티브들이 일상생활에서 자주 쓰는 Come on!은 상황과 억양에 따라 그 의미가 달라지는 표현이다. 먼저 남은 바빠 죽겠는데 여유작작한 양반에겐 「서둘러!」(Hurry up!)라는 의미로, 또한 말이나 행동이 지나친 사람에겐 억양을 내려서 「그만 좀 해!」(Stop it!)라는 뜻으로 사용할 수 있다. 한편 명사로 come-on은 「미끼상품」이나 「성적매력」이라는 뜻으로 사용된다.

Speak Like This

1 Come on, Cindy! We're going to be late!
신디야, 서둘러! 우리 늦겠다!

2 Come on, do it. You've got nothing to lose.
이봐, 그렇게 해. 밑져야 본전이잖아.

3 Come on, Chris. Don't be so lazy.
왜 이래, 크리스. 그렇게 게으르게 살지마.

EASY TALK

A: I don't think that I want to go out tonight.
B: Come on, that's silly. You love to go out.
A: 오늘 밤엔 외출하고 싶지 않아.
B: 이러지마, 바보같이. 외출하는 거 좋아하잖아.

◀ love to+V는 like to+V보다 강한 표현이다.

A: Do you think my make up looks all right?
B: Come on, you look beautiful!
A: 나 화장 괜찮은 것 같아?
B: 왜이래, 아주 예뻐!

◀ 2형식동사로 뒤에 보어(all right : 괜찮은)가 왔다.

✓ Talk Tips

Come on~ 다음에 in을 붙여서 Come on in!하게 되면 집에 찾아온 지인에게 문을 열어주면서 "어서 들어와"라는 의미가 된다. 그래서 "베티야 어서 들어와, 술 한잔 줄까?"라고 하려면 "Come on in, Betty. Can I get you a drink?"라고 하면 된다.

Level 01 002

Have fun!
재미있게 지내!

🚀 핵심급소공략

무슨 일을 하든 이왕이면 즐거운 마음으로 할 때 더 잘 되는 법. 그런 의미에서 「재미있게 지내」, 「즐거운 시간 보내」란 의미로 할 수 있는 인사말 Have fun!을 연습해 보자. 여행에서 혹은 파티에서 좋은 시간, 재미있는 시간을 보내라고 말할 때 적절한 표현. much나 a lot of를 넣어서 강조해 줄 수 있다. 비슷한 표현으로 Have a good time이나 Enjoy yourself 등이 있다.

💬 Speak Like This

1 We're going to have fun tonight!
우리 오늘밤에 재미있게 놀거다!

2 I hope you have fun on your vacation.
휴가 즐겁게 지내길 바래.

3 I don't want to go. I'm having fun.
가기 싫어. 지금 재밌다고.

EASY TALK

A: We're going to the Christmas party now. See you in a little while.
B: Okay. Have fun.
A: 우린 이제 크리스마스 파티에 갈거야. 나중에 봐.
B: 알았어. 재밌게 놀아.

◀ 앞에 I'll~이 생략된 것으로 보면 된다.

A: How was your trip to the beach?
B: We didn't have much fun. It rained every day.
A: 바닷가에 놀러갔던거 어땠어?
B: 별로 재미없었어. 매일 비가 왔어.

◀ 붙여 쓰면 '일상의'라는 형용사, every day는 '매일'이라는 부사.

✓ Talk Tips

특히 지금 현재 즐거운 시간을 보내고 있을 때, 즉 다시 말해서 "재밌어"라고 하려면 현재진행형으로 써서 "I'm having fun"이라고 말하면 된다. 과거에 즐거웠다라고 하려면 I had fun이라고 한다. 그리고 특정인을 말하면서 '…와 재미있었다'라고 하려면 have fun with sb라고 하면 된다.

Level 01 003

Keep going!
계속해!

핵심급소공략

「계속 …하다」는 의미의 단어를 생각해보면 먼저 continue부터 떠올리기 쉬운데 실제로는 keep ~ing를 즐겨 많이 쓴다. 여기 나오는 Keep going 역시 일차적으로 「계속 가」란 뜻이지만, 꼭 어딘가를 「가는」(moving) 경우가 아니라도 「(하던 일) 계속 해!」(continue doing something)라는 '강요'나 '격려'의 의미로 사용되기도 한다. 구체적으로 뭘 계속하는지는 「on+명사」를 덧붙여 표현할 수 있다.

Speak Like This

1 **Keep going. I'm listening.**
   계속해, 듣고 있으니까.

2 **Should we go back or keep going?**
   돌아가야 될까 아니면 계속해야 될까?

3 **Keep going straight until you reach the church.**
   교회가 나올 때까지 곧장 가요.

EASY TALK

A: I think we need to talk. You know, I'm your best friend, and um…
B: Keep going.

◀ 한 단어로 하자면 bestie.

A: 우리 얘기 좀 해. 있잖아, 난 네 친한 친구잖아, 그리고 음…
B: 얘기해 봐.

A: When will we receive our annual budget?
B: Keep going on the sales report. When the boss has received it, he will tell us.

A: 내년도 예산 배정을 언제쯤 받게 되는거죠?
B: 매출보고서 작성이나 계속 해. 사장이 그걸 보고 나서 얘기해 줄거야.

✓ Talk Tips

Keep ~ing의 형태로 Keep going! 외에 자주 쓰이는 표현들로는 Keep talking(계속 얘기해봐), Keep trying(멈추지 말고 계속 노력해봐) 등이 있다.

Look out!
조심해!, 정신차리라고!

핵심급소공략

바로 눈앞의 위험을 감지하고 「주의하라!」고 경고할 때 쓰는 표현. Be careful!이 위험뿐 아니라 다양한 상황에서 포괄적으로 쓰이는 표현인 반면, Look out!은 위험한 상황에 국한되어 쓰이는 경향이 있다. 즉, 전철이 지나가는 터미널쪽에 바짝 붙어 서있는 사람에게 「위험하니까 뒤로 물러 서있으라」는 의미로 Look out!할 수 있고, 계단을 급하게 내려오다 넘어질 뻔한 친구에게 「조심하라」고 Look out!할 수 있다. Watch out!도 같은 의미로 자주 쓰이는 표현이다.

Speak Like This

1 **Look out! The bus almost hit you!**
조심해! 버스에 거의 칠 뻔했잖아!

2 **Look out! The roof is caving in.**
조심해! 지붕이 내려앉고 있어.

3 **Look out! The baseball is coming toward you!**
조심해! 야구공이 네게 날라와!

EASY TALK

A: **Look out!** There's a pedestrian in the road.
B: Oh! I didn't see that. Thanks.
A: 조심해! 도로에 보행자가 있잖아.
B: 아! 못봤어! 고마워.

A: Hey, you're blocking the TV! **Look out!**
B: Oh, sorry.
A: 야, TV를 가로막고 있잖아. 주의해야지!
B: 어머 미안.

◀ block은 시야 등을 「막다」라는 동사.

✓ Talk Tips

조심해야 되는 대상과 함께 말하려면 Look out for+명사로 써주면 된다. 비슷한 의미의 Watch out!과 Watch it!의 차이점은 Watch out!은 앞으로 일어날 일에 대해 조심해하라는 뜻이고 Watch it!은 이미 저질러진 행동이 위험했을 수도 있다면서 조심하라고 할 때 사용한다.

Take care!
잘 지내!

핵심급소공략

「잘 지내」라고 할 때 간단히 쓸 수 있는 표현. take care는 「조심하다」, 「주의하다」이므로 Take care나 Take care of yourself, 혹은 표현을 조금 달리해 Be careful하면 상대방의 건강이나 안전에 대한 염려를 담고 있는, 정이 흘러넘치는 인사가 되니 자주 자주 애용해 보자. 특히 take care of+명사의 형태로 돌보다, (일을) 처리하다라는 뜻으로 많이 쓰인다.

Speak Like This

1 **I've got to go. Take care.**
나 가야 돼. 조심해.

2 **Can you take care of my children tomorrow?**
내일 우리 애들 좀 봐줄래?

3 **Let me take care of it for you. You're too busy.**
내가 대신 처리해줄게. 넌 너무 바쁘잖아.

EASY TALK

A: Take care!
B: Okay… see you next week!
A: 잘 지내!
B: 그래… 다음주에 보자구!

◀ 시간명사 앞에 next, last, this 등의 단어가 오면 관사나 전치사를 생략한다.

A: You kids have a good day in school. Take care!
B: Mom, don't worry about us.
A: 얘들아 학교에서 잘 지내구. 조심해!
B: 엄마, 걱정마세요.

◀ Have~의 명령문 앞에 생략되는 주어(You kids)를 써준 문장이다.

✓ Talk Tips

우리도 범죄영화에서 갱들이 사람을 take care of~하겠다고 하면 목숨을 앗아간다는 의미로 쓰이듯 영어에서도 킬러들이 take care of+사람을 쓰면 kill하겠다는 뜻이 된다.

Level 01 006

That's okay!
괜찮아

🚀 핵심급소공략

「괜찮아」라는 말로, 상대방이 뭔가 실수를 해서 미안하다고 할 때, 혹은 고맙다고 감사하다고 말할 때, 괜찮다고 말하는 문장. That~ 대신에 It~을 그리고 okay 대신에 all right을 써도 된다. 인칭대명사를 사용한 I'm okay(난 괜찮아)나 Are you okay?(너 괜찮아?)도 많이 쓰이는 표현들이다.

💬 Speak Like This

1 That's okay, I have change.
괜찮아요. 거스름돈이 있어요.

2 That's okay. You can save it for later.
좋아. 나중을 위해서 남겨 놔

3 That's okay. I'll forgive you this time.
괜찮아. 이번엔 용서해줄게.

EASY TALK

A: I'm sorry I missed your birthday party.
B: That's okay, but you owe me a gift!
A: 생일파티 못가서 미안해.
B: 괜찮아… 하지만 선물은 줘야 돼!

◀ owe sb sth의 형태로 많이 쓰이는 동사.

A: Would you like to leave a message?
B: That's okay. I'll call you later.
A: 메모 남기시겠어요?
B: 아뇨, 전화 나중에 할게요.

◀ 반대는 메모를 받는다로 take a message.

✓ Talk Tips

상대방에 대한 답변으로 Okay할 때는 주로 "알았어," "응"이라는 의미이고 문장의 끝에서, okay?라고 하면 상대방에게 "알았냐?"고 물어보는 단어가 된다.

Level 01 007

Excuse me
실례지만, 미안해요

🚀 핵심급소공략

낯선 사람에게 말을 걸 때나 사람들 사이를 통과해 갈 때, 또는 잠깐 자리를 비울 때 등 여러 상황에서 「실례합니다」의 의미로 많이 쓰지만, 옆사람의 발을 밟았다거나 조용한 가운데 큰기침을 했다거나 할 때 가볍게 「미안합니다」로도 많이 쓴다. 한편 끝을 올려 Excuse me?하면 「다시 한 번 말해주시겠어요?」란 뜻으로, 전혀 다른 의미가 되니 억양(intonation)에 주의하도록 한다.

💬 Speak Like This

1 Excuse me, what did you say?
미안하지만 뭐라고 말했어?

2 Excuse me, where's the bathroom?
죄송하지만 화장실이 어디 있나요?

3 Excuse me, can I have one of those napkins?
실례합니다, 냅킨 한 장만 주시겠어요?

EASY TALK

A: Hey, watch where you are going!
B: Excuse me. I didn't see you.
A: 이봐요, 똑바로 보고 다녀요!
B: 미안해요. 당신을 미처 보지 못했어요.

A: Excuse me, I am looking for a wedding present.
B: Are you looking for anything in particular? ◀ 한 단어로 하면 particularly.
A: 저, 결혼선물을 살까 하는데요
B: 특별히 찾고 있는 물건은 있으신가요?

✓ Talk Tips

excuse me for ~ing는 sorry처럼 for 이하 한 것으로 미안하다고 할 때 쓰는 구문이다. 그래서 "너무 이기적이어서 미안해"라고 하려면 Excuse me for being so selfish라고 하면 된다.

Have a nice day!
좋은 하루 보내!

핵심급소공략

Have+명사 형태로는 주로 Have a nice[good]+명사의 형태로 헤어지면서 하는 인사말로 많이 쓰인다. 그 유명한 Have a nice[good] day!, 금요일마다 주말을 앞두고 쓸 수 있는 Have a nice weekend! 등이 대표적인 경우이다. 또한 Have a nice[good] ~ 다음 자리에는 trip, stay, flight, night 등 어떤 명사를 넣느냐에 따라 다양한 인사를 만들어 낼 수 있으니 적극 활용해 보자.

Speak Like This

1 **Have a good night and a safe drive home.**
   잘 가고 집까지 운전 조심해.

2 **That sounds exciting. Have a nice trip.**
   신나겠구나. 즐거운 여행 되길 바래.

3 **Have a nice stay in New York.**
   뉴욕에서 즐겁게 보내세요.

EASY TALK

A: Have a nice weekend!
B: Okay, I'll see you on Monday.
   A: 주말 잘 보내!
   B: 응, 월요일에 보자.

A: I'm going to Canada during my vacation.
B: Have a nice trip!
   A: 휴가 때 캐나다에 갈려고.
   B: 여행 잘하고!

◀ during 다음에는 특정한 기간명사가 온다.

✓ Talk Tips

하루 일진이 안 좋은 날을 보냈을 때는 I had a bad day, 지금 좋은 시간을 보내고 있다고 할 때는 I'm having a good time이라고 하면 된다.

I got a cold
감기걸렸어

핵심급소공략

으슬으슬 춥고(feel chilly) 기침(cough)에 콧물(runny nose)까지… 우엣~취!! 「나 감기 걸렸어」하고 누군가에게 하소연하는 말이 바로 I caught a cold. 여기서 cold 는 influenza 바이러스에 의해 전염되는 독감인 flu보다 「가벼운 호흡계 질환」을 말하며 catch는 「…(병 따위)에 걸리다」라는 뜻으로 get[have]을 쓸 수도 있다. get은 have처럼 'get+병명'의 형태로 …로 아프다, …에 걸렸다라는 의미로도 쓰이기 때문이다.

Speak Like This

1 **I think I'm catching a cold.**
   감기 걸린 것 같아

2 **It's too cold. Don't go out. You might catch a cold.**
   너무 추우니 나가지마. 감기 걸릴지도 몰라

3 **I'm afraid you've got a breast cancer.**
   유방암이신 것 같아요.

EASY TALK

A: What's wrong with you?
B: I caught a cold.

◀ /코트/가 아니라 /커트/에 가깝게 발음한다.

   A: 왜 그래?
   B: 감기 걸렸어.

A: Can you help me? I have a cold.
B: Sure. I've got some medicine.

◀ have는 감기 걸린 상태, catch[get]~을 쓰면 감기에 걸린 동작을 말한다.

   A: 나 좀 도와줄래? 감기에 걸렸어.
   B: 그럼. 내가 약을 좀 갖고 있어.

✓ Talk Tips

단순한 감기임에도 불구하고 좀 색다르게 말하고 싶어 I got the flu하면 마주보고 있는 네 이티브는 줄행랑을 칠게다. 코로나로 많이 고생해봐서 이젠 잘 알겠지만 cold와 flu는 구 분해서 써야 한다.

Level 01 010

See you later!
나중에 봐!

핵심급소공략

헤어질 때 하는 인사말의 기본이다. See you later, alligator라고도 하는데 여기서 alligator는 later의 운을 맞춰 나온 단어로 특별한 의미는 없다. 앞에 I'll~을 붙여 I'll see you later라고도 한다. 또한 you는 빨리 발음하여 See ya라고 해도 된다. 곧 보자는 See you soon, 또 보자는 See you around, 그리고 내일 아침에 보자는 See you in the morning이라고 하면 된다.

Speak Like This

1 **I have to go now. See you later.**
   이제 가봐야겠어. 나중에 봐.

2 **See you later. Don't forget to e-mail me.**
   나중에 봐. 잊지 말고 메일 보내고.

3 **See you later. I've got to get moving.**
   나중에 봐. 가야 돼.

EASY TALK

A: **Thanks for stopping by, Sam. It was great to see you.**
B: **See you later! Keep in touch and maybe we can get together again soon.**

A: 들러주셔서 감사해요, 샘. 만나서 정말 반가웠어요.
B: 다음에 봐요! 계속 연락하면 곧 다시 볼 수 있겠죠.

◀ 주로 예고없이 지나는 길에 잠시 들르는 것 =drop by, swing by, pop in.

A: **I'm finished. See you on Monday.**
B: **Thanks, Tracey. Have a great weekend.**

A: 내 일은 끝났어. 월요일날 봐.
B: 수고했어, 트레이시. 즐거운 주말 보내.

✓ Talk Tips

See you~ 다음에는 later처럼 시간을 나타내는 부사나 '전치사+시간, 요일, 날짜'로 이루어진 부사구를 붙여 「…에 또 보자」고 인사할 수 있다. See you soon(곧 보자), See you next Friday(담주 금요일에 봐), See you then(그때 보자) 등이 그 예이다.

Level 01 011

What's up?
어떻게 지내?, 무슨 일이야?

🚀 핵심급소공략

격의없는 사람들간에 쓰는 인사말로 「어떻게 지내?」, 「무슨 일 있어?」 정도에 해당한다. 우린 길에서 아는 사람을 만나면 「어디 가느냐?」고 묻는데, 이는 꼭 그 목적지를 알기 위해서가 아닌 단순한 인사이다. 마찬가지로 누가 What's up?했다고 해서 보고하듯 시시콜콜 다 말해야 하는 것은 아니란 말씀. 물론 상황에 따라서는 「무슨 일이야?」하며 구체적으로 묻는 경우도 된다.

💬 Speak Like This

1 **Well yeah, sure, what's up?**
어 그럼, 뭔데?

2 **What's up? You look so exhausted.**
왜 그래? 너 무척 지쳐보인다.

3 **I haven't made any plans yet. Why? What's up?**
아직 별 계획 없는데. 왜? 무슨 일이야?

EASY TALK

A: What's up, Sam?
B: Nothing much... How are you doing?
A: 어떻게 지내, 샘?
B: 별일 없어… 넌 어때?

◀ are를 생략하고 발음하기도 한다.

A: You look happy. What's up?
B: I got a promotion today.
A: 기분 좋아 보이네. 무슨 일이야?
B: 나 오늘 승진했어.

✓ Talk Tips

비슷한 표현으로 What's new?(어때?)가 있는데 이에 대한 대답으로는 What's new with you?(넌 어때?)라고 하면 된다.

Level 01 012

That's right
맞아, 네 말이 옳아

핵심급소공략

상대방의 말이 맞거나 상대방의 의견이나 제안에 동의할 때 사용하는 표현으로 상대방의 사과나 감사에 괜찮다고 말하는 That's all right과 구분을 잘 해야 한다. 그리고 상대방이 옳다고, 맞다고 하려면 You're right라고 하고 발전해서 "그 점에 있어서 네가 옳아"는 You're right about that이라고 하면 된다.

Speak Like This

1 **That's right! I guess I forgot.**
   맞아! 내가 깜박 잊었었나봐.

2 **That's right. Even my boyfriend let me down.**
   맞아. 내 남친조차 날 실망시켰어.

3 **I think you're right about that.**
   그 점에 있어서 네 말이 옳아.

EASY TALK

A: **Are you saying that it's a bad idea?**
B: **That's right.**
   A: 그게 나쁜 생각이라고 하는 거지?
   B: 맞아.

◀ 상대방이 한 말을 확인할 때 꼭 필요한 패턴.

A: **I heard that you wrote a book.**
B: **That's right. It was a mystery novel.**
   A: 책을 한 권 쓰셨다고 들었는데요.
   B: 맞아요. 미스터리 소설이었죠.

◀ I've heard (현재완료)~라고 해도 된다.

✓ Talk Tips

right 앞에 all이 붙어 That's all right, I'm all right (with that)하게 되면 상대방이 고맙다는 혹은 미안하다는 말에 대한 답변으로 자주 쓰이는 표현으로 헷갈리면 안된다.

Level 01 013

Help yourself
어서 갖다 드세요, 마음껏 드세요

핵심급소공략

먹을 것을 앞에 두고 곧잘 쓰이는 표현으로, '스스로 먹는 것을 통해 도우라'는 뜻. 다시말해 먹고 싶은 대로 먹되, 「직접」 하라는(serve yourself anything you want) 말이다. 공손한 표현이며, 파티나 초대된 손님에게 음식을 먹으라고 권할 때 자주 쓰인다. 아래 두번째 예문에서 보듯 꼭 먹는 것과 관련된 일이 아니더라도 사용할 수 있다.

Speak Like This

1 Help yourself to anything (in the refrigerator).
(냉장고에 있는거) 아무거나 마음껏 드세요.

2 Help yourself to some cheese and crackers.
치즈하고 크랙커 좀 갖다 드세요.

3 Help yourself to whatever you like.
원하는거 아무거나 갖다 드세요

EASY TALK

A: Is this coffee for people in the office?
B: Yes, help yourself.
A: 이 커피, 사무실 사람들 마시라고 있는 겁니까?
B: 예, 갖다 드세요.

A: Do you mind if I use your shower?
B: Help yourself. The towels are hanging on the wall.
A: 샤워 좀 해도 될까요?
B: 마음껏 하세요. 수건은 벽에 걸려 있어요.

◀ 이의 대답, Yes~는 하면 안된다, No하면 된다는 뜻.

Talk Tips

비슷한 표현으로 Make yourself comfortable과 Make yourself at home이 있다. 둘 다 의미는 초대되거나 방문한 사람에게 "편하게 계세요"라는 문장들이다.

Level 01 014
I'm sorry to hear that
안됐네

 핵심급소공략

I'm sorry to hear that은 상대방의 안좋은 사정을 듣고 위로의 말을 할 때 가장 흔히 쓰이는 표현이다. 기본적으로 I'm sorry는 「미안하다」란 뜻이지만, 「유감이다」라는 뜻도 가지고 있다. 그래서 이 표현은 「그 소식을 들으니 기분이 좋지 않다」, 즉 「그 말을 들으니 정말 유감입니다」란 말. 여기서 that은 상대방이 한 말을 가리키는 지시대명사이지만, 접속사로도 사용되어, I'm sorry to hear that S+V~(…가 ~하다니 유감입니다)로도 많이 쓰이므로 잘 알아두도록 하자. 이와 비슷한 표현으로 I'm sorry about that과 I feel sorry for you가 있다.

Speak Like This

1 **I'm sorry to hear that. Come on, cheer up! I have an idea.**
  안됐구나. 자, 힘내! 나한테 좋은 생각이 있어.

2 **I'm sorry to hear that. Is there anything I can do for you?**
  그것 참 안됐구나. 내가 해줄 수 있는 일 없니?

3 **I'm very sorry to hear that you lost your job.**
  직장을 잃었다는 소식을 듣게 되서 매우 유감이야.

EASY TALK

A: I just found out that I got transferred.
B: I'm sorry to hear that.
  A: 내가 전근 대상이 되었다는 걸 방금 알았어.
  B: 그렇다니 정말 유감이네.

◀ find는 뭔가를 찾거나 발견하다, find out은 뭔가 새로운 사실을 알게 되다.

A: Apparently we won't get any bonus at work this year.
B: I'm sorry to hear that.
  A: 듣자하니 올해는 보너스가 전혀 없을거라면서.
  B: 이를 어째.

⊘ Talk Tips
이처럼 상대방의 안좋은 상황을 위로하는 표현으로는 I know just how you feel(어떤 심정인지 알겠어), I know the feeling(그 심정 내가 알지) 등이 있다.

Level 01 015

Cheer up!
기운내!, 힘내!

🚀 핵심급소공략

cheer leader들을 연상하면 기분이 좋아지듯 cheer라는 단어는 우리네 생활에 활기를 불어넣어 주는 아주 좋은 단어. Cheers!하면 감탄사로 술자리에서 술잔을 부딪히며 하는 「건배!」나 「위하여!」에 해당하는 탄성의 표현이고 여기서처럼 Cheer up!하게 되면 의기소침해 있는 사람에게 「힘내!」라고 용기를 북돋는 말. 또한 cheer sb up하게 되면 sb를 기운나게 해주다라는 의미의 동사구이다.

💬 Speak Like This

1 Cheer up! You can find a better job.
기운내라구! 더 좋은 일자리를 찾을 수 있을거야.

2 You look gloomy. Cheer up!
우울해보이는구나. 기운내!

3 I have got an idea how to cheer him up.
걔를 어떻게 기운나게 할지 아이디어가 하나 있어.

EASY TALK

A: Cheer up! You look so sad.
B: I just just lost my job.
A: 힘 좀 내봐! 너 정말 슬퍼보여.
B: 방금 직장을 잃었어.

◀ 방금 해고소식을 들었다는 뉘앙스를 풍기는 단어.

A: You'll have a good job interview. Cheer up.
B: Thanks. I'll do my best.
A: 넌 면접을 잘 볼거야. 기운네.
B: 고마워. 최선을 다할게.

◀ do 대신에 try를 써서 try one's best라고 해도 된다.

✓ Talk Tips

술자리에서 건배할 때는 Cheers! 외에 Bottoms up!(위하여), Here's to~!(…을 위해 건배), 그리고 Let's drink to~!(…을 위해 건배)라고 하면 된다. 좀 격식있는 자리에서는 I'd like to propose a toast (to~)(…을 위해 축배를 듭시다!)라고 하면 된다.

Level 01 016

How about you?
네 생각은 어때?

핵심급소공략

How about you?는 단순히 상대방의 의견을 물어볼 때 혹은 여러 의견이 분분할 때 「네 생각은 어때?」라며 상대의 의중(what they think or want)을 떠보는 표현으로 주로 쓰인다. 물론 상대방의 상황을 물어볼 때도 사용할 수 있다. What about you?라고 해도 되며, you 자리에는 다양한 형태의 표현이 와서 "…가 어때?"라고 물어볼 수 있다. 예로 How about one-thirty?(1시 반은 어때?), How about some dessert?(디저트 좀 들래?) 처럼 쓸 수 있다.

Speak Like This

1 **I had fun. How about you?**
 난 재미있었어. 너는 어때?

2 **I'd like to have another drink. How about you?**
 난 한잔 더 하고 싶은데. 넌 어때?

3 **How about at the end of the week?**
 금요일은 어때?

EASY TALK

A: How are you today?
B: I'm fine. How about you?
◀ 대화 도중에 상대방이 괜찮은지 물어볼 때도 쓴다.

A: 오늘 어때?
B: 잘 지내. 넌 어때?

A: Thanks for the lovely dinner party.
B: You're very welcome. How about some dessert?
◀ 다음에는 명사, ~ing, S+V 등이 이어질 수 있다.

A: 아주 멋진 저녁 파티였어요.
B: 별 말씀을요. 디저트 좀 드실래요?

Talk Tips

How about that!은 의미가 다르다. How about that?은 의견을 묻는 것인 반면 'that' 을 강하게 발음하며 How about that!하면 That's great!처럼 「대단한데!」라는 의미.

Level 01 모르면 영어가 아예 안되는 표현 001-063

Nice meeting you!
만나서 반가웠어!

🚀 핵심급소공략

처음 모르는 사람을 만났을 때 "만나서 반가워요"라고 하려면 Nice to meet you!라고 하고 아는 사람을 다시 만났을 때는 Nice to see you (again)라 한다. Nice 대신에 Good 으로 바꿔 써도 된다. 그럼 만나서 헤어질 때는 뭐라고 할까…. to meet을 meeting으로 바꾸어서 Nice meeting you!(만나서 반가웠어!)라고 하면 된다. Nice talking to you!라고 해도 된다.

💬 Speak Like This

1 OK, see you later, nice meeting you.
그래, 나중에 봐. 만나서 반가웠어.

2 Nice meeting you too, Terry. Could I call you sometime?
만나서 반가웠어요. 테리. 언제 한번 전화해도 되죠?

3 It's great seeing you again.
다시 만나 반가워.

EASY TALK

A: It was nice meeting you, Jack.
B: Nice meeting you too, Terry.
  A: 만나서 반가웠어요, 잭.
  B: 저도요, 테리.

A: Well, it was nice talking to you.
B: You too. Let's get together again soon.
  A: 저기, 말씀 나누게 돼서 반가웠어요.
  B: 저도요. 곧 다시 만납시다.

◀ Me too의 잘못이 아니라 It was nice talking to you too를 줄인 표현이다.

✓ Talk Tips

Nice[good] to~나 Good to~ 등의 표현 앞에는 It was~가 생략된 것으로 봐야 한다. 그래서 Nice meeting you는 실제로는 It was nice meeting you인 셈이다.

Level 01 018

So what?
그래서 뭐가 어쨌다고?

🚀 핵심급소공략

So what?은 「그래서 뭐가 어쨌다는거야?」라는 뜻으로 상대의 말에 무관심을 나타내는 대표적인 표현중 하나. 「별로 중요하지 않다」(It's not important to me)라고 여기거나 「누가 상관이냐 한데」(Why should I care?)라며 시큰둥한 의사표시를 할 때 사용하면 된다. 같은 의미의 표현으로는 Who cares?, I don't care, I don't care less, 또는 It's no big deal 등이 있다.

💬 Speak Like This

1 That might ring a bell. So what?
얼핏 기억나는데, 그래서 어쨌다는거야?

2 So what? You obviously don't love him.
그래서 뭐 어쨌다고? 넌 확실히 걔를 사랑하지 않잖아.

3 So what? Are you planning to quit this job?
그래서 뭐 어떻다는거야? 그만 두겠다는거야?

EASY TALK

A: Guess what? It's raining out.
B: So what?
  A: 그거 알아? 지금 밖에 비가 와.
  B: 그게 뭐 어쨌다구?

◀ 뭔가 새로운 정보를 상대방에게 줄 때 사용한다.

A: Boy, you're in a bad mood.
B: So what?
  A: 야, 기분이 안좋구나.
  B: 그래서 어쨌다는거야?

◀ be in the mood for+명사[~ing]하면 '...할 맘이 내키다.'

✓ Talk Tips

조금은 어렵지만 비슷한 표현으로 무관심을 나타내려면 What of it?(그게 어쨌다는거야?), Whatever!(뭐든지 간에)도 함께 알아둔다.

Level 01 모르면 영어가 아예 안되는 표현 001-063

Level 01 019

That's too bad
참 안됐군, 이를 어쩌나

🚀 핵심급소공략

우리말에 「안됐네」에 해당하는 말로 That's~를 생략하고 Too bad라고만 하기도 한다. 친구가 열심히 준비했던 시험에 낙방했거나 갑작스런 사고를 당했거나 이런저런 안 좋은 일을 당했을 때 「저런!」, 「안됐다」, 「이를 어쩌나」 정도의 느낌으로 하는 표현이다. 또한, 이 bad를 이용해서 I feel bad that S + V ~라고 하면 「…가 ~하다니 유감이다」란 뜻이 된다.

💬 Speak Like This

1 That's too bad. It wasn't your day.
안됐네. 되는 일이 없는 날이구나.

2 That's too bad. What are you going to do?
안됐네. 어떻게 할 건데?

3 That's too bad. Let me buy you a drink after work.
안됐다. 내가 퇴근 후 한잔 살게.

EASY TALK

A: We missed winning the lottery by one number.
B: That's too bad.

A: 숫자 하나 차이로 복권에 당첨되지 못했어.
B: 참 안됐군.

◀ 놓치다라는 뜻으로 동사가 이어 올 경우 ~ing.

A: My best friend is in the hospital with cancer.
B: That's too bad.

A: 내 가장 친한 친구가 암으로 병원에 입원해 있어.
B: 정말 안됐다.

◀ 앞에는 보통 관사를 붙이지 않는다.

✓ Talk Tips

상대방의 안된 일까지 한 문장에 말을 하려면 That[It's] too bad (that) S+V의 형태로 쓰면 된다. 그래서 "네가 경선에서 져서 안됐네"라고 하려면 It's too bad you lost the contest라고 하면 된다.

Calm down
진정해

🚀 핵심급소공략

Calm down은 「흥분하지 말고 조용히 있으라」는 얘기. 즉 Take it easy와 마찬가지로 화가 나 있는 사람이나 갑작스런 상황에 당황해서 안절부절 못하고 있는 사람을 안정시키고자 할 때 꺼내는 말이다. 「마음을 풀고 좀 느긋하게 있으라」는 의미의 Relax 도 같은 의도로 간편하게 쓸 수 있는 표현. calm에서 'l'은 묵음이다.

💬 Speak Like This

1 **Calm down.** I'm sorry I made you so angry.
   진정해. 널 화나게 해서 미안해.

2 **Calm down.** It's not that big of a deal.
   진정해. 뭐 그리 대단한 일이라구.

3 **Calm down** and think carefully.
   진정하고 잘 생각해봐.

EASY TALK

A: Mom! I need your help quickly!
B: **Calm down. What happened!**
   A: 엄마! 도와주세요, 빨리!
   B: 진정하고, 무슨 일인데 그래!

◀ 뒤에 to sb를 붙여서 '…에게 무슨 일이야?'라고 할 수도 있다.

A: I need you to pay attention. Do you hear me?
B: Yes! **Calm down.** I hear you.
   A: 주목해봐. 내 말 듣고 있니?
   B: 응! 진정해. 듣고 있다고.

✓ Talk Tips

비슷한 표현으로는 Don't get mad (at me)!(열받지 말라고!), 그리고 Don't be upset!(화내지 말고!) 등의 문장이 있다. upset은 특히 angry나 mad와 결이 좀 달라서, 속상하다, 엉망이다, 화내다 등 의미영역이 다양하다.

How are you doing?
어떻게 지내?

🚀 핵심급소공략

상대방의 안부를 묻는 대표적 구어체 인사말. How are you doing?에서 대개 are는 생략하고 How you doing? 혹은 How ya doin'? 정도로 잽싸게 말해버린다. How are you?도 그렇듯 꼭 새로 만나서만 사용하는 것은 아니고 만나서 같이 있다가도 상대방이 어떤지 물어볼 때도 쓴다는 점을 꼭 기억해두어야 한다. doing을 빼고 How are you?도 같은 의미의 표현이다.

💬 Speak Like This

1 Come on in. How are you?
어서 들어와. 어떻게 지내?

2 Hey, Suzie, how are you doing? Nice weather, huh?
야, 수지, 안녕? 날씨 좋다, 그지?

3 Drop me a line to let me know how you're doing.
어떻게 지내는지 궁금하니까 소식 줘.

EASY TALK

A: How are you doing?
B: I'm cool. Everything's just great.
　A: 어떻게 지내?
　B: 잘 지내. 모든게 다 좋아.

◀ 냉정한, 침착한이라는 의미에서 '아주 좋은'이라는 뜻으로도 쓰인다.

A: What's up, John?
B: Nothing much... How are you doing?
　A: 어떻게 지내, 존?
　B: 별일 없어…. 넌 어때?

◀ '안녕?'이라는 말로도 쓰이지만 상대방에게 무슨 일이 있어 보일 때도 쓰인다.

✓ Talk Tips

만나서 나누는 첫 인사표현들은 다양하다. 위의 대표적 표현이외에 How's it going?, How are things with you, How's everything going? 등이 자주 쓰인다.

Level 01 022

I'm not sure
잘 모르겠어.

핵심급소공략

뭐가 뭔지 확신할 수 없거나 어떤 일을 바로 결정할 수 없을 때 아주 요긴하게 써먹을 수 있다. sure 다음에는 확신할 수 없는 것을 I'm not sure about~처럼 about이나 of를 붙이거나 혹은 that절 혹은 what[how] 의문사절로 받아쓰기도 한다. 뒤에 따르는 문장은 「…을 확신을 하지 못하지만 그럴지도 모른다」라는 의미에서 but으로 유도되는 절이 오기도 한다. 반대로 「…가 틀림없어」라고 강한 확신을 표시할 때는 not만 빼주면 된다.

🗨 Speak Like This

1 **I'm not sure about** any of this.
   난 이건 전혀 모르겠는데.

2 **I'm not sure.** Let's talk about it.
   잘 모르겠어. 얘기해보자.

3 **I'm not sure.** I haven't decided yet.
   글쎄. 아직 결정하지 않았어.

EASY TALK

A: So what are you going to do?
B: I'm not sure yet.
   A: 그래 너 뭐할거야?
   B: 아직 몰라.

◀ 긍정[부정]문에서는 '아직' 의문문에서는 어떤 일이 지금쯤 일어났을 것으로 기대할 때 쓴다.

A: When can you finish the project?
B: I'm not sure. I'm still working on it.
   A: 언제 프로젝트를 끝낼 수 있어?
   B: 잘 모르겠어. 아직 하고 있어.

◀ work on+일(…일을 하다), work on+음식(…을 먹고 있다), work on+sb(설득하다) 등으로 쓰인다.

✓ Talk Tips

직설적인 I don't know보다 I'm not sure는 훨씬 부드러운 표현이다. 비슷한 표현들로 Not that I know of(내가 알기로는 그렇지 않아), Not yet(아직 몰라) 등이 있다.

Level 01 023

It's my fault
내 잘못이야

🚀 핵심급소공략

자기가 잘못한 것을 용기있게 인정하는 문장. 반대로 내 잘못이 아니다라고 하려면 It's not my fault라고 하면 된다. 또한 상대방이 잘못했을 때는 It's your fault라고 하면 된다. 강조하려면 This is all[totally] my fault, 줄여 쓰려면 My mistakes!라고 하면 된다. 자신이 잘못을 했으면 구차하게 변명하지 말고 I made a mistake. It's my fault.(내가 실수했어. 내 잘못이야)로 말해보도록 한다.

💬 Speak Like This

1 It's my fault. I forgot to do it.
내 잘못이야. 내가 잊었어.

2 Don't call me names. It's really not my fault.
나한테 욕하지마. 정말 내 잘못이 아니라고.

3 I kind of feel like it's my fault.
조금은 내 잘못인 것 같기도 해.

EASY TALK

A: Who forgot to turn on the alarm?
B: It's my fault.
A: 누가 자명종 켜놓는 걸 잊어버린거야?
B: 내 잘못이야.

◀ forget (about) ~ing는
…한 것을 잊는 것,
forget to+V는 앞으로
할 일을 잊다.

A: Who scratched my new car?
B: It was my fault. I take the blame.
A: 내 새 차를 누가 긁는거야?
B: 내 실수였어. 내가 책임질게.

◀ blame은 '비난'으로
비난을 받아들이다,
즉 책임진다라는 의미이다.

✓ Talk Tips

자신이 실수해서 잘못했다고 캐주얼하게 말할 때는 My bad가 많이 쓰인다. It's[That's] my bad라고 해도 된다. 그래서 정말 잘못했다고 연이어 말하려면 I'm so sorry. That's my bad. My bad(미안. 내가 잘못했어. 내 잘못이야)라고 하면 된다.

Level 01 024

Let me see
그러니까, 저기, 어디보자

🚀 핵심급소공략

질문을 받았을 때 다짜고짜 바로 대답하기 보다는 「어디 보자…」, 「어디 생각 좀 해보자」(I must think carefully about this)라는 의미의 Let me see를 한 마디 던지면 경솔해 보이지도 않으면서 자연스럽게 대답할 시간도 벌 수 있는 일석이조 효과만점. 또, 다음 할 말이 생각이 안나 머뭇거려질 때나, 우리말도 「어디 보자… 내가 안경을 어디 뒀더라?」라고 혼자말 아닌 혼자말을 하는 것처럼 영어에서도 이런 경우 Let me see. Where did I leave my glasses?라고 하면 된다.

💬 Speak Like This

1 **Let me see.** Come on, sit down and show me.
어디보자. 어서, 앉아서 내게 보여줘.

2 **Let me see.** These numbers can't be right.
저기, 이 숫자들은 맞을리가 없어.

3 **Let me see.** I think it was about seven months ago.
그러니까. 7개월 전인 것 같아.

EASY TALK

A: Let me see, where is the remote control?
B: Is that it on your sofa?
A: 저기, 리모콘 어디있지?
B: 소파위에 있는게 리모콘 아냐?

A: Can you come to my office tomorrow at nine?
B: Let me see. Yes, that should work.
A: 내일 9시에 내 사무실로 와줄 수 있어요?
B: 어디 보자… 네, 그 시간이면 괜찮겠네요.

◀ 일하다가 아니라 It works for me에서 처럼 '괜찮다'라는 의미이다.

✓ Talk Tips

Let me see~는 Let's see~와 같은 의미로 뒤에 if S+V이나 what[how] S+V를 붙여서 문장을 길게 말해볼 수 있다. Let me just see if I got this straight(내가 제대로 이해했는지 볼게) 그리고 Let me see what I can do(내가 할 수 있는게 뭔지 볼게) 등으로 응용해볼 수 있다.

Level 01 모르면 영어가 아예 안되는 표현 001-063

Level 01 025

Good for you!
잘됐네!, 잘했어!

핵심급소공략

친구가 장학금을 탔다거나 승진을 했다거나 이런저런 좋은 소식을 들었을 때 같이 기뻐해 주고 싶어도 표현할 바를 몰라 어물쩡거리고만 있으면 더 이상 발전적인 관계를 기대하기는 어려울 것. 이럴 때 「잘됐다」, 「잘 했다」하고 칭찬의 말을 아낌없이 해줘야겠다 싶으면 Good for you!라 하면 된다. 복권에 당첨된 친구의 행운(luck)을, 승진한 남편의 성공(success)을 축하할 때 쓰는 표현으로 상대방이 한 일(something that someone has done)에 대해 「잘했어!」라고 하는 칭찬과 격려의 의미.

Speak Like This

1 **Good for you! You deserve it.**
   잘됐네. 넌 자격이 있잖아.

2 **That's great. Good for you.**
   대단하다. 너한테 잘됐네.

3 **Good for you. I hope you become a successful lawyer.**
   잘됐네. 네가 훌륭한 변호사가 되기를 바래.

EASY TALK

A: Mom, I scored three goals in the soccer game today!
B: Good for you!
A: 엄마, 나 오늘 축구경기에서 세 골 넣었어요!
B: 잘 했구나!

A: I finally got that promotion that I've been waiting for.
B: Good for you!
A: 드디어 기다리던 승진을 하게 됐어.
B: 잘됐네!

◀ wait for[on] 기다리다, wait on 시중들다.

✓ Talk Tips

반대로 나한테 잘된 일이라고 말할 때는 Good for me!라고 하면 된다. 물론 축하한다는 전통적인 표현은 Congratulations on~(to sb)!이라고 하는데 줄여서 Congrats!라고도 한다.

Good job!
잘했어!

핵심급소공략

상대방이 해낸 일이 만족스럽고 훌륭할 때 「잘 했어!」하고 싶으면 You did a good job!하면 된다. 이때 좀 길어 부담스럽다 싶으면 앞부분을 생략하고 Good job!해도 된다. 단, 이 표현은 제 3자가 한 일을 두고 「잘 했다!」고 칭찬하는게 아니라 내가 지시하거나 요청한 일을 상대방이 잘 처리했을 경우에 직접적으로 하는 말로 주로 윗사람이 아랫사람에게 하는 말. 강조하려면 good 대신에 excellent, super라는 단어를 사용하면 된다.

Speak Like This

1 **Good job! I like it.**
   잘했어! 맘에 든다.

2 **You did a good job! I was very impressed.**
   정말 잘했어! 매우 인상적이었어.

3 I'm sure **you did a great job.**
   네가 일을 잘 했을거라 확신해

EASY TALK

A: **You did a good job! I was very impressed.**
B: **Thank you.**
   A: 정말 잘 했어! 매우 인상적이었어.
   B: 고마워.

A: **Do a good job on** the report.
B: **Sure**, I'll try my best.   ◀ 가벼운 yes.
   A: 레포트 잘 써라.
   B: 그럼요, 최선을 다할게요.

Talk Tips

동사 do가 아닌 have나 get이 와서 have[get] a good job하면 좋은 직장에 다니다, 들어가다라는 의미가 되니 착각하지 않도록 한다. 그래서 요즘에는 좋은 직장에 들어가기가 어려워라고 하려면 "It's hard to get a good job these days."라고 하면 된다.

Level 01 027

I don't care
상관없어

핵심급소공략

「…에 대해 신경쓰다」란 의미의 care about을 떠올리면 이해가 쉬워진다. 즉 상대의 부탁, 제안에 대해 I don't care (about it)란 대답은 「(어떻게 하든) 상관없어」란 말이 되어, 「편할 대로 해」라며 상대방의 부담을 덜어주는 승낙의 뜻이 된다. I don't care보다 강도가 높은 것으로 「전혀 관심이 없다」는 뜻인 I couldn't care less(알게 뭐람)과 Who cares!도 함께 알아둔다.

Speak Like This

1 **I don't care. That guy has never liked me.**
   상관없어. 그 사람 날 좋아한 적이 없어.

2 **Do whatever you want. I don't care.**
   맘대로 해. 난 상관없어.

3 **I don't care what you want.**
   네가 뭘 원하든 상관없어.

EASY TALK

A: Can I use your computer when you're gone? ◀ 사라지다. 여기서는 '퇴근해서 가다'라는 의미.
B: I don't care.
  A: 너 퇴근하고 나서 네 컴퓨터를 내가 써도 될까?
  B: 그래, 상관없어.

A: You know, a lot of people don't like you.
B: I couldn't care less. ◀ 부정어+비교급=최상급
  A: 저 말이지, 널 좋아하지 않는 사람들이 많아.
  B: 알게 뭐람.

✓ Talk Tips

같은 의미의 유명표현으로는 It doesn't matter (to me)가 있다. 여기서 matter는 명사가 아니라 동사로 목적어없이 '중요하다,' '상관있다'라는 의미이다. 그래서 이 표현은 중요하지 않아, 난 상관없어라는 뜻이 된다.

Level 01 028

I'll be right back
곧 돌아올게

🚀 핵심급소공략

먼저 잠깐 자리를 뜰 경우「바로 돌아올게요」라고 말할 때 사용하는 표현. 일반적으로는 (Excuse me), I'll be back soon 혹은 I'll be right back이라고 하는데 더욱 informal 하게 표현하려면 주어와 동사(I'll)를 생략하여 Be back soon, Back in a minute라고 하면 된다. 특히「즉시」(without delay)라는 뜻의 right이 back을 수식해서 쓰면「곧 돌아오다」(return immediately)라는 뜻이 된다. 따라서 그냥 돌아오겠다고 할 때는 I'll be back 이라고 하면 된다.

💬 Speak Like This

1 **You make sure nobody leaves. I'll be back.**
   아무도 못가게 하라구. 곧 돌아올테니.

2 **I'll see you soon buddy. Be back in an hour.**
   그래, 다시 보자 야. 한시간 후에 올게.

3 **I'll be back in a little while! You stay here!**
   잠시 후에 돌아올게! 넌 여기있어.

EASY TALK

A: Where are you going?
B: I'm just going to make a copy of this, and I'll be right back.
A: 어디 가?
B: 이거 복사해서 금방 올게.

A: Are you going to be long?
B: No, I'll be back in a minute.
A: 오래 걸리나요?
B: 아뇨, 금세 돌아올 거에요.

◀ Don't be[take] long.
= Come back ASAP.

✓ Talk Tips

Be back~ 다음에 다양한 부사(구)를 붙여 함께 쓸 수 있다. Be back in a minute, Be back in a sec[second], be back any minute 등처럼 말이다. 또한 대화중 자리를 비우며, "잠시만", "곧 돌아올게"라는 의미의 I'll be right with you도 함께 기억해둔다. I'll be with you in a sec[minute] 역시 "곧 돌아올게"라는 문장이다.

Level 01 029

Let me think about it
생각 좀 해보고

🚀 핵심급소공략

문법시간에 배운 사역동사 'let'을 이용하여 「let sb+V」(…에게 ~하도록 하게 하다) 구문을 써먹을 차례이다. 「잠시 생각할 시간이 필요하다」(I'll have to think about it for a while)란 말로, 대화 도중 즉석에서 결론을 내리기 애매할 때 시간을 벌어주는 표현. 때에 따라서는 면전에 대놓고(in someone's presence) 안 된다고 하기가 껄끄러워서 완곡하게 거절할(reject euphemistically) 때도 쓰이므로 분위기 파악을 잘 해야 한다.

💬 Speak Like This

1 **Let me think about it** a little more.
그거 좀 더 생각해볼게.

2 **Let me think about that** and I'll get back to you.
생각 좀 해보고 얘기해 줄게.

3 **Let me think about it.** Call me later tonight.
생각 좀 해보고. 오늘 저녁 늦게 전화줘.

EASY TALK

A: I want to invite the investors to see our operation.
B: Let me think about that and I'll get back to you.
A: 투자가들을 불러서 우리 회사를 둘러보게 하는게 좋겠어. ◀ 나중에 다시 연락하다.
B: 생각 좀 해보고 얘기해줄게.

A: I'd like to give you an answer but let me think about it.
B: OK, take as much time as you need.
A: 답을 주고 싶은데 생각 좀 해볼게요.
B: 필요한 만큼 충분히 시간을 갖고 생각하세요.

✓ Talk Tips

그냥 간단하게 about it을 빼고 Let me think(생각 좀 해보자)라고 해도 된다. 또한 이와 비슷한 표현으로는 Let me have time to think over it(생각할 시간 좀 줘)나, I need more time to think about it(생각해볼 시간이 더 필요해)라고 하면 된다.

No problem
신경쓰지마, 괜찮아, 문제없어

🚀 핵심급소공략

「문제될 것 없다」는 말로, 우리 식으로 생각해 봐도 알 수 있듯 여러 상황에서 두루 쓰일 수 있는 표현. 우선 누군가 내가 해준 일에 대해 '고맙다'고 할 때 「별로 어려운 일도 아니었는데 신경쓰지 말라」는 의미로 말할 수 있고, 폐를 끼친 데 대해 '미안하다'고 할 땐 나한테 문제될 것 없으니 「괜찮다」는 의미로 말하기도 한다. 또 뭔가를 '부탁'해 올 때 문제될 것 없으니 「그렇게 해줄게」라는 승낙의 의미로도 쓰인다. 앞에 It's~가 빠진 걸로 생각하면 된다.

💬 Speak Like This

1 It's no problem. I'll be there at 7 a.m.
문제없어. 아침 7시에 갈게.

2 No problem. I'll call back later.
괜찮아요. 나중에 다시 전화하죠.

3 No problem, it was great talking to you.
괜찮아요. 말씀나누게 되어서 좋았어요.

EASY TALK

A: Could I leave a message?
B: No problem. What is it?
◀ 줄여서 No prob라고도 한다.
　A: 메시지를 남길 수 있을까요?
　B: 그럼요. 어떤 메시지인데요?

A: Thanks for the help. I really appreciate this.
B: It's no problem.
◀ I appreciate it[that], 혹은 I appreciate your help[support]는 외워둔다.
　A: 도와줘서 고마워. 정말 고맙다.
　B: 별일 아닌걸 뭐.

✓ Talk Tips

내가 …와 문제가 없다는 문장을 만들 때는 I have no problem with sb[sth]이라고 하고 반대로 문제가 있다고 할 때는 I have a problem with sb[sth]라고 하면 된다. 그래서 I have no problem with that하면 "난 괜찮아"라는 의미의 문장이 된다.

Level 01 031

Same here
나도 그래, 나도 똑같은 걸로요

핵심급소공략

Same here는 상대방의 말이나 생각에 공감하거나 그 사람과 같은 행동을 했다(agree with what has been said or have done the same thing as they have)고 맞장구칠 때 쓰는 표현. 상대방 말의 내용이 나에게도 해당된다고 할 때 쓰일 수 있다. 따라서 문맥에 따라 긍정과 찬성의 의미일 때 두루 사용된다. 혹은 식당에서는 상대방이 시킨 음식과 「같은 것으로 달라」(the same for me)고 할 때 자주 사용된다.

Speak Like This

1 **Same here. That's what I was thinking.**
   나도 그래. 내가 생각했던게 바로 그거야

2 **Same here. We're in agreement.**
   나도 그래. 우리는 합의를 했어.

3 **Same here. I bought tickets last night.**
   나도 그래. 어젯 밤에 표를 샀어.

EASY TALK

A: I can't wait to see the new play.
B: Same here. I bought tickets last night.
   A: 새로 시작하는 연극을 빨리 보고 싶어.
   B: 나도 그래. 어젯밤에 표를 샀어.

◀ can't wait to+V
= be dying to+V
= be eager to+V
= 몹시 …하고 싶어

A: Spaghetti is one of my favorite foods to eat.
B: Same here. I eat at an Italian restaurant once a week.
   A: 스파게티는 내가 가장 좋아하는 음식 중 하나야.
   B: 나도 그래. 난 일주일에 한번씩 이탈리아 식당에서 식사를 하지.

Talk Tips

비슷한 표현으로는 긍정일 때는 So do I, 부정의 내용이 맞다고 맞장구칠 때는 Me neither라고 하면 된다.

Sure
물론, 당연하지, 그래, 그럼요

핵심급소공략

sure는 회화용 단어라 할 정도로 영어회화에서 아주 많이 쓰인다. 여기서는 앞서 배운 I'm not sure(잘 모르겠는데)에 이어 "Sure"라고 상대방의 말에 대답하는 경우는 상대방의 부탁에 대한 승낙 및 감사에 대한 답변 인사이다. Yes의 대용으로 캐주얼하게 무척 많이 사용된다. 또한 영화나 미드를 보다 보면 많이 듣게 되는 You sure?는 Are you sure?라는 말로 상대방 말이 정말로 확실한지 확인하는 표현이다.

Speak Like This

1 **Sure,** I'm cool with that.
  그래, 난 괜찮으니까.

2 **Sure.** I'll see you then.
  물론이지. 그럼 그때 보자.

3 **Sure.** Give me a call later on tonight.
  물론. 오늘 밤 늦게 전화해.

EASY TALK

A: If it's all right, I'm going to bed now.
B: **Sure.** I'm getting sleepy too.
◀ '잠자리에 들다,' '자다'라는 의미.
  A: 괜찮으면 나 지금 잘래.
  B: 그래, 나도 졸립다.

A: How would you like to go out for pizza?
B: **Sure.** What pizza restaurant do you prefer?
◀ '…을 하자'라는 권유형 문장.
  A: 나가서 피자 먹는게 어떨까?
  B: 좋지. 넌 어떤 피자가게가 좋아?

Talk Tips

그밖에 회화에서 많이 사용되는 sure가 들어가는 표현은 (That's) For sure(물론, 확실하지=Surely), Sure thing (= 물론(Of course)) 그리고 어색하게 느껴지는 It sure is 가 있는데, 이는 '그렇고 말고,' '맞고 말고'라는 뜻으로, 여기서 sure는 부사이다.

Level 01 033

This is too much!
이건 너무해!, 그럴 필요는 없는데!

 핵심급소공략

too much는 this가 가리키는 상황이나 행동이 「터무니없는」(unreasonable), 「감당할 수 없을 정도로 너무 어렵고 힘든」(so difficult and tiring that you cannot cope with) 것을 의미. 한편 지나친 호의나 과분한 선물을 받고 「그러실 필요는 없는데요」(You shouldn't have)라는 뜻으로도 쓸 수 있다. 주어로 That를 써서 That's too much라고 해도 된다. 참고로 Is that too much to ask?하면 "내가 너무 많이 요구하는건가?"라는 중요표현이 된다.

Speak Like This

1 You can't be serious. That's too much.
아, 말도 안돼. 이건 너무해.

2 That's too much. We need to stop that behavior.
너무 하는구만. 못하게 해야겠다.

3 Is it too much to ask to have dinner with me tonight?
오늘 밤 저녁 같이하자는게 무리한 부탁이야?

EASY TALK

A: I bought you this ring to show you how I feel.
B: This is too much!   ◀ 역시 /보트/가 아니라 /버트/에 가깝다.
A: 내 마음을 보여주려고 널 위해 이 반지를 샀어.
B: 이건 너무 과한데!

A: All I want is a nice wife and a good job. Is that too much to ask?
B: No, I think you'll be able to have both of those things.
A: 단지 내가 바라는 건 좋은 아내와 번듯한 직장야. 내가 넘 요구하는 건가?
B: 아니, 그 두개 다 가질 수 있을거야.   ◀ can은 조동사(will)와 함께 쓰일 수 없어 대타로 쓰임.

Talk Tips

~too much 다음에 for sb를 쓰면 sb가 하기에는 너무 힘들다, sb에게 너무하다라는 의미가 된다. 그래서 "나 이거 못하겠어. 한 사람이 하기에는 너무 힘들어"라고 하려면 I can't do this. It's too much for one person, "걔한테는 너무 심했던 것 같아"는 Sounds like it was too much for her라고 하면 된다.

Level 01 034

Don't worry about it
신경쓰지마, 걱정마

🚀 핵심급소공략

「걱정마」, 「미안해할 것 없어」의 뜻으로 하는 말. worry를 동사 대신 명사로 사용해 간단히 No worries라 해도 된다. Don't worry (about it)과 비슷하게 생긴 표현으로 동사 worry about 대신 sweat을 쓴 Don't sweat it도 같은 맥락. 또한, 「미안하다」고 할 때의 대표 표현인 be sorry를 이용해 Don't be sorry(미안해하지마)도 비슷한 맥락의 표현인데, 이 문장은 서로 아는 문맥에서는 아예 뒤의 sorry까지 생략한 채 Don't be라고 하기도 한다.

💬 Speak Like This

1 Don't worry. Everything's going to be fine.
걱정마. 다 잘될거야.

2 Don't worry. I won't tell him about it.
걱정마. 걔한테 얘기 안해.

3 Don't worry about that, okay? Nothing is gonna happen.
그 문젠 걱정하지마, 알았어? 아무 일 없을거야.

EASY TALK

A: How much is the bill?
B: Don't worry about it. It's on me.
A: 얼마에요?
B: 신경쓰지 마세요. 제가 낼게요.

◀ 가게 주인이 쏜다고 할 때는 It's on the house.

A: I'll see you later. Don't work too hard.
B: Don't worry, I never do.
A: 나중에 또 봐요. 너무 무리하지 마세요.
B: 걱정 말아요, 절대 무리 안해요.

✓ Talk Tips

Don't worry, be happy라는 노래제목으로도 유명한 문구가 있다. 한마디로 즐겁게 살자라는 말씀. 하나 더, 상대방에게 뭔가 요청했는데 잘 안되었을 경우, "걱정마, 별일 아냐"라고 하려면 Don't worry. It's no big deal이라고 하면 완벽한 영어가 된다.

Level 01 035

Got a minute?
잠깐 시간 있니?

핵심급소공략

상대방에게 개인적으로 할 말이 있으니 잠깐 시간을 낼 수 있냐고 물어보는 표현. 주어(You)를 과감하게 생략해버린 초간단 표현으로, "잠깐 얘기 좀 할 수 있을까?," "시간돼?" 정도의 뉘앙스를 갖는 표현이다. 여기서 a minute은 '1분'이 아니라 '잠깐의 시간'을 뜻한다. 이보다 더 짧은 시간의 단위인 sec(cond)를 쓴 Got a sec(ond)?도 많이 쓰인다. 전통적인 표현으로는 Do you have (some) time?(시간있어요?)가 있다.

Speak Like This

1 Boss! You got a second?
사장님! 시간되세요?

2 You got a minute? I really need to talk to you.
시간있어? 얘기 좀 하자.

3 Got a sec? We need to discuss the meeting schedule.
시간돼? 회의 일정 논의 좀 해야 돼.

EASY TALK

A: Got a minute? We need to discuss the schedule.
B: I'm busy, but I can meet you for lunch.

◀ 식사명 앞에는 무관사임이다.

A: 시간돼? 일정 논의 좀 해야 돼.
B: 바쁘지만 점심 때 볼 수 있어.

A: Got a sec? I have a question for you.
B: Sorry, how about later? I have a date.

◀ '데이트' 혹은 '데이트 상대'란 의미로 쓰인다.

A: 시간돼? 물어볼 게 있어.
B: 미안, 나중에 하자. 나 데이트있거든.

✓ Talk Tips

그냥 시간이 있냐고 물어보는 것이 아니라 "…할 시간이 돼냐?"고 물어볼 때는 Got a minute to+V의 형태를 사용하면 된다. 그래서 "회의에서 나온 사항을 검토할 시간 있어?"라고 물어보려면 Got a minute to review the notes from the meeting?이라고 하면 된다.

Guess what?
저기 말야?, 그거 알아?

🚀 핵심급소공략

Guess what?을 직역하면 「무엇을 추측해봐라」가 되는데, 일상회화에서는 뭔가 새로운 정보를 상대에게 전하려 할 때 본론을 말하기에 앞서 먼저 꺼내는 말로 쓰인다. 즉 대화를 시작하거나 상대방과의 대화를 유도하기 위한 기능을 갖는 표현이다. 우리말로는 「저기 말이야」, 「그거 알아?」 정도로 옮기면 된다. You know what?도 같은 표현.

💬 Speak Like This

1 Guess what? I got a new job today!
저 말야? 난 오늘 새로 취직했어!

2 Guess what? I have a date with Cindy.
그거 알아? 나 신디랑 데이트해

3 You know what? I just got promoted.
저 말야, 나 승진했어.

EASY TALK

A: Hey, Timothy. You know what?
B: What?
A: 이봐, 티모시. 있잖아?
B: 뭐가?

A: Guess what? I aced my exam today!
B: I don't believe it! That's great, honey!
A: 있잖아요? 오늘 시험에서 A를 받았어!
B: 정말이니! 잘했다, 얘야!

◀ 동사로 시험에서 높은 학점(A)을 받다

✓ Talk Tips

이렇게 본론을 꺼내기 전에 먼저 말문을 여는 표현으로는 You know something?(그거 알아?), I'll tell you what(저기 있잖아), Do you know about this?(이거 아니?) 등이 있다.

Level 01 037

How's it going?
잘 지내?

🚀 핵심급소공략

대표적인 인사말인 How are you doing?과 달리 do 대신 go를 썼고 주어도 you가 아닌 it이다. 여기서 go는 「가다」가 아니라 「일이 진행되다」(progress or develop in the stated way)라는 뜻이므로 you와 같은 사람 주어를 취할 수 없다. 'it'은 막연한 사정이나 상황을 말하는 것으로, everything이나 things를 대신 써서 How's everything going?, How're things going?이라고 하거나 혹은 간단히 How goes it with you?라 하기도 한다. 모두 다 단순히 인사 혹은 상황이 어떤지 물어볼 수 있다.

💬 Speak Like This

1 How's it going? You win?
어떻게 됐어? 네가 이겼어?

2 How's it going with the divorce?
이혼은 어떻게 돼가?

3 How's everything going with you these days?
요즘 너 어때?

EASY TALK

A: How's it going today?
B: It's going pretty well.
A: 오늘 어때?
B: 아주 좋아.

◀ 예쁘다라는 뜻 외에 형용사[부사] 앞에서 '꽤', '아주'라는 말.

A: Hello there. How's it going?
B: Pretty good. How are you today?
A: 안녕. 잘 지내?
B: 아주 잘 지내. 넌 오늘 어떠니?

✓ Talk Tips

How's it going?은 단순히 인사말로도 쓰이지만 상황이 어떻게 진행되고 있는지 물어볼 때도 쓰인다. 그래서 어떤 특정 사항이 어떻게 진행되고 있는지를 물어볼 때는 How's it going with~?라고 하면 된다. "새로 들어간 직장 어때?"라고 하려면 How's it going with your new job?이라고 하면 된다.

I have no idea
몰라, 모르겠어

핵심급소공략

I don't know의 훌륭한 대용표현. 단독으로 쓰거나 자신이 모르는 내용을 뒤에 구체적으로 이어 줄 수도 있다. 다시 말해 have no idea= don't know와 같은 뜻으로 I have no idea하면 "난 모르겠는데"라는 표현이 된다. 무엇이 모르는지를 말할 땐 'have no idea 의문사 S+V/의문사 to+V'를 붙이면 된다.

Speak Like This

1. **I have no idea. Better call Chris.**
   나 몰라. 크리스에게 전화해봐.

2. **I have no idea how to help you.**
   널 어떻게 도와야 할 지 모르겠어.

3. **I have no idea who Jim is.**
   짐이 누군지 모르겠네.

EASY TALK

A: So what are you going to do?
B: I have no idea.
   A: 그래 너 뭐할거야?
   B: 몰라.

A: Do you know what I mean?
B: Actually, I have no idea what you are talking about.
   A: 무슨 말인지 알겠어?
   B: 실은 무슨 얘긴지 모르겠어.

◀ 반대 의견을 내거나 상대방의 말을 교정하거나 혹은 제안을 거절할 때.

✓ Talk Tips

상대방에게 어떤 것이 얼마나 좋은지 혹은 나쁜지를 강조하는 상황에서 곧잘 사용하는 표현으로 「너는 모를거야」, 「넌 상상도 못할거야」 정도의 뉘앙스. 단독으로 쓰기도 하지만 what절, how절 등을 덧붙여서 상대방이 이해못하는 부분을 밝혀줄 수도 있다. You have no idea how much I miss her(내가 얼마나 걜 그리워하는지 넌 모를거야)처럼.

Level 01 039

Take it easy
천천히 해, 진정해, 잘지내

핵심급소공략

Take it easy의 기본적인 의미는 "긴장을 풀고 한 템포 줄이라"라는 의미. 일을 서두르지 않고 "천천히 하다"(Easy does it), 그리고 한창 흥분해있는 상대방에게 Take it easy!하면 화를 가라앉히고 "진정해라"(Do not get excited; Don't lose your temper)란 뜻이고, 헤어지면서 이 표현을 쓰면 "편히 잘 지내라," 즉, Good-bye and be careful의 의미의 작별인사로 사용되기도 한다.

Speak Like This

1 **Take it easy. We have a lot of time.**
  진정해. 우린 시간이 많아.

2 **How can I take it easy? I've been waiting over an hour.**
  어떻게 진정해? 1시간이 넘게 기다렸다구.

3 **Let's take it easy. Everybody's a little emotional here.**
  진정하라고. 다들 좀 감정적이야.

EASY TALK

A: Josh! I can't believe you're late again!
B: Take it easy, Betty.
  A: 조쉬! 또 늦다니 이게 말이 돼!
  B: 진정해, 베티.

◀ I can't believe it! (믿을 수 없어!)로 자주 쓰인다.

A: Well, I'll see you later.
B: Okay, take it easy.
  A: 자 그럼, 다음에 보자.
  B: 그래, 잘 지내.

✓ Talk Tips

Take it easy!처럼 명령문 형태로 많이 알려져 있으나 "I'll take it easy"처럼 일반 동사구로도 많이 쓰인다. 비슷한 표현으로는 앞서 나온 Calm down!, Be cool!, 그리고 Hold your horse! 등이 있다.

Watch your mouth!
함부로 말하지마!, 말 조심해!

핵심급소공략

우리도 말을 함부로 하는 사람에게 「입 조심해!」, 「혀 조심해서 굴려!」라고 경고하듯 영어에서도 귀에 거슬리는 얘기를 하는 사람에게 「함부로 말하지 마라!」, 「그런 식으로 말하지 마라!」는 의미로 Watch your mouth! 또는 Watch your tongue!이나 Watch your language!라 한다.

Speak Like This

1 **Watch your mouth!** You're being rude.
   말조심해. 너무 무례하잖아.

2 **Watch your tongue.** You're going to be punished.
   말 조심해. 혼나겠다.

3 **Watch your tongue.** You shouldn't be starting rumors.
   말 조심해. 소문을 만들어내고 그러면 안된다구.

EASY TALK

A: Mom, this movie sucks!
B: **Watch your mouth!** I don't like to hear that kind of language.

A: 엄마, 이 영화 더럽게 재미없어요!
B: 입 조심해! 엄만 그런 종류의 험한 말을 듣고 싶지 않구나.

◀ 'Life sucks'처럼 뭔가 정말 형편없을 때 쓴다. 점잖은 표현은 아니다.

A: Your sister is a bitch.
B: **Watch your tongue**, or I'll hit you.

A: 네 누이 정말 못됐어.
B: 말 조심해 아님 널 칠거야.

◀ Watch your language 라고도 한다.

Talk Tips

Watch your~로 시작하는 또 하나 유명한 문장이 있는데, Watch your step!이 바로 그것이다. Watch your step!은 기본적으로 넘어지지 않도록 조심하라는 의미뿐만 아니라 상대방에게 말이나 행동거지를 조심하라(Be careful!)고 할 때도 쓰인다. 또한 Watch your back은 뒤(배신 등)를 조심하라는 표현.

Level 01 041

You're welcome
별말씀을요

🚀 핵심급소공략

고맙다는 인사에 대한 가장 전형적인 대답. 상대방이 Thank you하면 자동적으로 You're welcome이 나오는 것이 추세이지만, Don't mention it, Not at all이나 It's no trouble at all도 비슷한 의미로 쓰인다. 강조하려면 You're very[more than] welcome이라 하고 일상생활에서는 그냥 줄여서 Welcome이라고도 한다. 특히 상대방에게 감사받을 일을 해줬지만 상대방이 Thank you라고 하지 않을 때 혼잣말로 You're welcome이라고 할 때가 있는데 이때는 상황에 따라 "고맙다는 말은 됐어" 정도로 생각하면 된다.

💬 Speak Like This

1 **You are welcome. What are friends for?**
무슨. 친구 좋다는게 뭐야?

2 **You're welcome. We'll talk about it later.**
천만에. 우리 그 얘기는 나중에 하자.

3 **You're very welcome. How about some dessert?**
별 말씀을요. 디저트 좀 드실래요?

EASY TALK

A: Thank you for the ride.
B: You're welcome, I was going this way anyway.
A: 태워나 줘서 고마워요.
B: 뭘요, 어차피 이 길로 가는 걸요.

A: Thank you for hosting the party.
B: You're very welcome. Come back again.
◀ 파티나 회의를 열다, 개최하다라는 동사.
A: 파티 열어줘서 고마워.
B: 천만에. 다시 또 와.

✓ Talk Tips

Welcome하면 제일 먼저 떠오르는 표현은 Welcome to+장소명사이다. 또한 You're welcome~은 뒤에 to+V가 이어져 "기꺼이 …해도 돼"라는 표현이 된다. "할 일이 좀 있지만 같이 있어도 돼"라고 하려면 I have some work to do, but you're welcome to stay라고 하면 된다.

I'm sorry?
뭐라고(요)?, 예?

🚀 핵심급소공략

I am sorry를 「미안하다」라고만 알고 있으면 상대방이 의문문으로 "I am sorry?"라고 할 때 갑자기 "웬 Sorry?"하며 멍하니 상대방만 쳐다보게 될지 모른다. 이처럼 뒤를 올려서 "(I am) Sorry?"라고 하면 "죄송하지만 말을 다시 해달라"는 뜻이 된다. "Excuse me." 또는 다시 오라는 말로 착각하기 쉬운, "방금 뭐라고 하셨죠?"(What did you say?) 라는 의미로 쓰이는 "Come again?," "Say it again?," 그리고 "What was that again?"도 같은 맥락의 문장들이다.

💬 Speak Like This

1 **I'm sorry? What did you say?**
뭐라고? 뭐라고 했어?

2 **Come again? I didn't hear you well.**
뭐라고? 잘 못들었어.

3 **I'm sorry? Are you saying that I can't work here?**
뭐라구요? 내가 여기서 일할 수 없다고 하시는거예요?

EASY TALK

A: When was the last time you saw him alive?
B: I'm sorry?
A: 생전에 그를 마지막으로 본 게 언제였죠?
B: 뭐라구요?

A: We just lost a million dollars on that deal.
B: Come again?
A: 우리 그 거래에서 백만 달러를 손해봤어요.
B: 뭐라구요?

◀ 비즈니스 거래를 말하며 close a deal하면 거래를 성사시키다.

✓ Talk Tips

물음표 없이 come again하면 다시 말해달라는 의미가 아니라 글자 그대로 다시 와달라는 말이다. 함께 놀다 헤어지면서 "Good night. Come again!"하면 이는 "잘 가. 또 와!"라는 의미이다.

Level 01 043

How's your day?
오늘 어때?

🚀 핵심급소공략

day는「하루」이므로, 인사 내용을 오늘에 국한시켜 별일 없었는지 물어보는 것으로「오늘 어때?」정도가 된다. 보통 하루의 뒷편에서 How was your day?라고 쓰는게 더 어울리지만, be동사를 현재로 How's your day?는 굳이 따지자면 "오늘의 지금"까지 어땠는지 물어보는 것이다. 참고로「How's your+사람?」구문은 안부를 물을 때 자주 쓰는데, 상대방 가족의 안부를 물을 땐 How's your family?, 상대방 부모님의 안부를 물을 땐 How's your parents? 등으로 활용해 볼 수 있다.

🗨 Speak Like This

1 How's your day? You look a bit tired right now.
오늘 어때? 지금 좀 피곤해보여.

2 You look unhappy Sam. How was your day?
샘, 안 좋아 보여. 오늘 어땠어?

3 How was your trip to Paris?
파리 여행은 어땠어?

EASY TALK

A: How's your day?
B: So far so good, and you?
A: 오늘 어때?
B: 지금까진 좋아, 넌?

A: How is your cold?
B: It's not bad. I'm starting to feel better.
A: 감기는 좀 어때?
B: 그리 나쁘지 않아. 점차 나아지고 있어.

◀ feel good 기분이 좋다,
feel better 기분이 나아지다.

✓ Talk Tips

How was+sth?의 형태로도 무척 많이 쓰이는데, 어제 콘서트 어땠어?는 "How was the concert last night?," 여름방학은 어땠어?는 "How was your summer vacation?"라고 하면 된다. 그리고 또 was와 is의 문제인데 현재 감기가 낫지 않은 상태의 사람에게 감기는 좀 어때?라고 하려면 "How is your cold?"라고 해야 한다.

I agree with you
내 생각도 그래

핵심급소공략

상대방의 말에 동의한다는 가장 일반적인 동사인 agree를 사용한 표현. 통상 동의하는 상대방을 전치사 with 이하에 써서 I agree with you[or sth]라고 하면 된다. 하지만 동의의 정도를 강조하려면 강조부사 entirely, quite, definitely 또는 completely 혹은 I agree with you 100%라고도 할 수 있다. 이는 구체적인 숫자로 동의의 정도를 말할 수 있는 강점이 있는 것으로 뒤에 100% 대신 110%나 120% 등 강조하고픈 또는 과장하고픈 대로 말하면 된다. 의견이 반대라면 I don't agree with you나 I don't agree with what you said라고 하면 된다.

Speak Like This

1 **That's not what I mean. I agree with you about that.**
그런 뜻이 아냐. 그 점에 있어 너랑 동감야.

2 **I agree with you. She should not quit her job.**
내 생각도 그래. 그 여자는 일을 그만두면 안돼.

3 **I don't agree with you. Saving money is not so important.**
난 네 의견에 동의 못 해. 돈 모으는게 그렇게 중요하진 않아.

EASY TALK

A: I don't agree with this plan.
B: Speak for yourself. I think it's a good idea.
A: 이 계획에는 찬성할 수 없어.
B: 너나 그렇겠지. 난 괜찮은 생각인 것 같은데.

◀ I can't agree with you more는 진적으로 동의하다.

A: There are a lot of dangerous Muslims around.
B: Is that what you think? I don't agree with you.
A: 위험한 이슬람교도들이 주위에 많아.
B: 정말 그렇게 생각하는거야? 그렇지 않아.

✓ Talk Tips

비교+부정으로 최상급을 만드는 경우 중의 하나로 (I) Couldn't agree with you more 하면 "정말 네 말이 맞아," 즉 "이보다 더 동의할 수 없다"는 강한 긍정의 표현이 된다. 그래서 "정말 네 말이 맞아. 좋은 학생이 되는게 중요해"라고 하려면 I couldn't agree with you more. It's so important to be a good student라고 하면 된다.

Level 01 045

I'm glad to hear that
그 얘기를 들으니 기뻐, 그것 참 잘됐다

핵심급소공략

뭔가 상대방으로부터 좋은 소식을 듣고 그 기쁜 마음을 전달하는 문장. I'm glad to hear it[that] 혹은 줄여서 Glad to hear it[that]이라 많이 쓰인다. 또한 I'm glad to hear (that) S+V의 형태로 반가운 소식을 좀 길게 that 이하에 말할 수 있다. 물론 이때의 that (S+V)과 위의 that[it]과는 다르다. 반대로 「…라는 말을 듣게 되어 유감이다」는 I'm sorry to hear that S+V를 쓰면 되고 간단히 대명사 that을 이용하여 I'm sorry to hear that이라고 해도 된다.

💬 Speak Like This

1 **I'm glad** you think so.
그렇게 생각해주니 기분 좋은데요.

2 **I'm glad** you feel that way.
그렇게 생각한다니 기뻐.

3 **I'm glad to hear** you liked it.
네가 좋아했다니 기뻐.

EASY TALK

A: Thank you for the great meal.
B: I'm glad you enjoyed it.
A: 맛있는 식사, 고마워요.
B: 맛있게 드셨다니 기뻐요.

A: Well, you are always so generous!
B: I'm glad you think so.
A: 어쩜 그렇게 늘 마음이 넓으실까!
B: 그렇게 생각해주니 기분 좋은데요.

◀ 후한, 너그러운 그래서 고마운 등으로 생각하면 된다.

✓ Talk Tips

I'm glad~ 다음에 바로 주어+동사를 쓰거나 혹은 I'm glad to hear S+V의 형태로 쓸 수도 있다. "네가 맘에 든다니 기뻐"는 I'm glad you like it, "네가 괜찮다는 얘기를 들으니 기뻐"는 I'm glad to hear you're all right으로 각각 문장을 만들어볼 수 있다.

Level 01 046

I've got to go now
이제 가봐야겠어, 이제 끊어야겠어

핵심급소공략

get은 만능동사이자 informal한 영어를 만드는 중요한 동사. 따라서 must보다 get을 사용하면 훨씬 생동감이 넘쳐흐르게 된다. 특히 I've got to에서 got to는 [t]가 모음사이에서 유성음화되어 거의 [gara]로 발음되어 전체적으로 [aigara]처럼 들린다. 정확한 발음에만 익숙한 우리로서는 이런 변형된 발음이 마치 철자에 대한 배신으로 느껴져 거부감이 일지 모르지만 일단 몇번 연습해보면 자연스레 입에 붙을 것이다. 그밖에 "I've gotta be going now," "I've got to run" 또는 "I have to go" 등이 있으니 가끔 바꿔가면서 연습을 해보자.

Speak Like This

1 **I gotta go.** I'm at work.
(전화) 그만 끊을게. 업무중야

2 **I've got to run.** See you tomorrow.
가봐야겠어. 내일 봐.

3 **I have to go.** My husband is waiting for me at home.
가야겠어. 남편이 집에서 기다리고 있거든.

EASY TALK

A: You look stressed out. What's wrong?
B: I've got so much to do and I **have to** go now.

A: 스트레스에 지쳐 빠진 것 같으네. 무슨 일이야?
B: 해야 할 일이 너무 많아서 지금 가야 돼.

◀ have=have got이듯 have to=have got to이다.

A: Well, **I've got to go now.**
B: Okay, thanks for all your help.

A: 저기, 지금 가봐야겠는데요.
B: 그래요. 여러모로 도와주셔서 감사합니다.

✓ Talk Tips

마찬가지로 대화를 마치고 조심스럽게 이제 가야 될 것 같다고 말할 때는 I think I'd better be going을 써본다. had better+동사원형 형태로 가야 되는 불가피성을, 그러나 I think로 가야 된다는 사실을 순화시켜주고 있는 표현이다. 다른 표현으로는 "I must go now," 또는 "I think I must be going(leaving) now" 등이 있다.

Level 01 047

Take your time
천천히 해

🚀 핵심급소공략

'초스피드 시대'라고는 하나, "빨리 빨리!"를 연발하다가 일을 그르치는 경우가 많기 마련이다. "급할수록 돌아가라"는 속담도 있듯, 「서두르지 말고 여유를 가지라」(use as much time as is necessary)는 뜻으로 할 수 있는 말이 Take your time. 다른 말로는 Relax나 Slow down 등이라고 할 수 있다. 그리고 뭔가를 천천히 하라고 말할 때는 take your time ~ing[with~]로 써주면 된다.

💬 Speak Like This

1 Take your time. There's no rush.
천천히 해. 서두를 것 없어.

2 Please don't hurry because I'm here. Take your time.
제가 왔으니 서두르지 마세요. 천천히 해요.

3 Relax. Just take your time and concentrate.
진정해. 천천히 집중해서 해봐.

EASY TALK

A: I'll be back in a minute.
B: Take your time. It's not that busy.
◀ 부사로 '그렇게', '그정도로'라는 의미.
A: 금세 돌아올거예요.
B: 여유있게 하세요. 그렇게 바쁜 일은 아니니까.

A: I'll be done with the computer in just a minute.
B: Take your time. I'm in no rush.
◀ '급하지 않다'는 표현. 반대로 '급하다'는 be in a rush[hurry].
A: 곧 이 컴퓨터를 다 쓸거야.
B: 천천히 해. 난 급할거 없으니까.

✓ Talk Tips

비슷한 표현으로 Hold your horses!가 있다. 약속시간 늦었다고 화장하는 아내에게 서두르라고 하자 아내가 할 수 있는 말은 "Hold your horses. I'll be finished with my makeup soon"(닥달하지마. 곧 화장끝난다고)이다. 원래 의미는 말이 흥분해서 날뛸 때 말을 붙잡으라는 말로 Calm down!, Take your time!과 같은 의미로 쓰이게 되었다.

That's great
아주 좋아, 잘됐네

핵심급소공략

뭔가 동의하고 인정한다는 의미에서 That's good의 강조형으로 "아주 좋다"라고 말하는 것이며, 또한 That's great는 종종 칭찬의 의미로도 쓰이는데, 이때는 Good for you, Congratulations, Good job과 같은 의미로 봐도 된다.

Speak Like This

1 **That's great. Everyone had a lot of fun.**
  잘됐다. 다들 엄청 재미 있었어.

2 **That's great! Are you getting a salary increase too?**
  잘됐다! 월급도 오르는거야?

3 **That's great, Jim. Keep up the good work.**
  잘됐군 짐. 계속 수고하게나.

EASY TALK

A: I got this dress at a sale in the department store.
B: That's great.
A: 백화점에서 세일가격에 이 옷을 샀어.
B: 잘했다.

◀ get은 얻다(obtain), 사다(buy)라는 의미로 쓰인다.

A: Order anything you want because it's on me.
B: That's great.
A: 내가 쏠 테니까 먹고 싶은거 아무거나 다 시켜.
B: 야, 신난다.

✓ Talk Tips

That's good은 상대방의 말이나 제안이 동의할 때 "(나도) 좋아"라고 할 때 쓰이며, 비슷한 표현인 We're good?은 우리가 괜찮은거야?, 우리 사이 변함없는거지?, 혹은 이제 된 거지? 등의 의미로 많이 쓰인다.

What a shame!
안됐구나!

핵심급소공략

What a shame은 '안됐구나,' '실망스럽다'라는 말로 That's too bad, What a pity와 같은 의미. 뒤에 안된 내용을 말하려면 What a shame S+V이라고 하면 된다. shame 하면 「부끄러움」, 「수치」만 떠올리기 쉬운데, 여기서 shame은 「유감스럽고 딱한 상황」 (something you're sorry about)을 뜻하는 것으로, 뭔가 좋지 않은 상황에 대해 「저런, 안됐구나」라며 안쓰러움을 표시하는 말이다. Shame on you(창피한 줄 알아)와 구별은 필수이다.

Speak Like This

1 What a shame. The conversation's over.
안됐지만, 대화는 이제 끝났어요.

2 What a shame! How long will it take him to get better?
안됐네! 나아지는데 얼마나 걸릴까?

3 What a shame if I never got to fire it?
총을 쏴보지 못했다면 얼마나 아쉬울까?

EASY TALK

A: I can't go to the beach with you guys. I have to work!
B: What a shame.
A: 나 너희랑 같이 해변에 못가. 일해야 한다고!
B: 안됐구나.

A: Chris crashed his car and is in the hospital.
B: What a shame.
A: 크리스가 차사고 나서 병원에 입원했어.
B: 안됐네.

ⓥ Talk Tips

또한 That's[It's] a shame은 '안타깝다,' '안됐다,' '유감이다' 아니면 '실망스럽다'라는 뜻이고 It's[That's] a shame to[that~]는 '…하다니 안타까운 일이다,' '실망스럽다'라는 의미가 된다.

Level 01 050

Can we talk?
얘기 좀 할까?

🚀 핵심급소공략

Got a minute?처럼 informal하게 「우리 얘기 좀 할까요?」하려면 그 의미를 그대로 살려 Can we talk?이라 해도 좋다. 또한 이는 말하는 사람이 상대에게 먼저 할 말이 있는 것이므로 주어를 'I'로 해 Can I talk to you?라 할 수도 있고, 시간을 많이 빼앗지 않겠다는 의미로 뒤에 for a (few) minute을 덧붙여 Can I talk to you for a (few) minute?이라 해도 좋다. 또 상대방이 Can we talk?하고 말해올 때 「좋아요. 무슨 일인데요?」하려면 Sure. What's up? 또는 What's on your mind?하고 들을 자세가 되어 있음을 알려줄 수 있다.

💬 Speak Like This

1 Can we talk after the meeting?
회의 끝나고 얘기해도 될까?

2 Can we talk? It's about my wife.
얘기 좀 할까? 내 아내 이야기야.

3 I have something important to tell you. Can we talk?
너한테 중요한 할 말이 있는데. 얘기 좀 할까?

EASY TALK

A: Can we talk?
B: Sure. What's up?
  A: 얘기 좀 할까?
  B: 그래. 무슨 일이야?

A: Jim, can we talk for a minute?
B: I'm all yours. What's up?
  A: 짐, 잠깐 시간 좀 내줄래요?
  B: 저야 언제든 오케이죠. 무슨 일이세요?

◀ 다음에는 비교적 구체적인 숫자 등이 나온다.

✓ Talk Tips

Can we talk?이 너무 짧아 썰렁하면 응용해서 Can we have a talk?, Can we talk about~?, Can I talk to sb~?의 형태로 말하는 내용이나 사람을 함께 말하면서 사용할 수도 있다. 아니면 Can I have a word with you?라고 해도 된다.

Level 01 051

Could you do me a favor?
부탁 좀 들어줄래?

핵심급소공략

favor는 「호의」, 「친절」이란 명사인데 do sb a favor라는 형태로 「…에게 호의를 베풀다」란 뜻을 나타낸다. 부탁을 할 때 가장 일반적인 패턴으로는 조동사 would와 could 등을 이용하여 Could you ~? 또는 Would you ~?를 쓰면 되지만 좀 어렵고 상대방에게 미안한 부탁을 할 때는 Would[Could] you ~ 다음에 불쑥 도와달라는 내용을 말하기 보다는 한 템포 죽여서 상대방에게 마음의 준비를 시켜야 된다. Could you do me a favor?가 바로 이런 완충작용을 하는 대표적인 표현. 좀 더 강조하려면 favor 대신 a big favor라 하면 된다.

Speak Like This

1 **Chris, I'm calling to ask you for a favor.**
크리스, 너한테 부탁할 게 있어서 전화했어.

2 **Can you do me a favor? I need something to drink.**
부탁 들어줄래? 마실게 좀 필요해.

3 **Just do me a favor and please don't go in her room.**
제발 부탁인데 걔 방에는 들어가지마.

EASY TALK

A: **Chris, I'm calling to ask you for a favor.**
B: **I'll do my best, what would you like?**

◀ ask (sb) for a favor
= do sb a favor

A: 크리스, 너한테 부탁할 게 있어서 전화했어.
B: 힘 닿는대로 해볼게. 부탁이 뭔데?

A: **Could you do me a favor?**
B: **Sure. What do you need?**

A: 부탁 좀 드려도 될까요?
B: 그럼요, 도와드릴게 뭐죠?

✓ Talk Tips

부탁하는 내용까지 한꺼번에 말하려면 Could you do me a favor and+V(부탁하는 내용)?라고 하면 된다. 해석은 "부탁인데 …을 좀 해줄래?"가 된다. 예를 들어 "부탁인데 마실 것 좀 갖다 줄테야?"라고 하려면 Could you do me a favor and bring me a drink?라고 하면 된다.

Level 01 052

Forget it
잊어버려, 됐네

🚀 핵심급소공략

가볍게 「(별것 아니니) 잊어버려」, 「신경쓰지마」 정도의 뜻으로 하는 말. forget은 자동사와 타동사 두 가지로 다 활용되므로 중간에 about을 넣어 Forget about it이라 해도 된다. 너무 미안해하는 상대방에게 이렇게 Forget it이라 말할 수 있고, 또 내가 한 얘기를 미처 못들었다고 다시 말해달라고 하는 상대방에게 「(별 얘기 아니니) 잊어버려」, 「신경꺼」라는 의미로도 쓸 수 있다. Never mind 역시 같은 용도의 표현.

💬 Speak Like This

1 Oh, forget it. It's not that important.
저기 잊어버려. 그리 중요한 것도 아냐.

2 Forget about it. It's not going to be that easy.
잊어버려. 그렇게 쉽지 않을거야.

3 I can't forget about Roger. He was the love of my life.
로저를 잊을 수가 없어. 내가 가장 사랑하는 사람이었다구.

EASY TALK

A: I would like to help with the cost of fixing it.
B: Forget it.
A: 수리하는데 드는 비용을 좀 보태고 싶은데.
B: 괜찮아, 신경 꺼.

A: If you go out with me, I promise we'll have a great time.
B: Forget it. It's never going to happen.
A: 나랑 데이트하면 우린 정말 즐거운 시간을 보낼거야.
B: 관두셔. 그런 일은 절대 없을테니까.

◀ '데이트하다'도 되지만 문맥에 따라 그냥 단순히 '외출하다'도 가능.

✓ Talk Tips

Forget (about) it!을 가장 간단히 그리고 빠르게 이해하려면 두가지 의미만 외우면 된다. 첫째는 그냥 "No"(I won't do something), 그리고 두번째는 더 이상 신경쓰지마(Don't think about that anymore)라고 생각하면 된다.

Level 01 053

I'm doing okay
잘 지내고 있어

핵심급소공략

말 그대로 잘 지내고 있다는 말로 do okay를 많이 쓴다. 내가 별일 없이 잘 지내고 있다라고 말하려면 I'm doing okay, 반대로 상대방에게 잘 지내냐고 물어볼 때는 Are you doing okay?라고 하면 된다. 줄여서 그냥 Doing okay?라고 해도 된다. 또한 만사가 잘 되고 있냐고 물어볼 때는 (Is) Everything okay?라고 하면 된다.

Speak Like This

1 **I'm doing okay. I think it's going well.**
나 잘 지내고 있어. 잘 될거라 생각해.

2 **I'm doing OK. What's new with you?**
잘 지내고 있지. 넌 뭐 좀 새로운 일 있냐?

3 **Hey there Jeff. Are you doing okay today?**
안녕, 제프. 오늘 어때?

EASY TALK

A: I heard you were in the hospital. You're doing OK?
B: To be honest, I'm still feeling pretty sick.

◀ 약어로 쓰면 OK, 풀어쓰면 okay.

A: 병원에 입원했었다며. 괜찮아?
B: 사실, 아직 많이 아파.

A: What's the matter, Chris? You doing okay?
B: I've been fighting a lot with my girlfriend lately.

A: 크리스, 무슨 일이야? 괜찮아?
B: 최근에 여친하고 엄청 싸워.

◀ 평서문으로 끝만 올리거나 (You're doing OK?) 아님 의문문에서 Are를 생략하면 된다.

✓ Talk Tips

okay 대신에 well을 써서 do well하면 "…을 잘하다"라는 의미의 표현이 된다. 가게가 잘 안된다고 하려면 My store isn't doing well, 넌 학교에서 잘할거야는 You're going to do well in school, 그리고 You did well은 Good job!과 같은 의미의 문장이다.

Way to go!
잘했어!, 잘한다!

핵심급소공략

누군가 힘들게 어떤 일을 해냈을 때 「그거야」, 「좋았어!」, 「잘했다!」며 추켜주고 축하해주는 말인 That's the way to go!의 줄임말. 또, 결승점에 가까워오는 마라톤 선수에게 「힘내라!」는 의미로도 쓸 수 있다. 즉, 우리가 응원할 때 흔히 Fighting!이라고 하지만 이보다는, Way to go, Heung Min! 또는 Go, Kang In. Go!라 해야 한다. Way to go!나 Go!는 또한 일상생활에서 칭찬을 하거나 앞으로 더 잘하라고 격려할 때도 사용할 수 있다. 한편 실책을 범한 상대편 선수에겐 비꼬는 투로 「참 자~알 했다」라면서 야유를 보낼 수도 있다.

Speak Like This

1 **Way to go! I'm so proud of you.**
   잘했구나! 네가 정말 자랑스러워.

2 **Way to go! Good job, everybody.**
   잘한다! 모두들 잘했어.

3 **Way to go, son! I knew you'd find it!**
   잘했어, 아들아! 난 네가 그걸 발견할 줄 알았어!

EASY TALK

A: I got a prize for selling the most products.
B: Way to go! You're our best salesman.
  A: 내가 판매왕으로 상을 받았어.
  B: 잘했다! 넌 우리 최고의 영업맨이야.

◀ 최우수 작품상은 the prize for best film.

A: I won the spelling contest.
B: Way to go! You're pretty smart.
  A: 철자맞추기 대회에서 일등했어.
  B: 잘했어! 넌 아주 똑똑하잖아.

◀ 대회에서 1등을 하거나 상을 받다.

✓ Talk Tips

이와 비슷한 표현으로는 Attaboy!를 쓸 수 있는데, 이는 "야, 잘했다!"라는 뜻의 That's my[a] boy의 축약형이다. 여자에게는 That's my[a] girl을 쓸 수 있다. 선수들이 기쁠 때 하는 하이파이브하자는 Give me five!(손바닥 부딪히자!)가 된다. 손을 밑으로 내려서 하는 것은 low five라 한다.

Level 01 055

It was nothing
별거 아닌데요, 별일 아니야

핵심급소공략

"별거 아니다"라는 말로 먼저 상대방의 감사인사에 대한 대답일 때는 「그 정도 도와준 건 일도 아니었다」, 「그쯤은 아무것도 아니다」란 의미가 되어, You're welcome, Think nothing of it 등의 대용어로 쓰인다. 또한 상대방이 무슨 일인가에 대해 미안해 할 때엔 「아무것도 아닌 일 가지고 미안해 할 것 없다」라는 말이 된다. 마지막으로 글자 그대로 별거 아니라고 중요하지 않아서 신경쓰지 않아도 된다고 할 때도 쓰이는 것은 물론이다. 형태상으로는 그냥 줄여서 Nothing이라고 해도 된다.

Speak Like This

1 I don't remember. It was nothing.
기억안나. 별거 아니었어.

2 It was nothing. Don't give it a second thought.
별거아니니 걱정하지마.

3 It was nothing. I wanted to help you out.
별것도 아닌데. 도와주고 싶었어.

EASY TALK

A: I want to thank you for letting me use the car.
B: It was nothing.

◀ let sb+V 의 사역동사

A: 차 빌려줘서 고마워요.
B: 별것도 아닌데요.

A: Thank you for your help organizing the staff party.
B: It was nothing.

◀ 준비하다, 정리하다라는 의미.

A: 직원 파티 준비를 도와주셔서 감사합니다.
B: 별거 아니었는데요 뭘.

✓ Talk Tips

비슷한 표현들로는 Nothing in particular(별일 아냐), Nothing special(별일 아냐), 그리고 There's nothing to it(그거 별거 아니다, 간단한 일이다) 등이 있다.

This is not my day
오늘 일진이 안좋아

핵심급소공략

하나도 제대로 풀리는 일이 없는 그런 날을 의미하는 표현으로 우리말로는 「재수 옴붙은 날이군」, 「오늘은 일진이 안 좋아」 정도로 옮길 수 있다. 이 표현은 재수없는 일을 당했을 때 즉석에서 혼잣말처럼 하는 말로 This 대신에 It를 쓰기도 한다. 또한 하루일과를 모두 마치고 다른 사람에게 「오늘 참 재수없었어」하려면 I had a bad day today라 하면 된다. 반대로 오늘은 나의 날이라고 할 정도 잘 풀리는 날이었다면 Today is my day라고 하면 된다.

Speak Like This

1 **Jack's had a bad day. What happened?**
잭의 일진이 안 좋았던 것 같은데. 무슨 일이야?

2 **She seems to be having a bad day.**
걘 안 좋은 것 같아.

3 **Hey lady, your day's over! It's my turn!**
이봐 아가씨, 아가씨는 이제 끝났어. 이젠 내 차례야.

EASY TALK

A: This is just not my day!
B: What happened?
A: 오늘 일진 정말 안 좋네!
B: 무슨 일이야?

A: I heard that you had a car accident today.
B: Yeah, this is not my day.

◀ =be in a car accident = get into a car accident

A: 네가 오늘 교통사고를 당했다는 얘기를 들었어.
B: 응, 오늘은 일진이 안좋은 날이야.

✓ Talk Tips

또한 힘든 하루였다라고 말하려면 be a long day나 have a rough day를 써서 각각, It's been a long day!, I had a rough day!라고 한다. 상대방에게 힘든 하루였지라고 물어보려면 Rough day for you?라고 하면 된다.

Level 01 057

Why not?
왜 안돼?, 그러지 뭐!

🚀 핵심급소공략

Why not?에는 두 가지 의미가 있다. 하나는 문자 그대로 상대방의 부정적인 답변에 대해 「왜 안 된다는 거야?」(Please, explain your negative answer)라며 이유를 물어보는 것이고, 다른 하나는 어떤 제의에 대해 「그러지 못할 이유가 어디 있느냐」(I can't think of any reason not to do), 즉 강한 yes를 의미한다.

💬 Speak Like This

1 **Why not?** We're on the same team.
   물론. 우리는 같은 팀인데.

2 **Why not?** Do you have a problem with me?
   왜 그러시죠? 저한테 무슨 불만이라도 있으신 거예요?

3 That's too bad. **Why not?**
   안됐네. 왜 안되는데?

EASY TALK

A: Don't be ridiculous. You should never go out with him.
B: That's silly. Why not?
◀ 약한 충고의 조동사.
좀 더 강력하게 말하려면 have to, must.
A: 바보같이 굴지 마. 넌 그 남자하고 사귀면 안돼.
B: 말도 안돼. 왜 안되는데?

A: Do you want to come with us for drinks?
B: Why not?
A: 우리랑 같이 한잔 하러 갈래?
B: 그러지 뭐.

✓ Talk Tips

Why not~의 응용표현으로 Why not+N[V, S+V]?라고 쓸 수 있다. "…가 왜 안돼?"라는 의미이다. 예로 들어 Why not her?하게 되면 "걘 왜 안돼?"라는 뜻이 된다. 또한 I don't see why not하면 "안되는 이유를 모르겠다"라는 뜻으로 긍정의 의미(그래요)가 된다.

Level 01 058

It's up to you
네가 결정할 일이야

🚀 핵심급소공략

여기서 be up to는 「…가 책임질 일이다」(be the responsibility of)라는 의미. 어떤 일에 대해 한발짝 물러나 「네 맘대로 해」(whatever you think)라고 책임이나 결정권을 상대방에게 떠넘기는 말이 된다. It's your choice(네가 선택할 일이야)라고 해도 된다.

💬 Speak Like This

1 **It's up to you. I could go anywhere.**
   네가 결정해. 난 아무데나 갈게.

2 **Then it is up to you. It's your responsibility.**
   그럼 네가 결정할 일이야. 네 책임이야.

3 **It's up to you. I don't have any special plan.**
   너한테 달렸어. 난 특별한 계획이 없거든.

EASY TALK

A: What should I wear to the party tonight?
B: It's up to you. I can't decide for you.
   A: 오늘 밤 파티에 뭘 입고 가는 게 좋을까?
   B: 그거야 네 맘이지. 내가 대신 정해줄 순 없다구.

A: Don't make me do anything that I'll regret.
B: It's up to you.
   A: 내가 후회할 일은 하게 하지 말아줘.
   B: 너하기 나름이지.

◀ 상대방에게 강요하지 말라고 할 때 쓴다. Don't make me go in there(나 들어가기 싫어).

✓ Talk Tips

The choice를 주어로 해서 The choice is up to you(선택은 너한테 달렸어)라고 말할 수도 있고 비슷한 표현으로는 That's(It's) your call(네가 결정할 문제야, 네 뜻에 따를게), You (must) decide(네가 결정해) 등이 있다.

There's no hurry
급할거 없어

핵심급소공략

너나 할 것 없이 "빨리빨리~"를 외쳐대는 세상 속에 「서두를 것 없어」라며 쉼표를 던져주는 표현. 「서둘러서」(hastily; in haste)란 의미의 idiom으로 in a hurry가 잘 알려져 있는데 이를 활용하여 I'm in no hurry(난 급하지 않아)라고 해도 같은 의미가 된다. 또한 비슷한 형태의 What's the hurry?가 있는데 이는 급히 서두르는 상대방에게 "그렇게 서두를 것 없지 않나?"의 뉘앙스를 갖는 표현이다. hurry 대신에 rush를 써도 된다.

Speak Like This

1 **Why is she in such a hurry?**
   그 친구 왜 그리 급한데?

2 **There's no hurry. We have all day.**
   서두를 것 없어. 시간 많은데.

3 **What's the hurry? I'm still young.**
   급할 거 뭐 있어. 난 아직 젊은데.

EASY TALK

A: When do you **want it delivered**?
B: **There's no hurry.**

◀ it과 delivered 사이에 to be가 생략된 형태로 '그것이 배달되기를 원하다'란 의미.

A: 그걸 언제쯤 배달해 드리면 될까요?
B: 급할 거 없습니다.

A: Hi, Chris! **What's the rush?**
B: I'm late for my doctor's appointment. I**'ve gotta** go now.

◀ I have got to=I've got to
 =I've gotta=I gotta

A: 안녕, 크리스! 왜 이리 급해?
B: 병원예약시간에 늦었어. 가야 돼.

Talk Tips

누가 급히 어디로 향할 때 우리말에서는 "어디 불났냐?"라는 문장을 쓰는데, 영어도 같은 사람이 쓰는 언어에서 인지 몰라도 똑같이 'Where's the fire?'라고 한다.

Level 01 060

Are you okay?
괜찮아?

🚀 핵심급소공략

아주 기본적인 표현으로 일상생활에서 뻔질나게 나오는 표현. okay는 대답으로도 자주 쓰이지만 여기처럼 be okay의 뜻으로 구어체에서 be all right의 의미로 많이 사용된다. "…에 괜찮냐"고 물어보거나 괜찮다고 할 때는 be okay with를 활용하면 된다. 그래서 상대방에게 이거 괜찮아라고 할 때는 Are you okay with this?, 나 그거 괜찮아라고 할 때는 I'm okay with that이라고 하면 된다. 평서문 형태를 끝만 올려 You're okay?라고 해도 된다.

💬 Speak Like This

1 What's wrong? Are you okay?
무슨 일이야? 괜찮아?

2 What's going on? You're okay?
무슨 일이야? 너 괜찮아?

3 Hey, I'm sorry about that. Are you okay?
저기, 그거 미안해. 너 괜찮아?

EASY TALK

A: Are you okay? You seem a little down.
B: Chris dumped me so I'm a little sad.
   A: 괜찮니? 조금 우울해보이는데.
   B: 크리스가 날 차버려서 좀 슬퍼.

◀ 형용사로 '우울한' 혹은 '컴이 작동이 안되는.'

A: Are you okay?
B: I'm fine! I just feel a little nervous.
   A: 괜찮아?
   B: 좋아! 그냥 신경이 예민해서.

✓ Talk Tips

비인칭주어 It과 be going to be가 합쳐진 경우인 It's going to be okay(잘 될거야, 괜찮을거야) 역시 무척 회화에서 많이 쓰인다. going to는 역시 [gonna]로 축약되어 발음되고 그리고 미드나 스크린의 대본이나 자막에서는 표기까지도 gonna로 한다는 점까지 알아두자.

Level 01 061

Just a moment, please
잠깐만요

🚀 핵심급소공략

전화를 바꿔주겠다고 할 때는 "잠시 기다리라"고 하는게 기본예의. 그럴 때는 hold를 써 "Hold on (a second)," "Hold the line"이라 하거나 그냥 간단히 "Just a moment"라 한다. 또 통화도중에라도 상대를 기다리게 해야 할 사정이 생겼을 경우, 위의 표현을 써도 되지만 "Would you like to hold?," "May I put you on hold?"라고 상대방에게 기다릴 의사가 있는지 물어보는 것이 좋다. 물론 전화가 아닌 일반상황에서도 쓰이는 것은 당연지사. Just a minute, Just a sec(ond), One moment, please, 그리고 Hang on (a minute)이라고 해도 된다.

💬 Speak Like This

1 **Yes. Just a moment. I'll get him for you.**
 네. 잠깐만요. 바꿔줄게요.

2 **Yes, just a moment. Tim, phone call for you!**
 그래, 잠깐만. 팀, 전화왔다!

3 **Jim, hang on a second. Chris wants to say something.**
 짐, 잠깐만. 크리스가 뭔가 할 말이 있대.

EASY TALK

A: Is Chris in?
B: Yes, just a moment. Chris, phone call for you!
 A: 크리스 있어요?
 B: 그래, 잠깐만. 크리스, 전화왔다!

A: Let's leave now, if that's all right with you.
B: Just a moment. I'm waiting for Cindy to call.
 A: 네가 괜찮으면 지금 나가자.
 B: 잠깐만. 신디 전화가 올거야.

◀ 부정으로
'...하지 말자'라고
할 때는
Let's not+V.

✓ Talk Tips

직설적으로 '기다리다'라는 동사 wait를 사용한 표현도 있다. Wait a moment가 바로 그것으로 Wait a minute, why should I give you any money?(잠깐만, 내가 왜 너한테 돈을 줘야 하는데?), Wait a minute. I've got an idea(잠깐만. 내게 좋은 생각이 떠올랐어) 등처럼 쓰인다.

Are you sure?
잠깐만요

🚀 핵심급소공략

상대방으로부터 의외의 말이나 놀라운 이야기를 들었을 때 재차 확인하는 표현으로 Is that true?(정말이야?)나 Is that so?(확실해?, 정말 그럴까?)와 같은 맥락의 표현이다. 역시 그냥 Are를 빼고 You sure?라고만 써도 된다. 확신하는지 물어보는 내용까지 함께 쓰려면 Are you sure about+N?의 패턴을 쓰면 된다. 이처럼 'sure'는 Are you sure? 이외에도 I'm sure (that S+V), Sure 등 빈출표현을 많이 만들어내는 회화용 단어라 할 수 있다.

💬 Speak Like This

1 **She seems to hate you. Are you sure?**
걘 너를 싫어하는 것 같은데, 정말이야?

2 **Are you sure about that?**
정말이야?

3 **Are you sure? I mean, no biggie.**
분명해? 별거아니라는 말이지.

EASY TALK

A: Believe me! I didn't say anything about it to her.
B: Are you sure?

◀ 강조하려면
Believe you me!
(정말이라니까!).

A: 믿어줘! 난 걔한테 그 문제에 대해서 입도 뻥긋 안했다구.
B: 확실해?

A: It's okay with me if you go camping with your friends.
B: Are you sure? You don't look like it's okay.

◀ go ~ing은
'…하러 가다.'

A: 네 친구들과 함께 캠핑을 간다면 난괜찮아.
B: 정말야? 괜찮아 보이지 않는데.

✓ Talk Tips

Are you sure? 단독으로도 많이 쓰이지만 특히 Are you sure (that) S+V?의 패턴이 많이 사용된다. Are you sure you're okay?(너 정말 괜찮아?), Are you sure you want to+V?(정말 …하고 싶어?), 그리고 Are you sure you can+V?(너 정말 …할 수 있어?) 등을 머리 속에 저장해둔다.

Level 01 063

You did what?
네가 뭐 어쨌다고?

핵심급소공략

상대방이 말한 문장의 일부분만을 잘 못 들었을 경우 혹은 믿기지 않는 부분이 있을 경우에는 못 들은 부분을 의문사 what, where, when 등으로 하여 "S+V+의문사" 구문을 쓰면 된다. 뭔가 하긴 했는데 정확히 못 들었을 땐 "You did what?"을 쓰고 또한 듣긴 들었지만 그 사실에 놀라거나 당황할 때 의문사에 강한 억양을 주면서 "너 뭘 했다고?"하며 되물을 때도 "You did what?"을 사용할 수 있다. 물론 단순히 You did?하면 "그랬어?"라는 의미로 단순히 상대방의 말에 맞장구 칠 때 혹은 믿기지 않는 말에 "네가 그랬다고?"하며 쓸 수 있다.

Speak Like This

1 You did what? I can't believe it.
뭘 했다고? 안 믿겨져.

2 You did what? You really went to Africa?
네가 뭘 어쨌다고? 정말 아프리카에 갔었어?

3 You did? How come you never told me?
그랬어? 그런데 왜 나한테 말도 안해줬어?

EASY TALK

A: I went to the police station and filed a complaint against you.
B: You did what?
A: 경찰서에 가서 당신을 고발했어요.
B: 뭘 했다구요?

A: I just bought a new BMW.
B: You did? How much did it cost?
A: BMW를 새로 샀어.
B: 그래? 얼마 들었어?

◀ 고유명사인 BMW가 여기서는 'BMW 차 한 대'를 의미하며 보통명사로 쓰인 경우이다.

Talk Tips

비슷한 유형의 표현들로는 You do?(그래?), You're what?(뭐하고 있다고?, 뭐라고?), Tell her what?(그녀에게 뭐라고 하라고[한다고]?), You went where?(네가 어디 갔다고?), 그리고 Who did what?(누가 무엇을 했다고?) 등을 암기해둔다.

**긴 말 필요없다! 짧지만 강한
영어회화 핵심문장**

Level 02

알아두면 뼈가 되고
살이 되는 알짜표현
112

Level 02 001

Couldn't be better!
최고야!, 최고로 좋아!

핵심급소공략

문자 그대로 옮기면 「더 좋을 수가 없다」는 얘기. 굳이 소시적에 배운 「부정+비교급=최상급」 어쩌구 하는 규칙을 들먹이지 않더라도 「더할 나위 없이 좋다」(be in the best condition)는 의미임을 국어실력으로도 간파할 수 있다. 영어라고 냅다 외우지만 말고 이렇게 이해하는 단계에 도달해보자. 허나 아는 것과 써먹는 것은 another matter!! 기분이 아주 좋을 때 툭툭 튀어나올 수 있도록 확실히 익혀둘 것. 앞에 'It'이 생략된 것으로 보면 된다.

Speak Like This

1 Things couldn't be better.
더할 나위없이 좋아.

2 Couldn't be better. It's comfortable and it runs great.
더 이상 좋을 수가 없어. 안락하고 잘 나가.

3 This is the nicest novel I've ever read. It couldn't be better.
이 소설이 지금까지 읽어 본 것 중 제일 멋져. 더할 나위없이 좋아.

EASY TALK

A: How are you doing?
B: Couldn't be better! Because I've got a date with Jane this evening.
A: 좀 어때?
B: 최고야! 오늘 저녁에 제인이랑 데이트하기로 했거든.

◀ have got a date with …와 데이트하다. have got은 have와 같은 의미.

A: How do you like your new house?
B: It couldn't be better. I love it.
A: 새로 산 집 어때?
B: 최고야. 정말 좋아.

◀ 부정어+비교급 = 최상급

✓ Talk Tips

비교급+부정어의 세트로 상태나 기분이 최고조로 좋다고 말할 수 있는 표현들로는 Things have never been[felt] better(더 이상 좋을 수가 없어), Never better(최고야), 그리고 (I) Couldn't ask for more(최고야, 더이상 바랄 게 없어) 등이 있다.

Level 02 002

Enjoy your meal!
식사 맛있게 해!

핵심급소공략

음식을 맛있게 먹으라고 할 때는 Enjoy your meal!을 쓰는데, 이는 「음식을 즐겨라」, 즉 「맛있게 먹으라」는 뜻이다. 그 밖에, 차려놓은 것을 꺼리지 말고 직접 갖다 먹으라는 의미에서는 Help yourself!라는 말을 건넬 수도 있으며 친구나 형제처럼 가까운 사이에서는 「자, 먹자!」(Let's start eating!)라는 뜻의 Dig in!을 쓰기도 한다. 또한 음식을 마치다는 be finished[done] with the meal이라 하면 된다.

Speak Like This

1. **Let's have a light meal.**
   간단한 식사로 하자.

2. **I hope you enjoyed your meal.**
   식사 맛있었길 바래.

3. **I guess we're finished with the meal.**
   식사를 다 마친 것 같아.

EASY TALK

A: Enjoy your meal.
B: Could we get another pitcher of water?
  A: 맛있게 드세요.
  B: 물 좀 더 갖다 주시겠어요?

◀ enjoy~다음에는 목적어로 명사나 동사의 ~ing가 온다

A: I hope you enjoyed your meal.
B: It tasted great.
  A: 식사 맛있었길 바래.
  B: 아주 맛있었어.

◀ '맛이 …하다'라는 형용사보어를 필요로 하는 2형식동사.

✓ Talk Tips

식사를 마치고는 Thanks a lot for the great meal!(근사한 식사 정말 잘 먹었어요!), 그리고 좀 더 과장해서 Delicious! That was the best meal I ever ate(맛있어요! 이제껏 먹어본 것 중에 최고의 음식예요)라고 할 수도 있다.

Level 02 003

Get out of here!
꺼져!, 나가봐!, 웃기지마!

핵심급소공략

좋게 말할 때, 「꺼져!」. 영화의 험악한 장면에서 자주 등장하는 표현 Get out of here!는 더 이상 얘기하고 싶지 않으니 「여기서 나가!」(leave this place or here)라는 말이다. 억양에 따라 다른 뜻으로 사용되기도 하는데, 말도 안되는 소리를 떠들어대는 사람에게 말꼬리를 내려 말하면 「웃기지마」(no kidding)나, 「내가 그 말을 믿을 것 같아?」(Don't expect me to believe that!)라는 뜻이 된다.

Speak Like This

1 **What's the matter with you? Get out of here!**
너 왜 그래? 당장 꺼져!

2 **Get out of here! Get out of my room now!**
나가! 당장 내방에서 꺼져!

3 **I never want to see you again! Get out of here!**
너 다시는 보고 싶지 않아. 꺼져!

EASY TALK

A: **Get out of here!**
B: **I'm sorry, but let me explain why I did it.**
A: 그만 나가봐!
B: 미안해, 하지만 내가 왜 그랬는지 설명할게.

A: **Why are you in my apartment? Get out of here!**
B: **OK, OK! Just don't call the police.**
A: 네가 왜 내 아파트에 있는 거야? 썩 꺼져!
B: 알았어, 알았어! 경찰만 부르지 말라구.

◀ call 다음에 아무런 전치사 없이 바로 목적어명사가 온다.

✓ Talk Tips

비슷한 표현으로는 Get out of my face!(내 눈 앞에서 안보이게 사라져!), Get lost! (그만 좀 괴롭히고) 꺼져라! 그리고 Go away!(꺼져!) 등이 있다. 또한 함께 알아두면 좋은 표현으로는 I'm outta here가 있는데 이는 「나 이제 갈게」, 「나 이제 간다」라는 뜻.

Level 02 004

I appreciate it
정말 감사해요

🚀 핵심급소공략

sorry보다 더 정중한 표현이 apologize이듯 thank보다 품격있는 표현은 appreciate 이다. 학창시절 「평가하다」, 「감상하다」로만 외웠지만 실제 영어무대에서는 「감사히 여기다」 라는 의미로 많이 쓰인다. 상대방의 고마운 행동에 혹은 앞으로 상대방이 나에게 해줄 고마운 행동에 대하여 쓸 수 있다. 주의해야 할 것은 appreciate은 타동사이므로 I appreciate it 혹은 I appreciate your help라고 해야 한다.

💬 Speak Like This

1 Thank you for all your help. We really appreciate it.
도와주셔서 고마워요. 정말 감사합니다.

2 I appreciate the support.
지원해주셔서 감사합니다.

3 I appreciate you cheering for my basketball team.
우리 팀을 응원해줘서 고마워.

EASY TALK

A: I'll give the note to him the moment he walks in.
B: Thanks, I appreciate that.
A: 그 사람이 들어오자마자 쪽지를 전해 줄게요.
B: 고마워요, 그렇게 해주면 고맙죠.

◀ 관사와 명사가 결합된 특이한 형태의 접속사로 as soon as처럼 '…하자 마자'라는 의미.

A: I'll be there for you if you need my help.
B: I really appreciate that.
A: 내 도움이 필요한 거라면 얼마든지 도와줄게.
B: 정말 고마워.

✓ Talk Tips

appreciate에는 I would appreciate it if you would(could) ~라는 유명한 구문이 있지만 이는 감사의 표현이라기보다는 정중한 부탁(asking)의 표현이다. if 앞에서는 반드시 'it'이, if 다음에는 반드시 동사의 과거형 또는 가정법 조동사(would, could)가 이어져야 한다.

Level 02 005

I don't think so
그런 것 같지 않은데

🚀 핵심급소공략

상대방의 말에 동의할 수 없을 때 「내 생각은 그렇지 않은데」라며 조심스럽게 그리고 부드럽게 동의하지 않는다는 의사를 표시하는 문장이다. 비슷한 표현으로는 I guess not(아닌 것 같아), I don't believe so(그런 것 같지 않은데), I expect not(아닌 것 같아), I suppose not(아닐 걸), 그리고 I don't see that(그런 것 같지 않아) 등이 있다.

💬 Speak Like This

1 I don't think so. You're a stranger.
그렇지 않을걸. 너 여기 처음일거야.

2 I don't think so, but you never know.
그럴 것 같지 않지만 모르는 일이잖아.

3 I guess so. I didn't see anybody.
그럴 걸. 난 아무도 못봤어.

EASY TALK

A: Are we going to have to work on Christmas Day?
B: I don't think so. Last year we didn't have to.
A: 크리스마스에 일을 해야 하는 거야?
B: 아닐걸. 작년엔 그럴 필요 없었잖아.

A: I think my ex-boyfriend probably has a new girlfriend.
B: I don't think so. You just broke up last week!
A: 내 옛날 남자친구가 새 여자친구를 만나는 것 같아.
B: 그렇지 않을 걸. 너네들 헤어진 게 바로 지난 주잖아!

◀ 남녀가 헤어질 때 꼭 쓰는 표현. break up with sb라고 하면 된다.

✓ Talk Tips

반대로 think so하면 "그렇게 생각하다"라는 의미가 된다. 그래서 I think so하면 상대방의 생각에 나도 그런 생각이라고 동의할 때 쓰는 표현으로 간단히 상대방이 한 말을 'so'로 받은 경우. 좀 더 동의하는 정도를 강조하려면 "I think so too(나 역시 그런 것 같아)라고 말한다. 과거로 I thought so (too)하면 (나도 그렇게 생각했어, 그럴 것 같았어)가 된다.

Level 02 006

I'll be there
내가 갈게

🚀 핵심급소공략

회화에서 부사 there과 here는 be 동사와 어울려 go나 come 대용으로 많이 쓰인다. I'll be there는 어느 약속장소 등에 "나가겠다, 간다"는 말로 I'm going의 의미인 반면 ~ be here하게 되면 "…가 온다"라는 의미가 된다. 바로 가겠다고 강조하려면 I'll be right there 이라고 한다.

💬 Speak Like This

1 I'll be right there. Just stay there.
곧 갈테니까. 거기 그대로 있어.

2 Tell them to hold on, I'll be right there.
기다리라고 해, 금방갈게.

3 Absolutely, I'll be there. I love going to parties.
그럼요, 갈게요. 파티라면 아주 좋아하거든요.

EASY TALK

A: The party starts at 7 pm. Can you make it?
B: Sure. I'll be there.
A: 파티는 저녁 7시에 시작해요. 시간 맞춰 올 수 있어요?
B: 물론이죠. 갈게요.

◀ make it to+장소명사는 '제시간에 도착하다.'

A: Is Chris planning to stop by?
B: Yes. He's going to be here.
A: 크리스가 올까?
B: 어. 걔 이리 올거야.

◀ be there는 go, be here는 come.

✓ Talk Tips

I'll be there~ 다음에 for you가 붙어 I'll be there for you하게 되면 일종의 약속으로 「네 옆에 있을게」라는 뜻이 된다. 즉 옆에서 네게 힘이 되어 주겠다는 응원의 표현이 된다. 미드 Friends의 주제곡으로도 잘 알려져 있다.

Level 02 알아두면 뼈가 되고 살이 되는 알짜표현 112

Level 02 007

Let's get together again soon
곧 다시 만나자

핵심급소공략

「만나다」란 의미로 meet이 물론 많이 쓰이긴 하지만 실제 informal한 영어가 주류를 이루는 일상회화에서는 get together를 더 많이 쓴다. 가볍게 술이나 점심을 먹자는 사교적 모임은 물론, 외국 buyer와의 비즈니스적인 만남이라도 informal한 분위기에서 서서히 비즈니스를 풀어가야 하기 때문에 get together를 쓸 수 있다. "만나서 저녁먹자"고 할 때는 How about getting together for dinner?라 하면 되고, 헤어질 때 「다시 만나자」고 할 경우는 Nice meeting you. Let's get together again soon이라 할 수 있다.

Speak Like This

1 **Let's get together** after work. What do you say?
   퇴근 후에 만나자. 어때?

2 If you're not too busy, **let's get together** sometime.
   많이 바쁘지 않으면 언제 한번 만납시다.

3 How would you like to **get together**? Say next Saturday?
   한 번 만나자. 다음주 토요일로 할까?

EASY TALK

A: Let's **get together** sometime.
B: I'm not sure if I'll be able to.
  A: 언제 한번 보자.
  B: 가능할지 모르겠어.

◀ sometimes는 때때로, some time은 일정기간 동안.

A: What're you planning to do this Friday?
B: I'll **get together with** my friends.
  A: 이번 금요일에 뭐 할거야?
  B: 친구들이랑 만날거야.

◀ plan to+V보다 be planning to+V를 쓰는게 좀 더 캐주얼하다.

✓ Talk Tips

get together의 추가 쓰임새로는 만나는 사람을 구체적으로 언급할 때는 get together with+sb라고 말하면 되고, "만나서 …하다"라고 더 구체적으로 만나서 할 얘기까지 말하려면 get together and+V의 형태로 써주면 된다. 또한 get(-)together란 형태로 '만남'이란 명사로 쓰이기도 한다.

Look at this!
이것 좀 봐!

핵심급소공략

구체적으로 뭔가 보여주면서 하는 말. 보여주는게 뭔지 미리 말하려면 Look at this+N 형태를 이용한다. 좀 떨어진 곳에 있는 것을 보라고 할 때는 that을 이용한 Look at that(저것 좀 봐)을 사용한다. 그리고 Look at you!란 표현이 있는데 이는 우리말에서도 "얘좀 봐!"라고 하듯이 상대방이 좀 차려입었을 때나 혹은 바람직한 행동을 했을 때 감탄의 표시로 말하거나, 아니면 억양을 바꿔 말썽 핀 사람에게 "얘 좀 보게나!"식의 비난으로 쓰기도 한다

Speak Like This

1 Look at that! He hit a home run!
저것 봐, 그 사람이 홈런을 쳤어!

2 Look at Mindy. She thinks she can dance.
민디 좀 봐봐. 걘 자기가 춤 꽤나 춘다고 생각하나봐.

3 Look at you! You are acting worse than a child!
얘 좀 봐! 어린애보다도 못하게 구네!

EASY TALK

A: Ah, look at you, you look great.
B: Do I? Thank you, so do you.

◀ 우리말에도 있듯이, 상대방이 평소와 좀 다를 때 쓸 수 있는 표현이다.

A: 야, 얘 좀 봐라, 너 멋져 보인다.
B: 그래? 고마워, 너도 멋져.

A: Look at Sam. He thinks he can dance.
B: My God, he looks awful.

◀ S thinks S can+V는 부정표현이다.

A: 샘 좀 봐봐. 걘 자기가 춤 꽤나 춘다고 생각하나봐.
B: 저런. 정말 못봐주겠군.

✓ Talk Tips

Look at+this[that]과 Look at you!가 있으니 당연히 Look at me!도 생각을 해볼 수 가 있다. Look at me!는 앞선 두 표현과는 성격을 좀 달리하여 글자 그대로 나를 쳐다보라는 말이 된다. 그래서 "날 외면하지 말고, 날 보라고"라고 하려면 Don't you turn away from me. Look at me!라 하면 된다.

Level 02 009

Say hello to your wife!
아내에게 안부전해줘!

🚀 핵심급소공략

이번엔 만나지 못한 사람까지 챙기는 세심함을 발휘할 때 쓸 수 있는 표현. 만났을 때 하는 인사가 Hello이므로 Please say hello to sb하면 「…에게 인사말을 전해주세요」, 즉 「안부 전해주세요」가 된다. 좀 더 격식을 차려 Please give my (best) regards to sb라 하기도 한다. hello 대신에 hi를 써도 되며, 혹은 Remember me to sb 역시 "…에게 제 안부 전해주세요"라는 표현이다.

💬 Speak Like This

1 Say hello to your parents for me.
부모님께 안부 전해줘.

2 I just dropped by to say hello.
인사나 하려고 들렀어.

3 Good seeing you, John. Say hello to your wife for me.
만나서 반가웠어 존. 자네 부인한테 인사나 전해주게.

EASY TALK

A: It was nice to see you again, Chris.
B: Say hello to your wife for me.

◀ Say hello to sb for me를 통째로 외워둔다.

A: 다시 만나 반가웠어, 크리스.
B: 내 대신 와이프에게 안부 전해줘.

A: Say hello to your sister for me.
B: I'll tell her I saw you today.

A: 네 누나한테 안부 전해줘.
B: 오늘 널 봤다고 말할게.

✓ Talk Tips

이번에는 가족이 아닌 사무실 사람들에게 안부전할 때는 Say hello to everyone in the office for me라고 하면 된다. 이때 답변은 "걱정마, 그렇게 할게"로 Don't worry, I will이라고 하면 된다.

Level 02 010

Sounds like a plan!
좋은 생각이야!

핵심급소공략

sound like는 「…같이 들리다」, plan은 「계획」, 그럼 Sounds like a plan!은 「그거 계획 같은데」라는 뜻? 계획같은 소리 하지 마시라. 이 표현은 대개 상대방의 제안에 「그거 좋은 생각이야」, 「그게 좋겠다!」라고 밝은 얼굴로 찬성을 표시하는 말로 쓰인다. Sounds good!, Sounds like a good idea! 정도의 의미이다.

Speak Like This

1 **Sounds like a good idea** to me.
   난 좋지.

2 **You'd like to meet at noon tomorrow? Sounds like a plan.**
   내일 정오에 만나자고? 좋은 생각이야.

3 **Sounds like a plan. We'll meet up tonight when I get home.**
   좋아. 오늘밤 집에 오면 만나자고.

EASY TALK

A: **What do you say to going for a drink tonight?**
B: **Sounds like a plan!**
  A: 오늘밤 한잔하러 가는거 어때?
  B: 그거 좋지!

◀ to 다음에 명사나 동사의 ~ing가 온다는 점에 주의한다.

A: **Let's split the bill.**
B: **That sounds like a good idea.**
  A: 각자 내자.
  B: 좋은 생각이야.

✓ Talk Tips

Sounds~ 앞에는 'It'이나 'That'이 생략된 것으로 봐야 하며 Sounds~ 다음에는 형용사(Sounds interesting, Sounds good to me)가 오며, Sounds like~ 다음에는 Sounds like fun(재미있을 것 같은데)이나 Sounds like a good idea(좋은 생각같은데)처럼 명사가 와야 한다.

Level 02 011

That's very kind of you
정말 친절하시네요

핵심급소공략

상대방이 도움을 주었을 때 「(그렇게까지 해주시다니) 친절하시네요」라고 칭찬의 말을 덧붙임으로써, 결국은 고맙다는 말을 하는 것. 칭찬받아서 기분 나쁘다고 할 사람은 없을테고, 어차피 고마운 일 이왕이면 상대편이 듣기 좋도록 감사를 표하는 것도 괜찮은 방법일 것이다. 표현을 좀 달리해「저에게 참 잘해주시네요」란 의미로 You are so good to me라 해도 된다. 주어는 That~ 대신에 It~을 써도 되고 kind 대신에 nice를 써도 된다.

Speak Like This

1 It's very nice of you, but I can't accept that.
정말 고맙지만, 이거 받아들일 수가 없어.

2 That's very kind of you, but I made other plans.
정말 친절해 고맙지만, 난 다른 계획이 있어.

3 It's very nice of you to say that. I've been feeling sad.
그렇게 말해줘서 고마워. 슬펐었어.

EASY TALK

A: It's all ready and I updated some of your software.
B: That's very kind of you.
A: 다 됐습니다. 그리고 소프트웨어를 일부 업데이트시켰어요.
B: 정말 친절하시네요.

A: Let me help you with your grocery bags.
B: Thank you, that's very kind of you.
◀ help sb with sth은
…의 …를 도와[들어]주다.
A: 식료품 가방 들어줄게요.
B: 고마워요. 정말 친절하시군요.

✓ Talk Tips

very를 빼고 That's kind of you라고 해도 되며 또한 감탄문을 활용하여 How kind (of you)라고 응용해서 표현할 수 있다. 좀 어렵지만 That's big of you(친절하기도 하지)라는 표현도 함께 알아둔다. 그리고 감사한 내용까지 함께 말하려면 It's very nice of you to+V[that S+V]라고 하면 된다.

What should I do?
내가 어떻게 해야 하지?

핵심급소공략

문자 그대로 「난 뭘 해야 하지?」란 말이지만 의미는 상황에 따라 천차만별. 예를 들어, 새롭게 영어공부를 시작한 K군의 What should I do?(영어공부를 어떻게 해야 할까?)에는 의욕이 넘치지만, 몇 달이 지나도 마냥 제자리인 TOEIC 점수에 대해 What should I do?(도대체 어떻게 해야 되는거지?)란 말은 난감하고 당혹스러움을 내포한다. 마지막으로 영어라면 아예 포기한 그가 Alas, what should I do!(아~ 난 어쩌란 말인가!)라고 외치게 되면 그 것은 좌절과 체념의 표현인 셈.

Speak Like This

1 I've been offered a job in Japan. What should I do?
일본에 있는 일자리를 제안받았어. 어떻게 해야 하지?

2 Jill said she wanted to break up with me. What should I do?
질이 나하고 헤어지고 싶대. 어떻게 해야 하지?

3 I feel so unhappy about my life right now. What should I do?
사는게 너무 우울해. 어떻게 해야 하지?

EASY TALK

A: What should I do?
B: Make yourself a drink and relax.
A: 내가 어떻게 해야 하지?
B: 술 한 잔 따라 마시면서 편히 쉬라구.

◀ Make yourself at home (편히 있어)만 외우지 말고 이렇게도 쓰인다는 것을 알아둔다.

A: That man has been staring at you.
B: Really? What should I do?
A: 저 남자가 너를 계속 쳐다보고 있어.
B: 정말? 어떻게 해야 돼?

✓ Talk Tips

뭘 어떻게 해야 되는지 구체적으로 한 문장안에 넣어서 말을 하려면 What should I do about~?(…는 어떻게 해야 하지?)나 What should I do to+V?(…하려면 어떻게 해야 하지?)의 패턴을 활용한다. What should I do?는 다른 말로 해서 I don't know what to do라고 생각하면 된다.

Level 02 013

This is for you
이건 네거야, 이거 너줄려고

🚀 핵심급소공략

생일맞은 친구에게 선물을 주면서 「널 위해 준비했어」라고 하거나 우편물을 건네주면서 「너한테 왔어」라는 의미로 사용할 수 있는 말이 바로 This is for you. 여기서 for는 받을 사람을 염두해두고 「…에게 주려고」(intended to be given to)라는 의미이다. 한편, 상대방에게 전화기를 바꿔주며 「전화왔어요」라는 말로 자주 사용되는 It's for you 역시 같은 의미로 사용할 수 있다.

💬 Speak Like This

1 **These are for you. I hope you like them.**
   이거 너 주려고. 맘에 들었으면 해.

2 **Here's something for you. Just a little birthday present.**
   널 위해 준비했어. 그냥 자그마한 생일선물이야.

3 **I want you to let me handle it. This is for you.**
   네가 이거 좀 알아서 해. 널 위한거야.

EASY TALK

A: We got mail today and this is for you.
B: Please put it on my desk, I'm busy right now.

◀ e-mail의 경우 단복수 구분없이 I've got e-mail이라고 하면 된다.

A: 오늘 우편물이 왔는데, 이건 당신 앞으로 온거에요.
B: 책상에 둬요, 지금 바빠서.

A: Here, Christine. This is for you.
B: A birthday present! What is it?

A: 자, 크리스틴. 이거 받아.
B: 생일선물이구나! 뭐야?

✓ Talk Tips

같은 맥락에서 쓰이는 표현들로는 I('ve) got something for you(네게 줄 게 있어)와 앞서 나온 Here's something for you(이거 너 줄려고) 등이 있다. 부정으로 만든 That's not for me는 "내 것이 아닌데," 혹은 "그런 건 나한테 안 어울러"라는 의미를 갖는다.

Level 02 014

All right
알았어, 알았어?, 좋아

🚀 핵심급소공략

「알았어」하고 상대방의 의견이나 제안에 동의하고자 할 때, 혹은 말끝을 올려, ~, all right? 하고 쓰이면 "알았어?"라는 뜻으로 자기가 한 말을 상대방에게 확인시켜줄 때 사용한다. 또한 「좋아 얘들아」하면서 다른 얘기로 넘어 가고자 할 때 사용하기도 한다. 붙여서 간략하게 Alright으로 표기하기도 한다. 참고로 You're right하면 "네 말이 맞아," That's all right 하면 "괜찮아, 됐어," 그리고 (Are) You all right?하면 "괜찮아?"라는 의미의 표현이 된다.

💬 Speak Like This

1. **All right. Thanks for helping me out.**
   알았어. 도와줘서 고마워.

2. **All right, come on, let's go get your coat.**
   좋아, 자, 네 코트 가지러 가자.

3. **All right everybody! It's time to open the presents!**
   좋아 얘들아! 선물 열어볼 시간이다!.

EASY TALK

A: Go to the car and get the equipment. All right?
B: Okey-dokey!

A: 차에 가서 장비 좀 가져와. 알았어?
B: 알겠사와요!

◀ Okay란 말로 친한 사이에 쓰는 장난기 있는 표현이다. 발음은 [ouki douki]

A: This paperwork is urgent. We need to submit it soon.
B: All right, I'll get right on it.

A: 이 서류업무가 급해요. 곧 제출해야 합니다.
B: 좋습니다, 바로 착수하죠.

✓ Talk Tips

한번 더 차이를 언급하지만 Are you all right?은 are을 생략하고 You all right?이라고 쓰이면서 "상대방이 괜찮은지" 물어보는 표현(You look tired. You all right? 너 피곤해 보여. 괜찮아?)이지만 All right?은 문장 끝에서 자기가 한 말을 확인시킬 때 쓰는 말(Go get some food, all right? 가서 음식 좀 사와, 알았어?)로 "알았어?"에 해당되는 말이다.

Level 02 015

Do you have time?
시간 있어요?

핵심급소공략

time은 「여유시간」(time available)의 뜻으로 동사 have와 함께 「시간이 있다」(get a sec)란 의미. 한편, time 앞에 정관사 the만 살짝 붙여 Do you have the time?하면 「몇 시예요?」(ask politely what time it is)라고 시간을 물어볼 때 사용할 수 있는 문장이 된다. 구체적으로 …을 할 시간이 있냐고 하려면 Do you have time to+V[for+N]?의 패턴을 쓰면 된다.

Speak Like This

1 Do you have time to have a quick coffee?
빨리 커피 한잔 할 시간 있어요?

2 Do you have time to have dinner?
저녁 먹을 시간 있어?

3 Sometimes we don't even have time for lunch.
가끔은 점심먹을 시간도 없을 때가 있어.

EASY TALK

A: Do you have time for a coffee?
B: Sure.

◀ coffee는 셀수없는 명사가 맞지만, 커피숍에서 한컵씩 파는게 일반화되어 관사가 붙었다.

A: 커피 한잔 할 시간 있어요?
B: 물론이죠.

A: Let me explain why I did it.
B: I really don't have time to listen to you now.

A: 내가 왜 그랬는지 설명할게.
B: 지금은 네 얘기를 들을 시간이 정말 없다니까.

✓ Talk Tips

부정문으로 …할 시간이 없다고 말하려면 I don't have time to+V[for+명사]라고 하면 된다. 예를 들어 "숨쉴 겨를이 없어"라고 하려면 I don't have time to catch my breath, "나 이럴 시간이 없어"는 I don't have time for this라고 하면 된다.

Here's to you!
널 위해 건배!, 너한테 주는 선물이야!

🚀 핵심급소공략

술자리에서 애용되는 Here's to you!는 「행운」을 빌어주거나 「감사」의 맘을 전하며 「당신을 위해 건배!」(Here's a drink toasted to you!)라고 외치는 말. 건배의 대상은 to 이하에 넣어주면 된다. Cheers!나 Cheers to you! 혹은 Here's mud in your eye! 등도 술잔을 높이 들고 외칠 수 있는 말. 또는 선물 등을 건네주며 이 말을 하면 「이거 너한테 주는거야」라는 의미가 된다.

💬 Speak Like This

1 I'm so proud of your recent promotion. Here's to you!
얼마 전 승진한거 정말 축하해요. 당신을 위하여!

2 Here's to you. You've been very good to me.
당신을 위해 건배. 내게 정말 잘해주었어.

3 So here's to you, Sam. Happy birthday!
샘, 이거 너 줄려고. 생일 축하해!

EASY TALK

A: To my best friend, on his wedding day. Here's to you.
B: Thank you. I'm so happy you are all here.

A: 내 가장 친한 친구의 결혼을 축하하며. 건배.
B: 고맙습니다. 다들 와주셔서 정말 기뻐요.

◀ '네 결혼을 위하여!'는 Here's to your marriage!라고 한다.

A: Jack, you helped us make a huge profit. Here's to you.
B: Thanks boss. I feel really happy to be employed by our company.

A: 잭, 자네 덕분에 큰 이익을 냈어. 자 받게.
B: 감사합니다 사장님. 우리 회사에서 일하고 있다는 게 정말 기쁩니다.

✓ Talk Tips

꼭 Here's to you!로만 쓰이는 것은 아니다. Here's to~ 다음에 사람이나 추상명사가 올 수 있다. Here's to winners!(승자에게 건배!)나 Here's to your health!(너의 건강을 위하여!)처럼 말이다. 그리고 한가지 더 propose a toast하게 되면 어떤 사람의 행복(happiness)이나 성공(success) 등을 위하여 축배를 들자고 제안하다라는 표현이 된다.

Level 02 017

I can do that
내가 할 수 있어

🚀 핵심급소공략

내가 할 수 있다는 자신의 적극성을 드러내는 표현. that 대신에 this, it을 써서 I can do it, I can do this라고 해도 된다. 꼭 거대한 능력만 언급하는 것은 아니고 일상에서 가볍게 내가 할 시간이나 여유가 된다는 의미로 많이 쓰인다.

💬 Speak Like This

1 It's okay. I can do it.
괜찮아. 난 할 수 있어.

2 I don't think I can do that.
못할 것 같아.

3 I can do it! I'd like to do it myself.
할 수 있어! 나 혼자 하고 싶어.

EASY TALK

A: Can you take this down to the post office?
B: Sure, I can do that.
A: 이걸 우체국에 갖다주겠어?
B: 그러지, 내게 맡겨.

A: I'm busy, but please call me back in ten minutes.
B: Sure, I can do that.
A: 바쁘지만 10분 후에 전화 줘.
B: 그래, 그렇게 할게.

◀ call back과 call again은 대충 구분하지 않고 쓰는 경향이 있다.

✓ Talk Tips

좀 부드럽게 I think I can do that(내가 할 수 있을 것 같아)이라고 할 수 있고 주어를 'You'로 하여 You can't do that!하게 되면 상대방을 저지하거나 금지하는 표현으로 "너 그러면 안돼!"라는 의미이다.

Level 02 018

I have another appointment
선약이 있어

🚀 핵심급소공략

「선약이 있다」라고 할 때는 I have another appointment라 하면 되고, 「그날 다른 일이 있다」라고 할 때는 I have something to do then, 또 이런저런 이유로 「그날은 여기에 없을거다」라고 할 때는 I'll be out of town then이라고 얘기하면 된다. appointment는 주로 병원 등의 예약, 비즈니스 만남 등에 쓰이고, '내가 뭔가 하겠다는 약속'은 promise를 써야 한다.

💬 Speak Like This

1 **I have another appointment** at that time.
그 시간에는 선약이 있는데요.

2 **I've got an appointment** with Chris at lunch time.
크리스와 점심때 약속있어.

3 It's not that I don't want to come. **I have another appointment.**
가기 싫은게 아냐. 다른 약속이 있어.

EASY TALK

A: Are you going to come to the party tonight?
B: I have another appointment, unfortunately.
A: 오늘밤 파티에 올래?
B: 안타깝지만, 선약이 있어.

A: Are you available to meet on Friday afternoon?
B: I'm afraid I have another appointment. ◀ 상대방이 듣기 안좋은 이야기를 할 때 먼저 꺼내는 말.
A: 금요일 오후에 만날 수 있어요?
B: 미안하지만 선약이 있어요.

✓ Talk Tips

선약이 있어 상대방의 제안을 거절하는 미안한 상황으로 앞에 I'm afraid~를 붙여서 I'm afraid I have another appointment(미안하지만 선약이 있어요)라고 하면 더욱 좋다. appointment는 누구와 만날 약속을 뜻하기도 하지만 주로 병원이나 미장원 등의 예약을 뜻한다.

Level 02 019

Why don't we get some rest?
우리 좀 쉬자

🚀 핵심급소공략

부지런히 일하다 동료에게 「잠깐 좀 쉴까?」할 때 쓸 수 있는 말. get some rest는 「잠깐 좀 쉬다」의 뜻으로 take a rest, have a rest, take a break 등과 바꾸어 쓸 수 있다. get some+추상명사의 구문 또한 다양하게 사용할 수 있는데, 「잠을 좀 자다」는 get some sleep, 「먹을 것을 좀 먹다」는 get some food하면 된다. 특히 Go get some rest(가서 좀 쉬어)라는 표현이 아주 많이 쓰인다.

💬 Speak Like This

1 **You look very tired. Go get some rest.**
광장히 피곤해 보이네. 가서 좀 쉬어.

2 **Get some rest and we'll talk more about this tomorrow.**
좀 쉬고 이 문제는 내일 좀 더 얘기하죠.

3 **You should get some rest. Come to think of it, you should take a day off.** 너 좀 쉬어야겠다. 생각해보니까, 하루 휴가를 내는 게 좋겠어.

EASY TALK

A: **You need to go home and get some rest.**
B: **I was just about to say that. I'm really tired.**
A: 집에 가서 좀 쉬어.
B: 막 그 얘기하려던 참이었어. 정말 피곤해.

◀ be about to+V는 바로 또는 막 …하려고 하다 라는 의미.

A: **Go get some rest now. You look tired.**
B: **I was up all night working.**
A: 가서 좀 쉬어. 피곤해 보여.
B: 밤새 일했다니까.

◀ go[come]+V는 V 앞에 to나 and가 생략된 것으로 생각하면 된다.

✓ Talk Tips

Why don't we~ ?는 우리 함께 …하자는 말로 Let's+V와 같은 의미이고, Why don't I~?는 내가 …을 하겠다는 말로 Let me+V와 같은 표현이다. 다음 Why don't you~?하게 되면 상대방보고 …하라고 권유하는 문장으로 실제로는 의문문이 아니어서 Why~로 시작함에도 불구하고 의문부호(?)를 안쓰기도 한다.

That's all right
괜찮아, 됐어

핵심급소공략

앞서 말한 것이 만족할 만해서 「받아들일 만하다」는 의미이다. 특히 상대방이 사과 및 감사 인사를 해올 경우, 이에 대한 답변으로도 많이 사용된다. That 대신에 'It'을 쓰기도 한다. 또한 It's all right?이라고 의문형이 되면 상대방의 입장에서 괜찮은지, 받아들일 수 있는지를 물어보는 표현이 된다.

Speak Like This

1 **That's all right.** I'll get over it.
   괜찮아. 난 이겨낼거야.

2 **That's all right.** I have been pretty busy as well.
   괜찮아. 나도 그동안 꽤나 바빴는 걸 뭐.

3 **It's all right.** You don't have to explain.
   괜찮아. 설명 안 해도 돼.

EASY TALK

A: Oh, excuse me. I seem to have stepped on your foot.
B: **That's all right.** Don't let it bother you.

◀ seem to+V는 …한 것 같다 라는 의미.

A: 어머, 미안해요. 제가 당신 발을 밟은 듯하군요.
B: 괜찮아요. 신경쓰지 마세요.

A: I'm sorry I didn't get back to you sooner.
B: **That's all right.** I have been pretty busy as well.

◀ 나도 역시 전화를 다시 할 정도로 한가하지 않았다라는 의미.

A: 더 빨리 연락 못 줘서 미안해.
B: 괜찮아. 나도 그동안 꽤나 바빴는 걸 뭐.

✓ Talk Tips

비슷한 표현으로는 That's okay (with me), That's fine (with me) 등이 있다. 주의할 점은 상대방의 말이 맞거나 상대방의 의견이나 제안에 동의할 때 사용하는 표현인 That's right(맞아)과 구분해야 한다.

Level 02 021

Let me take care of it
나한테 맡겨

🚀 핵심급소공략

「…을 하게 허락하다」라는 뜻의 사역동사 let은 구어에서 let me+V의 형태로 「…하게 해 달라」고 상대방에게 허락이나 양해를 구할 때 쓰이는데, 여기서는 「…을 다루다[처리하다]」 (deal with)라는 뜻의 take care of와 만나 「내가 처리하게 해달라」, 즉 「나한테 맡겨」 (leave it to me)라는 말이 된다. take care of~ 다음에 사람이 오면 돌보다라는 뜻이 된다.

💬 Speak Like This

1 I'll take care of it, I promise.
내가 처리할게, 약속해.

2 Let me take care of this. I'm good with kids.
나한테 맡겨. 난 얘들을 잘 다뤄.

3 Can you take care of my children tomorrow?
내일 우리 애들 좀 봐줄래?

EASY TALK

A: I can't find the time to make a dentist appointment.
B: Let me take care of it for you. You're too busy.
A: 치과에 전화 예약할 짬이 안나.
B: 나한테 맡겨. 넌 너무 바쁘잖아.

◀ 다음에 사람이 오면 '돌보다,' 사물이 오면 '처리하다(deal with).'

A: I didn't mean to cause you any trouble.
B: Don't worry. I'll take care of it.
A: 너를 곤란케 하려는 건 아닌데.
B: 걱정마. 내가 알아서 처리할게.

◀ 그럴려고 그런게 아니었다 라고 오해를 풀 때 쓰는 표현.

✓ Talk Tips

식당 등에서 Let me take care of the bill이라고 사용하면 내가 계산하겠다고 하는 의미가 된다. 즉, This is on me나 This is my treat, Let me treat you와 같은 맥락의 표현이 된다.

(Are) You all right?
괜찮아?

🚀 핵심급소공략

상대방이 좋지 않은 일을 당했거나 표정이 어둡고 근심 걱정이 있어 보일 때 상대방이 괜찮은지(well and safe) 걱정하며 물어보는 표현. Are you all right?이라고 말하고 써야 되겠지만 일상회화에서는 Are를 생략하고 그냥 You all right?이라고 말하기도 한다. 상대방에게 "알겠어?"라고 확인하는 All right?과 구분을 해야 한다.

💬 Speak Like This

1 How you doing? You all right?
안녕? 잘 지내고?

2 Oh my God! Are you all right? Were you hurt?
맙소사! 너 괜찮은거야? 다쳤니?

3 You look a little weird. You all right?
너 좀 이상해보인다. 괜찮은 거야?

EASY TALK

A: You look a little weird. You all right?
B: I'm fine. I'm just a little sleepy.
A: 너 좀 이상해보인다. 괜찮은거야?
B: 난 괜찮아. 조금 졸린 것뿐이야.

◀ That's fine by[with] me
　(난 괜찮아)에서
　by를 눈여겨둔다.

A: It must be hard losing your grandmother. You all right?
B: Yeah. I'll be okay.
A: 할머니가 돌아가셔서 힘들겠다. 너 괜찮아?
B: 응. 괜찮아질거야.

✓ Talk Tips

비슷한 표현으로는 Are you okay?가 있으며 이는 도치시키지 않고 그냥 You're are okay?라고 끝만 올려서 물어보는 문장을 만든다.

Level 02 023

Catch you later
나중에 봐

핵심급소공략

catch(잡다)라고 해서 술래잡기(hide-and-seek)를 떠올린다면 오~노! Catch you later는 만났다 헤어질 때 「나중에 만나서 다시 이야기하자」(contact or meet to talk again soon)라고 가볍게 던지는 인사말이다. 「나중에 시간나면 보자구」 또는 「나중에 다시 이야기하자」라는 의미. later는 「후에」(afterward)라는 뜻의 부사이며, catch 앞에 I'll이 생략된 것. 같은 표현으로 See you later를 쓸 수 있다.

Speak Like This

1 Look, I'm running late. I'll catch you later.
이봐, 나 늦겠어. 나중에 보자.

2 So go do that right now. I'll catch you later.
그럼 지금 당장 가서 그렇게 해. 나중에 연락할게.

3 I'll try to catch you some other time.
언제 한번 보자구.

EASY TALK

A: Sorry, but I gotta go now.
B: Okay then. I'll catch up with you later.
A: 미안하지만 가야 돼.
B: 알았어 그럼. 나중에 보자.

A: I've got to go home. Catch you guys later.
B: OK Chris. Give me a call sometime.
A: 집에 가야겠어. 나중에 봐 얘들아.
B: 그래 크리스. 언제 전화 한번 해.

◀ give sb a ring이라고 해도 된다.

✓ Talk Tips

나중에 만날 장소를 지정하는 경우에는 먼저 가 있으면 나중에 따라잡겠다(catch up with)라는 의미로 catch up with you+장소부사구를 쓰면 된다. 예를 들어 "나중에 체육관에서 보자"라고 하려면 I'll catch up with you in the gym이라고 하면 된다.

Level 02 024

Drop me a line
연락해

핵심급소공략

이 표현은 오랜만에 만난 친구들이나 후배들에게 헤어지면서 할 수 있는 말로, 안부가 궁금하니까 「가끔 엽서 한 장이라도 좀 써라」(Send me a postcard sometimes)는 뜻이다. 여기서 drop은 원래 「짧은 편지를 써서 우체통에 넣다」는 의미이지만, 요즘에는 엽서나 편지보다는 간편한 e-mail이나 문자나 SNS를 더 선호하기 때문에 E-mail me나 Hit me up(SNS로 연락해)의 의미로도 사용된다.

Speak Like This

1 Drop me a line when you get the chance.
기회되면 연락해.

2 Take care. And don't forget to e-mail me.
조심해. 그리고 잊지 말고 내게 이메일보내고.

3 Don't forget to drop me a line.
잊지 말고 꼭 연락해.

EASY TALK

A: Drop me a line to let me know how you're doing.
B: I will. But I don't have your e-mail address.
  A: 어떻게 지내는지 궁금하니까 편지 좀 써.
  B: 그럴게. 그런데 이멜 주소를 모르는데.

◀ how you're doing은 know의 목적어로 주어와 동사가 정치되었다.

A: Don't forget to drop me a line.
B: I'll make sure that I keep in touch.
  A: 잊지 말고 꼭 편지해.
  B: 내가 꼭 연락할게.

✓ Talk Tips

Drop me a line을 우직스럽게 편지쓰라는 것으로만 이해하면 안된다. 편지 외에 이메일, 문자, 톡, 페이스북, 인스타 등의 SNS 소통이 더 활발한 시대에 맞춰 표현의 의미도 진화되기 마련이다. 즉, Drop me a line은 편지나 엽서 보내기에서 발전하여 이메일이나 SNS 등으로 연락해(Contact me)라고 생각하는게 맞다.

Level 02 025

He didn't show up
갠 오지 않았어

🚀 핵심급소공략

「정해진(arranged) 또는 예정된(expected) 시간에 모습을 드러내는(be present)」 것을 show up이라 한다. 평상시는 물론, 영어회의나 비즈니스 상담시 긴요하게 써먹을 수 있는 표현. 회의시간 다 되었는데도 자리에 없는 Chris를 가리키며 Where's Chris?라고 boss가 물었을 때 He didn't come yet이라고 해도 말이 안통하는 것은 아니지만 He didn't show up (yet)이라고 하는 것이 훨씬 영어다운 표현이다. turn up이라고 해도 된다.

💬 Speak Like This

1 I'm so sorry my daughter didn't show up yet.
딸이 아직 안와서 정말 미안해.

2 I hope he doesn't show up.
난 걔가 오지 않았으면 해.

3 She better not show up at brunch today.
걔가 오늘 브런치에 오지 않는게 나아.

EASY TALK

A: I don't know if Jill is planning to come.
B: She'll show up. Believe me.
A: 질이 올 건지 모르겠어.
B: 갠 올거야. 정말야.

A: I haven't seen Bob in a while.
B: He'll turn up soon.
A: 밥을 한동안 보지 못했어.
B: 곧 올거야.

◀ '나타나다,' '도착하다'라는 말로 show up과 동일한 의미.

✓ Talk Tips

…에 나타나다, 오다라로 하려면 at을 쓰면 된다. 브런치에 오다는 show up at brunch, 파티에 오다는 show up at the party라고 한다. 그리고 거의 우리말된 '노쇼'(no show)는 약속해놓고, 혹은 예약해놓거나 주문해놓고 나타나지 않는 것 혹은 그런 사람을 말한다.

Level 02 026

I'm all tied up
바빠 꼼짝달싹 못해

핵심급소공략

밧줄에 꽁꽁 묶여 있으면(all tied up) 아무 일도 못한다. 산더미 같은 일에 꽁꽁 묶여 있어 전혀 여유가 없는 모습을 머리 속에 그리면 된다. 이 표현은 우리말의 「정신없이 바쁘다」, 「눈코 뜰 새 없이 바쁘다」처럼 바쁘다는 의미를 강조하고 과장하는 숙어로 busy만 달랑 말하는 것보다 훨씬 동적이고 묘사적이다. 하루종일 바쁘다고 하려면 I'm tied up all day라고 하면 되고, 바쁜 이유를 구체적으로 말하고자 할 때는 전치사 in이나 with를 쓰면 된다. hectic란 단어를 사용하여 I had a pretty hectic day라고 해도 된다.

Speak Like This

1 I'm sorry. I was tied up all day at the office.
미안해. 사무실에서 하루종일 꼼짝할 수가 없었어.

2 I got a little tied up with work.
난 일하느라 좀 바빴어.

3 I don't think so, because I'm all tied up in meetings.
안돼요. 회의 때문에 꼼짝도 못해요.

EASY TALK

A: Did Anne go out to lunch?
B: No, she's been tied up all day in the office.

◀ 외식하다는 go out to eat.

A: 앤이 나가서 점심먹었어?
B: 아니, 종일 사무실에서 꼼싹달싹 못하고 있어.

A: Can you attend the meeting tomorrow?
B: No. I'm tied up all day.

◀ 강조하려면 all day long 이라 한다.

A: 내일 회의에 참석할거야?
B: 아니. 온종일 꼼짝달싹 못해.

✓ Talk Tips

바쁜 것을 그래픽하게 묘사하는 표현들이 더 있다. 먼저 늪에 빠진 것처럼 꼼짝달싹 못하게 바쁘다라는 I'm swamped with~가 있고 귀(ears)까지 일에 파묻혀 있을 정도로 엄청나게 바쁘다는 것을 말하는 표현인 I am up to my ears in ~(할일이 산더미이다) 등이 있다.

Level 02 027

I can't believe it
설마!, 말도 안돼!, 그럴리가!

🚀 핵심급소공략

뭔가 상상도 하지 못했던 일, 좀처럼 믿기 어려운 뜻밖의 일이 일어났을 때엔 I can't believe ~ 구문을 떠올리면 된다. 글자 그대로 「…라니 믿을 수 없어」 또는 「세상에 …할 수가」하며 극도의 놀라움을 나타내는 표현으로, 좋은 일, 궂은 일 가리지 않고 쓸 수 있다. 단독으로 I can't believe it!이라고 많이 쓰이며, it 대신에 놀랄 놀자에 해당하는 명사를 넣거나 아니면 I can't believe (that) S+V의 형태로 써도 된다.

💬 Speak Like This

1 No way! I can't believe it.
말도 안돼! 믿을 수가 없구만.

2 What? Say it again! I can't believe it!
뭐라구? 다시 말해봐! 믿을 수가 없네!

3 I can't believe he was so rude to me!
걔가 어쩜 그렇게 나한테 무례할 수가 있지!

EASY TALK

A: I can't believe the prices at this restaurant.
B: You're telling me.

◀ 상대방의 말에
동의하는 것으로
'누가 아니래,' '정말 그래.'

A: 이 식당은 비싸도 너무 비싸.
B: 그러게 말야.

A: I can't believe he lied to me.
B: Oh, I know the feeling.

A: 걔가 나한테 거짓말을 하다니 믿을 수가 없어.
B: 아, 그 심정 내 알지.

✓ Talk Tips

전혀 예상못한 일이나 말도 안되는 얘기를 들었을 때 놀라면서(be expressing shock or surprise) 하는 표현이 I can't believe it!인 반면 비슷한 의미로도 쓰이지만 I don't believe it하게 되면 퉁명스럽게 「그건 사실이 아냐」(be saying bluntly that something is not true)라는 뜻의 표현이 된다.

Can I get you something?
뭐 좀 갖다줄까?, 뭐 좀 사다줄까?

핵심급소공략

get you something은 「동사(get)+간접목적어+직접목적어」 형태의 패턴으로 「…에게 ~을 주다」라는 의미. 주는데 있던 것을 가져다주거나 혹은 없던 것을 새로 사서 주는 것을 뜻한다. 예로 우리집을 방문한 손님에게 「뭐 좀 갖다드릴까요?」라고 묻거나, 혹은 친구를 남겨두고 잠깐 뭐 사러 가면서 「네 것도 뭐 좀 사다줄까?」하고 물어볼 때 쓸 수 있는 말이다. 특히 술집이나 식당의 종업원에게서도 쉽게 들을 수 있는 말.

Speak Like This

1 **Can I get you another glass of wine?**
와인 한 잔 더 갖다드릴까요?

2 **Come on in. Can I get you a drink?**
들어와. 마실 것 좀 갖다줄까?

3 **Can I get you something to drink? Some coffee or something?**
뭐 마실 것 좀 줄까? 커피나 뭐 그런걸루?

EASY TALK

A: **Can I get you something?**
B: **No, thank you. I'm being helped now.**
◀ 특정하지는 못하지만 가게 점원이 봐주고 있다는 이야기.
A: 뭐 필요한 게 있으신가요?
B: 괜찮아요. 다른 사람이 봐주고 있거든요.

A: **I've got a terrible headache.**
B: **Can I get you some aspirin?**
A: 두통이 너무 심해.
B: 아스피린 좀 갖다 줄까?

✓ Talk Tips

get sb sth 혹은 get sth for sb의 형태인 I'll get it for you라는 문장을 암기해둔다. 회의실에서 외국인과 상담을 하다가 외국인이 메모지를 찾을 경우 「제가 갖다 드릴게요」라 해야 되는데 이때 뭐라고 할까? Let me give you ~나 I'll bring you ~ 등도 통하지만 좀 더 세련된 표현을 쓰고 싶을 때는 get을 써서 유창하게 I'll get it for you하면 된다.

Level 02 029

I'm not going
난 안가

핵심급소공략

회사 저녁회식자리에 용기있게 「난 안 갈래요」라고 말할 때는 I'll not go를 떠올리기 쉽다. 물론 이렇게 해도 말은 되지만 영어다운 문장을 쓰려면 이럴 땐 I'm not going이라 하는 것이 더 생동감 넘치는 영어가 된다. 여기서 be ~ing의 현재진행형은 「···하겠다」는 가까운 미래를 나타낸다. 반대로 「저는 갈래요」, 「참석할게요」는 I'm going!이라고 하면 된다. 물론 만남을 갖다가 그만 헤어져 간다고 할 때도 쓰이는 것은 물론이다.

Speak Like This

1 I'm not going. I'm not up for it.
난 안가. 별 생각이 없어.

2 I'm not going. I don't want to see her.
난 안가. 걔 보기 싫어.

3 I promise. I'm going. I'll meet you out there.
정말 갈게. 거기서 보자.

EASY TALK

A : I'm going. You will never see me again.
B : Why are you so upset with me?
A: 나 간다. 다시 못볼거야.
B: 왜 내게 그렇게 화나 있는거야?

◀ mad, angry와 다른 점은 '속상한'이라는 의미도 있다는 것이다.

A: Have you heard that Jason is having a Halloween party?
B: Yeah, I'm going. I'm sure it will be a fun time.
A: 제이슨이 할로윈 파티한다는거 알아?
B: 어. 난 갈거야. 재미있을거야.

◀ 현재진행형은 가까운 미래를 말하기도 한다.

Talk Tips

상대방에게 ···을 하고 싶냐라고 물어볼 때는 be up for sth이란 표현을 이용하여 You up for it?(그거 하고 싶어?)라고 상대방의 의향을 물어볼 수 있다. 별로 그걸 할 생각이 없다고 할 때는 I don't think I'm up for it이라고 하면 된다.

Mind your own business!
상관말라고!, 신경꺼!

핵심급소공략

남의 일에 감 놔라 대추 놔라 간섭하기 좋아하는 사람, 아무데나 끼어들어 방해하는 사람, 유독 남의 사생활에 관심이 많은 사람들에게 던질 수 있는 한마디. 「너와는 상관없는 일」(It's none of your business)이니 상관 말고 「네 일이나 신경쓰시지!」라는 뜻으로, 즉 「참견말고 네 일이나 잘하셔!」라는 말이다. Mind your own business라고도 하는데 약어로 MYOB로 쓰기도 한다.

Speak Like This

1 **This is a private matter. Mind your own business.**
이건 개인적인 문제야. 신경꺼.

2 **I'll thank you to mind your own business.**
남의 일에 참견 말아줬으면 고맙겠네.

3 **Like you said, it's none of your business!**
네가 말한대로 신경꺼라!

EASY TALK

A: I think I'm going to ask them what they're talking about.
B: Why don't you mind your own business?

◀ talk with는 '…와 이야기를 나누다', 'talk to는 '…에게 말을 걸다.'

A: 그 사람들이 무슨 얘기하고 있는지 물어봐야겠다.
B: 네 일이나 잘하지 그래?

A: I think that Chris is having personal problems.
B: Mind your own business.

A: 크리스에게 개인적인 문제가 있는 것 같아.
B: 신경꺼.

✓ Talk Tips

사람들이 참견할 때 얼굴을 들이대고 하는 모양에서 Keep[Get] your nose out of my business!(내 일에 참견마!)라는 표현도 있으며, 또한 간단히 Butt out!(참견말고 꺼져!, 가서 네 일이나 잘해!) 등도 함께 알아둔다.

Talk to you soon
또 걸게, 다음에 통화하자

핵심급소공략

핸드폰의 발달로 전화통화가 어느 때보다도 많아진 세상이다. 직접 만나지 않는 상황이기 때문에 전화를 끊을 때 인사로 "다시 보자"라고 할 때는 See you later를 써도 되지만, "다시 통화하자"로 할 때는 Talk to you soon, 그리고 통화해서 좋았어라는 라고 할 때는 (It's) Good talking to you로 말하면 된다. Talk to you soon은 "안녕, 다시 전화할게 (Goodbye, I'll call you again)라는 의미이고 앞에 'I'll'이 생략된 것으로 보면 된다. (I'll) See you later에서처럼 말이다. Talk to you later라는 문장을 써도 된다.

Speak Like This

1 Okay, we must go now. Talk to you soon.
그래, 우리는 지금 가야 돼. 다음에 얘기하자.

2 Good, do that. I'll talk to you soon.
좋아, 그렇게 해. 곧 통화하자고.

3 I've got to go. So, I'll talk to you later.
이제 가야겠어. 나중에 얘기하자.

EASY TALK

A: I gotta go now, Cindy. Let's try to keep in touch more.
B: Sounds good. I'll talk to you soon.

A: 이제 끊어야겠다, 신디. 좀더 자주 연락하고 지내자.
B: 좋지. 전화할게.

◀ 대면 상황에서도 쓰이지만 여기처럼 전화하다 그만 끊어야겠다라고 할 때도 쓰인다.

A: It was very nice hearing from you.
B: Thank you. Talk to you soon.

A: 너 얘기 들어서 아주 좋았어.
B: 고마워. 다음에 이야기하자.

Talk Tips

전화영어 중의 하나로 통화하게 되어 기쁘다고 말할 때는 "네 목소리 들으니 좋다"라는 의미로 (It's) Good to hear your voice라고 하면 된다.

Level 02 032

What are you doing here?
여긴 어쩐 일이야?

🚀 핵심급소공략

의외의 장소에서 예기치 않은 사람을 만났을 때 던지는 「너 여기서 뭐하니?」란 우리말과 일맥상통하는 표현. 이때 speaker의 의도는 「무엇」(what)이 아니라 「놀라움」(I'm surprised to see you here)임을 쉽게 알 수 있다. 아울러 꼴도 보기 싫은 사람이 자신을 찾아왔을 때 혹은 있어서는 안될 장소에 사람이 있을 때, 「여긴 도대체 뭐하러 왔어?」라며 불쾌함을 표현할 때도 사용된다.

💬 Speak Like This

1 What are you doing here? Why are you here?
   여긴 웬 일이야? 여긴 왜 왔어?

2 Answer my question. What are you doing here?
   내 질문에 답해. 여기는 어쩐 일이야?

3 What are you doing here? I thought you lived in Chicago.
   너 여기 웬일이야? 난 네가 시카고에서 사는 줄 알았는데.

EASY TALK

A: What are you doing here?
B: I'm waiting for my sister. What are you doing here?
   A: 여기 웬일이야?
   B: 누나 기다리고 있어. 넌?

A: What are you doing here?
B: I come to this bar to have a few drinks sometimes.
   A: 여긴 웬일이야?
   B: 가끔 술 좀 마시러 이 바에 와.
   ◀ 여기서는 먹다, 마시다라는 의미.

✓ Talk Tips

'here'를 뺀 What are you doing?은 왜 여기에 있냐는 놀람과 불쾌의 뜻은 없어지고 상대방의 행위에 초점을 맞추어 "뭐를 하고 있는지" 물어보는 문장이 된다. 물론 단순히 뭐하는거냐라고 물어볼 수도 있지만 상대방의 행동이 이해가 안될 때도 사용된다. What are you doing? Are you out of your mind?(너 뭐하는 거야? 미쳤냐?)처럼 말이다.

What's the matter with you?
무슨 일이야?, 도대체 왜 그래?

핵심급소공략

상대방에게 「안 좋은 일 있었냐」, 「어디 아프냐」고 물어보거나 혹은 상대방이 바보같거나 이해할 수 없는 행동을 할 경우에 「왜 그러냐」고 물어보는 표현. 즉 다른 표현으로 말하자면 What is your problem?과 같은 의미이다. 또한 with you 없이 What's the matter?라고도 쓰인다.

Speak Like This

1 What's the matter with her? Is she sick?
걔 왜그래? 아파?

2 What's the matter with you? Get out of here!
너 왜 그래? 당장 꺼져!

3 What's the matter? Why are you crying?
무슨 일이야? 왜 울고 있어?

EASY TALK

A: What's the matter?
B: I've got cramp in my leg.
A: 무슨 문제야?
B: 다리에 쥐가 났어.

◀ 관사없이 get cramp하면 쥐가 나다.

A: What's the matter with you?
B: I think that food made me sick.
A: 무슨 일이야?
B: 음식 때문에 아픈 것 같아.

◀ make 사역동사는 make+목적어+동사(형용사).

✓ Talk Tips

matter는 명사로 문제나 일을 의미하지만, '중요하다'라는 자동사로도 비중있게 쓰인다. 영화 고질라가 고릴라보다 크다는 것을 강조하기 위해서 내세운 광고카피가 Size does matter!였다. 크기가 중요하다라는 말로 여기서 does는 mattter를 강조하는 동사이다.

Level 02 034

Are you serious?
정말이야?, 농담아냐?

핵심급소공략

serious가 「진지한」이라는 의미로 쓰여 Are you serious?하면 「정말이야?」「농담 아니야?」라는 뜻으로, 상대방의 말이 단번에 수긍이 가지 않는 좀 황당한 얘기일 때 쓸 수 있는 표현이다. 다시 말하자면 "You are not serious, are you?"(농담이지, 그렇지?)와 같다고 보면 된다.

Speak Like This

1 **He's a virgin? Are you serious?**
걔가 숫총각이라고? 정말이야?

2 **Are you serious? You still see Chris?**
정말이야? 아직도 크리스를 만나는거야?

3 **Are you serious? That's great!**
진짜야? 정말 잘 됐다!

EASY TALK

A: Are you serious? You want to quit school?
B: I'm not sure yet, but I may quit attending school next year.

A: 진심이야? 학교를 그만두겠다는게?
B: 아직 확실치 않지만 내년에 학교를 그만둘지도 몰라.

◀ 학교나 회사를 그만둘 때는 quit+명사[~ing].

A: I asked Emily to marry me.
B: Are you serious? I mean, you've only known her for six weeks!

A: 에밀리에게 청혼했어.
B: 정말이야? 그러니까 내 말은, 에밀리를 안지 6주밖에 안됐잖아!

◀ 자기가 한 말을 추가로 부연설명할 때 필요한 표현.

Talk Tips

간단히 Are you serious?라고 해도 되지만 진지한 대상이나 진지한 행위를 함께 추가로 언급하려면 Are you serious about+명사[~ing]를 붙이면 된다. "너 걔랑 진지하게 만나는거야?"라고 할 때는 Are you serious about her?," 그리고 "너 크리스랑 진지하게 사귀는거니?"는 Are you serious about dating Chris?라고 하면 된다.

Level 02 035

Come to think of it,
생각해보니까 말야,

핵심급소공략

한~참 어떤 이야기를 하다가 그와 관련된 idea나 다른 얘기거리가 문득 떠올랐을 때 쓰는 전형적인 표현. 우리말로는 「참, 생각해보니까」(I just remembered) 정도에 해당한다. 한편 문득 떠오른 것처럼 위장해 각종 핑계거리를 만들어 낼 때도 요긴하게 활용할 수 있다.

Speak Like This

1 Come to think of it, you should take a day off.
생각해보니까, 하루 휴가를 내는 게 좋겠어.

2 Come to think of it, I don't need it anymore.
생각해보니 난 그게 더 이상 필요치 않아.

3 Come to think of it, I left my cell phone in the office.
생각해보니, 내가 사무실에다 휴대폰을 두고 왔어.

EASY TALK

A: Come to think of it, why don't you come to the movies with us?
B: Thanks, but I made other plans.
A: 그러고 보니, 너도 우리랑 영화보러 가는 게 어때?
B: 고맙지만, 다른 계획이 있거든.

◀ Why don't you+V는 권유하는 문장으로 아예 뒤에 물음표를 안붙이기도 한다.

A: Have you ever been to this restaurant before?
B: Come to think of it, I was here several years ago.
A: 전에 이 식당에 와본 적 있어?
B: 생각해보니까 말야, 몇 년 전에 와봤어.

◀ 이 단어가 들어가면 시제는 현재완료를 쓰지 못한다.

Talk Tips

비슷하게 생겨서 착각하기 쉬운 표현이 when it comes to+명사[~ing]이다. 이는 "…에 관한 한"이라는 의미로 회화에서 무지무지 많이 쓰이는 부사구중 하나. 주로 나의 의견이나 생각을 피력할 때 사용하면 된다. 사람과의 관계맺는 것에 관한 한 난 운이 없었어라고 말하려면 I've had some bad luck when it comes to relationships라고 하면 된다.

Who do you work for?
어디서 일해?

핵심급소공략

문화적 차이를 느낄 수 있는 표현. 우리는 보통 「어디에서 일하냐?」고 해서 Where를 떠올리기 십상이지만, 영어에서는 Where 대신 Who를 이용해 「누구를 위해서 일해?」라고 말한다. work for는 「…에서 일하다」라는 의미로 for 다음에는 사장 혹은 회사명을 말하면 된다. 물론 work at[in]~도 쓰인다.

Speak Like This

1. **She wants to stay here and work for you.**
   걘 여기 남아서 네 회사에서 일하고 싶어해.

2. **I work for a government agency.**
   정부기관에서 일해.

3. **The company I work for is a travel agency.**
   내가 다니는 회사는 여행사야.

EASY TALK

A: **Excuse me, who do you work for?**
B: **I'm a trainer here at the gym.**
   A: 실례합니다만, 어디서 일하세요?
   B: 이 체육관에서 트레이너로 일하는데요.

A: **I'm a teacher. What do you do?**
B: **I work for Mr. James.**
   A: 전 교사예요. 당신은 무슨 일 하세요?
   B: 제임스 씨 회사에서 일해요.

◀ 지금 뭐하냐 혹은 생업으로 뭐하냐라는 두가지 뜻으로 사용된다.

Talk Tips

다시 말하지만 What do you do?는 두가지 의미로 쓰인다. 첫번째는 지금 뭐하고 있냐고 물어보는 것이고 또 하나는 우리도 "네 아버지 뭐하시니?"라고 물어보듯이 상대방이 직업으로 뭐를 하고 있는지 물어보는 문장이 된다. 이때 의미를 분명히 하려고 What do you do for a living?이라고 하기도 한다.

Level 02 037

That's it
바로 그거야, 그게 다야, 그만두자

🚀 핵심급소공략

내 생각을 상대가 콕 찍어서 말하거나 행동으로 옮겼을 때 「바로 그거야」(That's what I meant)하면서 하는 말. 또한 일이나 말을 맺으면서 「그게 다야」(That's all), 혹은 어떤 문제에 대해 더 이상 말하기 싫을 때에 「그만 두자!」(Don't go there again!)라는 의미로도 쓰인다.

💬 Speak Like This

1 **That's it.** I'm out of here. I'm done.
   바로 그거야. 나 여기 없는거야. 난 다했어.

2 **That's it.** I've finished working for the day.
   그만 됐어. 오늘 일은 끝냈어.

3 **That's it!** Get out here, both of you!
   그만 됐어! 꺼져 둘 다!

EASY TALK

A: Is this the one?
B: That's it. Where did you find it?
   A: 이거 맞아?
   B: 바로 그거야. 어디서 찾았어?

A: Okay, that's it. I can't take it anymore.
B: Do you want me to get out of here!
   A: 그래, 됐어. 더 이상 못 참겠어.
   B: 나보고 여기서 나가라고!

◀ 상대방의 의향을 확인하는 패턴.

✓ Talk Tips

끝만 올려서 That's it?하게 되면 Is that it?이라는 말로 "이걸로 끝이야?"라는 의미이다. 즉, 의문형으로 하면 상대방을 불신하는 뉘앙스로 「그게 전부야?」「그걸로 끝이야?」의 의미가 된다. 예를 들어 So that's it? It's over? Just like that?라 하면 "그래서 그게 다야? 정말 끝이란 말야? 그냥 이렇게?"란 뜻이 된다.

Level 02 038

Something's come up
일이 좀 생겼어

🚀 핵심급소공략

긴급한 일을 알리거나 그로 인해 부득이하게 약속을 변경해야 할 때는 「예기치 않은 …가 일어나다」(happen unexpectedly)라는 뜻의 동사구 come up을 이용한 표현이다. 먼저 Something's come up(일이 생겼어)이라고 운을 떼고 일어난 긴급한 일을 말하면 된다. 그리고 여기서 's는 has가 축약된 것으로 「have+pp」의 현재완료 문형. ~'s를 ~is의 축약형으로만 생각하면 안된다.

🗨 Speak Like This

1 **Something's come up. I can't go to the office party.**
   뭔 일이 좀 생겼어. 사무실 회식에 못가.

2 **I'll talk later. Yeah, something's come up.**
   나중에 얘기할게. 어, 무슨 일이 좀 생겼어.

3 **Something's come up and he can't attend our wedding.**
   일이 생겨서 우리 결혼식에 참석할 수가 없대.

EASY TALK

A: **What did Bill say on the phone?**
B: **Something's come up and he can't attend our wedding.**
   A: 빌이 전화해서 뭐라고 그랬어?
   B: 일이 생겨서 우리 결혼식에 참석할 수가 없대.

A: **Something's come up. I can't come to your office.**
B: **But you promised you'd meet me here.**
   ◀ 상대방이 있는 곳으로 간다고 할 때는 go가 아니라 come.
   A: 일이 좀 생겼어. 네 사무실로 못 가.
   B: 하지만 여기서 날 만나기로 약속했잖아.

✓ Talk Tips

Something's come up의 사용예를 알아보자. 오늘은 회사일로 조금 늦겠다고 할 때는 I'll be late home tonight. Something's come up at the office라 하면 되고, 오늘 약속을 연기하고 싶을 때는 I am sorry but I can't make it today. Something's come up이라 하면 된다. come up에는 unexpectedly라는 의미가 자체적으로 포함되어 있기 때문에 뒤에 unexpected나 unexpectedly를 추가할 필요가 없다.

Level 02 039

I know how you feel
네 심정이 어떤지 알만 해

🚀 핵심급소공략

상대방의 일을 아무리 내 일처럼 생각한다 해도 직접 겪어보지 않는 한 그 사정을 헤아리기란 힘든 법. 불운이나 슬픔을 당한 사람에게 다가가 이렇게 「(나도 전에 그런 경험이 있어) 지금 심정이 어떤지 알아」하고 한마디 따뜻한 위로의 말을 해준다면 상대방은 동병상련을 느껴 큰 위안을 받을 것이다. 비슷한 표현으로 I know the feeling이 있는데 이 역시 "그 심정 내 알지"라는 의미이다.

💬 Speak Like This

1 I know how you feel; my dog died last month.
네 심정 이해한다. 우리집 개도 지난 달에 죽었거든.

2 I know how you feel. My mother makes me crazy.
그 심정 알겠어. 엄마도 날 미치게 해.

3 I know just how you feel. There never seems to be enough money. 그 기분 이해해. 돈이란 늘 부족한 거 같아.

EASY TALK

A: My girlfriend just broke up with me.
B: I know how you feel. Tracy and I broke up last week.
A: 여자친구랑 막 깨졌어.
B: 그 심정 알지. 트레이시랑 나도 지난 주에 깨졌거든.

A: I can't believe she lied to me.
B: Oh, I know how you feel.
A: 걔가 나한테 거짓말을 하다니 믿을 수가 없어.
B: 아, 그 심정 내 알지.

◀ 반드시 to+사람이 이어져야 한다.

✓ Talk Tips

문장을 좀 길게 말하려고 …에 대한 심정이나 느낌을 알고 있다고 할 때는 I know how you feel about~이라고 하면 된다. 사랑고백을 못하고 있는 남자에게 "난 널 사랑해 그리고 나에 대한 네 감정도 알아. 그런데 뭘 기다리는거야?"라고 하려면 I love you and I think I know how you feel about me. So why wait?이라고 하면 된다.

Level 02 040

How come you're late?
왜 이렇게 늦은거야?

🚀 핵심급소공략

How come S+V?(왜 …한 거야?)는 특정 상황에 대한 놀라움과 함께 그 이유를 확인하는 표현. 의문문임에도 불구하고 주어+동사의 도치 없이 S+V의 어순이 유지된다는 점에서, 영어를 외국어로 배우는 우리에겐 "Why~? 의문문"보다 부담없이 쓸 수 있는 표현이다. 뒷부분 없이 How come?이라고만 해도 훌륭한 구어체 문장이 되는데 이는 "어째서?"라며 간단하게 사건의 「연유」를 묻는 질문.

💬 Speak Like This

1 **How come** you never mentioned Chris before?
왜 크리스 얘기를 한번도 안한거야?

2 **How come** you're all soaked?
왜 그렇게 흠뻑 젖었어?

3 **How come?** Are you having problems?
왜? 무슨 문제라도 있니?

EASY TALK

A: How come you're late?
B: I got caught in traffic.
  A: 어쩌다 이렇게 늦은거야?
  B: 차가 밀려서.

◀ be caught in a shower
(소나기를 만나다)도
같은 형태.

A: I moved a few months ago.
B: You did? How come you never told me?
  A: 몇달 전에 이사했어.
  B: 그랬어? 그런데 왜 나한테 말도 안해줬어?

◀ Why라는 의미.
단 이 다음에는
도치없이 S+V를 쓰면 된다.

✓ Talk Tips

How come~? 이하의 내용에 대한 이유를 설명해달라는 것으로 How come~ ? 다음에는 긍정문뿐만아니라(How come you're single? A pretty woman like you?), 부정문(How come he doesn't like us?)도 많이 쓰인다는 점을 기억해둔다.

I'm with you
같은 생각이야

핵심급소공략

직역하면 「나는 너와 함께 있다」라는 말이 되는 I'm with you는 상대방의 의사에 대한 「동의」(agreement) 및 「지지」(support)를 나타내는 표현. 「나도 네 생각과 같아」라고 맞장구를 칠 때나, 「내가 있잖아」라고 힘들어 하는 친구를 위로할 때 쓸 수 있다. 같은 표현으로 I agree with you, I stand by you 등이 있으며, 반대로 상대방이 자신과 같은 입장인지를 물어볼 때는 Are you with me? 라고 하면 된다.

Speak Like This

1 I'm with you. I'd love to resume my studies.
동감야. 공부를 다시 시작하고 싶어.

2 We'll just have to study all night. Are you with me?
그냥 밤새 공부해야 돼. 내 말 이해돼?

3 Are you with me on this?
이거 알아듣겠니?

EASY TALK

A: I feel like going for a beer.
B: I'm with you.

◀ '그러고 싶지 않아'는 I don't feel like it.

A: 맥주 한잔하러 가고 싶은데.
B: 나도 그래.

A: Stay with me. I want to tell you some things.
B: I'm with you. What do you want to say?

A: 내 말 계속 들어. 뭔가 얘기해줄게.
B: 듣고 있어. 무슨 말 하려고?

Talk Tips

동감하지만 어떤 것에 동감하는지를 말하려면 I'm with you there(그 점에 너와 같은 생각이야) 혹은 I'm with you on this(이 점에 대해 너와 생각이 같아)라고 쓰면 된다. 한가지 더, I'm on your side해도 '같은 생각,' '같은 편'이라는 것을 잘 표현할 수 있다.

It's a long story
말하자면 길어

핵심급소공략

「말하자면 길어」라는 의미로 사용되는 구어체 표현. 여기서 long story란 시간을 두고 천천히 들어야 할 만큼의 「긴 이야깃거리」를 말한다. 이야기를 하기에 앞서 「무슨 일이 있었는 줄 알아?」(you won't believe what happened)라는 뜻으로 상대방의 호기심을 유발할 때에도 쓰인다. 아직 얘기를 시작한게 아니므로 「얘기하자면 길어질거야」란 의미로 It's going to be a long story라 해도 된다.

Speak Like This

1 It's a long story. I'll tell you later.
얘기하자면 길어. 나중에 이야기할게.

2 Do you want to know what happened? It's a long story.
무슨 일이 일어났는지 알고 싶어? 말하자면 복잡해.

3 Why did I break up with Chris? It's a long story.
내가 왜 크리스와 헤어졌냐고? 말하자면 길어.

EASY TALK

A: Tell me about you and Chris
B: It's a long story.
A: 너하고 크리스하고 어떤 사이야?
B: 말하자면 길어.

◀ Tell me about it!하게 되면 '누가 아니래!,' '그러게나 말야'라는 뜻.

A: How did you meet your wife?
B: It's a long story.
A: 아내를 어떻게 만났어?
B: 말하자면 길어.

Talk Tips

long이 들어가는 또 다른 표현으로는 It was a long day!가 있다. 이는 하루가 25시간으로 늘어났다는 말이 아니라, 아침부터 되는 일이 하나도 없을 땐 「어서 빨리 오늘이 지나갔으면」하게 된다. 허나 그럴수록 시간은 더 더디 가는 법. long day는 이처럼 「지루하고 힘들게 느껴지는 날」로 It was a long day!하면 하루일과를 마치고 「오늘 정말 힘든 하루였다.」고 토로하는 문장이다.

Level 02 043

Let's call it a day
퇴근하자

🚀 핵심급소공략

과중한 업무에 시달리는 직장인에게 있어 「자, 그만 끝내고 퇴근합시다」라는 이야기만큼 하루를 홀가분하게 해주는 말도 없을 것이다. Let's call it a day는 할 일이 다 끝나진 않았지만 하던 일을 그만 멈추고(stop the working we are doing) 「여기까진 합시다」라는 뜻으로, Let's call it a night, Let's call it quits로도 바꿔 쓸 수 있다.

💬 Speak Like This

1 I think we should just call it a night.
우리 오늘 그만하는게 나을 것 같아.

2 Why don't we call it a day and go for dinner?
오늘은 그만하고 저녁 먹으러 가는 게 어때?

3 What do you say we call it a night?
우리 오늘 그만하는게 어때?

EASY TALK

A: I've been here for thirteen hours.
B: Me too, let's call it a day.
◀ 현재완료 계속에는 'for+기간'이나 'since+시점명사나 절'과 함께 쓰이는 경우가 많다.
A: 열세 시간 동안 여기에 있었어.
B: 저두요, 퇴근하죠.

A: I want to go home but we have a lot of work to do.
B: Let's just call it a day.
A: 집에 가고 싶지만 우린 할 일이 많아.
B: 그냥 그만하고 가자.

✓ Talk Tips

'퇴근하다'라는 바람직한 의미로 쓰이는 표현들로는 We're done for the day(그만 하자, 그만 가자), He's gone for the day(걔 퇴근했어), 그리고 I'm leaving(나 퇴근한다) 등이 있다.

Level 02 044

No way!
절대 안돼!, 말도 안돼!

핵심급소공략

상대방 말을 강하게 부정하거나 거절, 반대 의사를 강하게 나타낼 때 쓰이는 표현들 중 가장 informal한 표현이다. 또한 너무 놀라 믿어지지 않을 때 "말도 안돼!"라고 사용할 수도 있다. 안되는 내용까지 말해주려면 There's no way of ~ing[that S+V]의 형태로 써주면 된다.

Speak Like This

1 **No way!** I can't believe it.
   말도 안돼! 믿을 수가 없구만.

2 Oh, my god! **No way!** She's such a fox!
   맙소사! 말도 안돼! 걔는 정말 여시야!

3 **No way.** I need to see your license.
   안돼요. 면허증 보여주세요.

EASY TALK

A: Would you like to try to do it again?
B: **No way.** I'm outta here.
◀ out of의 구어체 축약형.
   A: 다시 한번 해볼래?
   B: 아니, 난 갈래.

A: Will you go out with me Sam?
B: **No way!** You are such a loser!
◀ You're such a+명사는 강조형 구문이다.
   A: 나랑 데이트할래, 샘?
   B: 말도 안돼! 넌 머저리야!

✓ Talk Tips

No way!처럼 자주 쓰이는 부정어로는 No means no(아니라면 아닌거지), I said no(안된다고 했잖아, 아니라고 했잖아) 그리고 좀 어렵지만 Not by a long shot(어떠한 일이 있어도 아냐, 어림도 없지) 등이 있다.

Level 02 045

Take my word for it
진짜야, 믿어줘

핵심급소공략

의심의 눈초리로 쳐다보는 상대방에게 「진짜라니깐, 내 말을 믿어줘」(I am telling you the truth)라는 뜻으로 쓸 수 있는 구어체 표현. 같은 표현으로 Trust me나 Believe me 등이 있다. 또한 You have my word라는 표현도 있는데 이는 직역하면 네가 내 말(약속)을 갖는다, 즉 너한테 내 말(약속)을 준다는 말로 의역하면 「내가 약속할게」, 「내가 꼭 약속을 지킬게」라는 의미가 된다.

🗨 Speak Like This

1 You'll do fine on the exam. Take my word for it.
시험 잘 볼거야. 진짜라니까.

2 Take my word for it, Dad loves you.
내 말 믿어도 돼, 아빠는 널 사랑하셔.

3 If I have any news, I'll call you. I promise. You have my word.
무슨 소식이 있으면 전화할게. 약속할게, 정말야.

EASY TALK

A: Take my word for it, he's the best in the business.
B: Maybe I'll give him a try.

◀ '동사+간접목적어+직접목적어'
형태의 4형식 문장.

A: 진짜야. 그 사람이 그 업계에서는 제일이라니까.
B: 기회나 한번 줘보지.

A: Can I trust you to do this?
B: Yes you can. You have my word.

A: 네가 이걸 할거라고 믿어도 돼?
B: 그럼. 내 약속할 게.

✓ Talk Tips

I'll give you my word라고 해도 되고, word 대신 promise를 써서 You have my promise라고 해도 된다. 그리고 약속하는 내용까지 말하려면 You have my word on~이라고 쓰면 된다.

Level 02 046

What are you talking about?
무슨 소리야?

🚀 핵심급소공략

상대방의 이야기가, 단순히 이해가 되지 않거나, 아님 놀람과 당혹감을 주었을 때, 혹은 과도하게 신경을 거스릴 경우 등 상황에 따라 다양한 의미로 사용되는 표현이다. 다시 풀어 말하자면 I don't know what you're talking about(뜬금없이 무슨 소리를 하는거야)라는 의미이다.

Speak Like This

1 What're you talking about? Everybody loves you.
그게 무슨 말이야? 다들 널 좋아하는데.

2 What are you talking about? You think I'm a thief?
무슨 말예요? 내가 도둑이라고 생각하는거예요?

3 What are you talking about? What do you mean?
무슨 소리야? 무슨 의미냐고?

EASY TALK

A: I told Sam that you are going to travel to Japan.
B: What are you talking about? I'm not going to Japan!
A: 샘에게 네가 일본여행간다고 했어.
B: 그게 무슨 말이야? 난 일본 안가!

◀ 여행하다라는 뜻외에 '좀 거리가 되는 곳으로 이동하다'라는 뜻도 있다.

A: You should know something about Jimmy.
B: What are you talking about?
A: 지미에 대해서 네가 좀 알아야 할게 있어.
B: 그게 무슨 소리야?

✓ Talk Tips

단도직입적으로 What are you talking about?을 말하기 보다는, '잠깐'이라는 의미의 Wait a minute, Wait a sec, Hold on 등을 먼저 꺼내고 What are you talking about?이라고 하는게 더 자연스럽다. Wait a minute. What are you talking about?(잠깐만. 너 무슨 말 하는거야?)처럼 말이다.

Level 02 047

You can call me by my first name
이름으로 부르세요

🚀 핵심급소공략

상대방에게 좀더 편안하게 대하고 싶을 때 You can call me by my first name이나 구제척으로 first name을 언급해서 You can call me Chris과 같이 말할 수 있다. 영어는 우리말과 달리 성이 이름 뒤에 오므로, first name은 「이름」, second name은 「성」을 말한다. 비슷한 표현으로 be on a first-name basis가 있다. 서로 이름부르는 사이, 즉 친한 사이임을 말할 때 사용하면 된다.

💬 Speak Like This

1 **Just call me Chris.**
   그냥 크리스라고 불러

2 **We are on a first-name basis.**
   우리는 친한 사이야.

3 **We are on a semi first-name basis.**
   우린 적당히 친한 사이야.

EASY TALK

A: Hi, Mr. Sellers. I'm Cindy.
B: You can call me by my first name.
  A: 안녕하세요, 셀러스 씨. 전 신디입니다.
  B: 이름 부르셔도 돼요.

◀ 상대방에게 '...해도 돼'로 허락하는 패턴.

A: Do you know the president well?
B: Yes I do. We are on a first name basis.
  A: 사장 잘 알아?
  B: 어 그래. 친한 사이야.

◀ 대통령은 President, 사장은 president, 혹은 섞어 쓰기도 한다.

✓ Talk Tips

be on a first name basis라는 표현이 귀에 익숙한 표현이지만, 여기서 'be' 대신에 go by를 써서 "여기선 우리는 서로 이름을 부르면서 지내"라고 하려면 We go by first name basis around here라고 하면 된다.

Level 02 048

It looks good on you
그거 너한테 잘 어울려

🚀 핵심급소공략

어떤 옷이나 장식 등이 누구에게 「잘 어울린다」 혹은 「안 어울린다」는 말은, 우선 옷이나 색상을 주어로 「…가 너에게 잘 어울려」하려면 ~ looks good[nice] on you하면 된다. 한편 주어를 사람으로 해서 「너한테 …가 잘 어울린다」하려면 You look nice[perfect] in ~으로 해, You look nice in your new suit, You look beautiful in everything 등으로 표현할 수 있다.

💬 Speak Like This

1 That jacket looks good on you.
그 자켓 정말 잘 어울린다.

2 You look nice in your new suit.
너에게 새 정장이 잘 어울린다.

3 Anything looks good on you.
넌 어떻게 해도 다 어울려.

EASY TALK

A: Does this dress look good on me?
B: As far as I can see.

◀ as far as I can+동사는 '내가 …하기엔'이라는 숙어.

A: 이 드레스가 내게 어울려?
B: 내가 보기엔.

A: What do you think?
B: It looks good on you.

A: 어때요?
B: 잘 어울리세요.

✓ Talk Tips

또한, 두 가지를 놓고 「A와 B가 어울린다」고 하려면 The tie goes well with your shirt(네 넥타이 셔츠와 12잘 어울려)처럼 "A goes well with B" 구문을 이용하면 된다.

It's on me
내가 낼게

핵심급소공략

식당이나 술집에서 계산을 "내가 한다"고 할 때 「내 이름으로 달아놔」라고 하듯이 영어에서도 그런 의미의 전치사 on을 써서 "It's on me," "This one is on me"라고 한다. 「내가 한턱 내겠다」라는 뜻. 그밖에 "Let me take care of the bill," "Let me treat you," "This is my treat," "I'll pick up the tab," "Let me get this"라고 해도 같은 말이다. 반대로 「각자 부담」하는게 대세가 되어 「따로따로 계산하자」고 할 때는 "Let's go Dutch" 외에 "Let's split the bill," "Let's go fifty-fifty"라고 하면 된다.

💬 Speak Like This

1 You can order whatever you want. It's on me.
뭐든지 원하는거 주문해. 내가 낼테니.

2 Don't worry. It's on the house.
걱정마십시오. 저희 식당에서 서비스해드리는 겁니다.

3 I'll pick up the tab.
내가 계산할게.

EASY TALK

A: This one is on me.
B: Thanks a lot! I'll pay for lunch tomorrow.
A: 이번은 내가 낼게.
B: 고마워! 내일 점심은 내가 낼게.

◀ 상품이나 서비스를 받고 돈을 내다.

A: Waiter, we didn't order this side dish.
B: Don't worry. It's on the house.
A: 웨이터, 이 음식은 주문하지 않았는데요.
B: 걱정마십시오. 저희 식당에서 서비스해드리는 겁니다.

✓ Talk Tips

또한 "음식+be on the house"라는 표현도 쓰이는데 이는 「주인이 한턱 낸다」, 즉 그 음식에 한해서는 「공짜라는」(It's free) 얘기가 된다. 올림픽 메달을 땄을 때 혹은 국가대표 축구 경기에서 이겼을 때 주인이 흥을 이기지 못하고 한턱 낼 때 쓰는 말이다.

Level 02 050

Don't get me wrong!
오해하지마

🚀 핵심급소공략

상대방의 오해를 받아 억울한 일이 생겼을 때 「그런게 아니야, 날 오해하지마」(Don't misunderstand me)라고 항변하는 말이다. get은 「이해하다」(understand)라는 뜻이며, wrong은 부사로 쓰여 get sb wrong은 「…의 말을 잘못 이해하거나 그로 인해 기분나빠하다」(understand your remarks in the wrong way, or be offended by them)라는 의미이다.

💬 Speak Like This

1 **Don't get me wrong, you're better than he is.**
   오해하지마, 넌 걔보다 나아.

2 **Don't get me wrong, you're a great guy.**
   오해하지마, 넌 좋은 친구야.

3 **Don't get me wrong. I do this all the time.**
   오해하지마. 난 늘상 이래.

EASY TALK

A: Do you really hate my hairdo? ◀ 머리모양, 헤어스타일
B: Don't get me wrong. I think it's OK.
  A: 내 머리모양이 그렇게 마음에 안들어?
  B: 오해하지마. 괜찮은 것 같아.

A: Don't get me wrong, but you look awful.
B: I'm a little bit tired, but it's okay. ◀ '조금'이라는 뜻으로 회화에서 무척 많이 쓰인다.
  A: 오해는 하지마. 얼굴이 아주 안 좋아 보여.
  B: 조금 피곤하지만 괜찮아.

✓ Talk Tips

오해하지 말라고 하면서 하고 싶은 말을 할 때는 "Don't get me wrong, but ~"(오해하진 마시구요,~)라고 한다. 이와 비슷한 표현들로는 Don't take this wrong but ~(오해하지마 하지만 ~)과 Don't take this the wrong way but~ (오해하지 말고 하지만 ~) 등이 있다.

Level 02 051

Easy does it
천천히 해

핵심급소공략

너무 서두르다보면 도리어 일을 그르치는 수가 있다. 마음만 앞서서 허둥거리는 사람에게 그렇게 서두르지 말고 「천천히 정신차려서 해」(do it slowly and carefully)라는 뜻으로, 또는 어떤 일에 화가 잔뜩 나서 씩씩거리는 사람에게 「진정해」(calm down)라는 의미로 쓸 수 있는 표현. Easy does it은 부사인 easy를 강조하기 위해 문두로 빼면서 주어 it과 조동사 does가 도치된 것. 비슷한 표현으로는 Take your time 등이 있다.

Speak Like This

1 Let me take a look at it. Easy does it.
어디 좀 보자. 조심조심.

2 Alright, we're almost finished, easy does it.
자, 거의 다 끝났으니 천천히 하세요.

3 Easy does it. Don't drive so fast.
살살해. 너무 빨리 달리지 말고.

EASY TALK

A: Let's have a couple of shooters right now.
B: Easy does it.

◀ '사냥꾼'이나 '권총' 등을 뜻하지만, 구어에서는 '술'(drink)을 가리키는 슬랭.

A: 지금 당장 두 잔을 마셔 버리자.
B: 천천히 마셔.

A: We have to hurry to complete this report.
B: Easy does it. We want the report to be good.

◀ 동사로는 '완성하다,' 형용사로는 '완벽한,' '완전한'이란 의미.

A: 이 보고서를 서둘러 끝내야 돼.
B: 천천히 해. 보고서를 잘 만들어야지.

✓ Talk Tips

Easy, Easy도 같은 맥락으로 '좀 진정해라,' '조심해라'는 의미로 이사할 때 주인이 이삿짐센터 사람들에게 자주 말하게 되는 표현. Go easy(진정해, 살살해) 역시 같은 뜻. 특히 go easy on-은 살살하다라는 뜻이고 뒤에 사람이 오면 '봐주다,' 뒤에 사물이 오면 '적당히 하다'라는 의미가 된다.

Level 02 052

Everything's gonna be all right
다 잘 될거야

🚀 핵심급소공략

별 일 아닌 일을 두고 괜시리 벙어리 냉가슴 앓고 있는 사람이 있다면 「그렇게까지 걱정하지 마. 다 잘 될거야」란 뜻으로 Don't worry. Everything's gonna be all right해주면 무거운 마음의 짐을 덜어낼 수 있을 것이다. 주어를 'It'으로 바꾸어서 It's going to be all right라고 해도 된다.

💬 Speak Like This

1. **Now let's go. It's going to be all right.**
   자 이제 가자. 잘 될거야.

2. **Don't worry. My wife said everything was going to be all right.**
   걱정마. 아내가 다 잘 될거라고 했어.

3. **You're going to be all right. Just hang in there, okay?**
   넌 괜찮아질거야. 참고 견뎌, 알았지?

EASY TALK

A: How can this be happening? What're we going to do?
B: It's all right! Everything's going to be all right.

A: 어떻게 이런 일이? 어쩌지?
B: 괜찮아! 다 잘 될거야.

A: Is he gonna be all right?
B: I don't think so. His father's suffering from diabetes.

A: 걔가 괜찮을까?
B: 안 그럴걸. 걔 아빠가 당뇨병이잖아.

◀ '…병을 앓다,' '고통받다'라는 숙어.

✓ Talk Tips

be all right의 주어자리에 시간명사가 오고 right 다음에 with sb가 오게 되면 약속을 정할 때 긴요하게 쓰이는 표현으로 sb에게 "…시간이 괜찮냐"라는 뜻이다. 그래서 상대방에게 "오늘 오후 괜찮겠어?"라고 하려면 "Would this afternoon be all right with you?"라고 하면 된다.

Hold your horses!
서두르지 말고 기다려봐!

🚀 핵심급소공략

직역하면 「말들을 붙잡아라」가 되는 Hold your horses는 원래 말(horse)이 흥분했을 때 "날뛰는 말을 붙잡"는 혹은 옛날 말을 타다가 혹은 말이 끄는 마차를 타다가 말을 세울 때를 연상하면 된다. 그 뒤 말뿐만 아니라 흥분한 말처럼 안절부절 못하는 사람에게 비유적으로 사용되기 시작하면서 「진정해」(Calm down), 「서두르지마」라는 뜻으로 그 의미가 확대되었다.

💬 Speak Like This

1 I got it, just hold your horses.
알았어, 다만 서두르지마.

2 Hold your horses, honey. I'll be home in 30 minutes.
자기야, 진정해. 30분 후면 도착할거야.

3 Hold your horses. I'll be finished with my makeup soon.
닥달하지마. 곧 화장 끝난다구.

EASY TALK

A: Jim, I just can't wait any longer for you to come back. The kids are driving me nuts.
B: Hold your horses, honey. I'll be home in 30 minutes.

A: 짐, 더이상 당신이 돌아올 때까지 못 기다리겠어. 애들때문에 미치겠다구.
B: 여보, 진정해. 30분 후에 집에 갈게.

A: Are you ready to go yet? It's getting late.
B: Hold your horses. I'll be finished with my makeup soon.

A: 이젠 갈 준비됐어? 늦었어.
B: 닥달하지마. 곧 화장 끝난다구.

◀ '화장하다'라는 구동사 make up을 붙여서 명사로 만든 경우.

✓ Talk Tips

비슷한 의미로 그리고 많이 쓰이는 빈출 표현으로는 Calm down, Take your time, Easy does it, 그리고 Slow down, Relax 등이 있다.

How have you been?
그동안 어떻게 지냈어?

핵심급소공략

오랜만에 지인을 만난 경우엔 How are you doing?이나 What's up? 정도로는 뭔가가 미흡하다. 진행형이나 현재시제로 근황을 묻기엔 그동안의 공백이 너무 길기 때문이다. 이럴 때 유용한 표현이 How have you been?이다. 현재완료는 과거에서 현재에 이르는 지속적인 시간을 나타내므로, 지난 번 만났던 이래로 죽 「지금까지 잘 지냈냐?」는 일정기간 동안의 안부인사가 되는 것. 대개는 have를 생략하여 How you been?이라 발음한다.

Speak Like This

1. **Hi Rick, it's me, Chris. How have you been lately?**
   안녕 릭, 나야 크리스. 요즘 어떻게 지냈어?

2. **Wow! Look at you! You haven't changed a bit. How have you been?**
   이야! 네 모습 좀 봐! 하나도 변하지 않았네. 어떻게 지냈어?

3. **Oh, no, that's okay. How have you been?**
   어, 아냐, 괜찮아. 어떻게 지냈어?

EASY TALK

A: How have you been?
B: I can't complain. I guess things could be worse.

◀ 더 나쁠 수도 있었다, 즉 '별일없이 괜찮다'라는 의미. 반대는 Could be better.

A: 그동안 어떻게 지냈어?
B: 잘 지냈어. 뭐 그럭저럭 괜찮은 것 같기도 하고.

A: John! You look great! How have you been all these years?
B: I've been great. How about you?

A: 존! 좋아보이는구나! 요 몇년 동안 어떻게 지냈냐?
B: 잘 지냈어. 넌?

ⓥ Talk Tips

현재완료 진행형을 써서 So how have you been doing?(어떻게 잘 지냈어?)이나 의문사를 How에서 What으로 바꾸어서 What have you been doing?(어떻게 지냈어?)이라고 해도 된다.

Level 02 055

I'm looking forward to it
무척 그게 기다려져

핵심급소공략

휴가나 월급날을 손꼽아 기다릴 때, 혹은 연인과의 만남을 기대할 때 등과 같이 앞으로 일어날 어떤 일에 대해 학수고대할 때 쓸 수 있는 표현. 업무상 조속한 답장(speedy reply)을 요하는 business letter나 business e-mail의 전형적인 결구로 자주 등장한다. 이때, 'to'는 전치사로 뒤에는 명사나 동명사(~ing) 형태를 써야 한다는 것에 유의하자.

Speak Like This

1 **I'm really looking forward to** Saturday night's party!
토요일 밤의 파티가 정말 기대돼!

2 **I am looking forward to** my vacation this year.
올해 내 휴가가 기다려져.

3 **I'm looking forward to** working with you.
너랑 함께 무척 일하고 싶어.

EASY TALK

A: **I'm looking forward to** meeting your sister.
B: I just know that you'll **hit it off**.
◀ 만난지 얼마 안되어서 친해지다라는 의미.
A: 네 여동생과 만날 날을 손꼽아 기다리고 있어.
B: 넌 내 동생하고 잘 맞을거야.

A: **I'm looking forward to** our vacation.
B: We should have a great time.
A: 방학이 무척 기다려져.
B: 우리는 재미있을거야.

✓ Talk Tips

똑 같은 경우는 아니지만 I want to+V에서 I want sb to+V 형태가 파생되어, to~이하의 행위를 하는 사람이 'I'가 아니라 sb가 되는 것처럼 look forward to~ 역시 I'm looking forward to sb ~ing의 형태로 "sb가 …하기를 학수고대하고 있어"처럼 쓰인다.

I couldn't care less
알게 뭐람

🚀 핵심급소공략

비교급과 부정문이 만나 최상을 나타내는 Couldn't be better(아주 좋다)와 동일한 유형. I don't care보다 강도가 높은 I couldn't care less는 남의 행동이나 말에 전혀 관심이 없다는 뜻으로 「알게 뭐람」이라고 내뱉는 말이다. 상관없는 일을 구체적으로 말하고 싶을 경우에는 less~ 다음에 「about+명사」나 if, whether, wh-절 등을 활용하면 된다. 주어를 생략하고 Couldn't care less!라고 해도 된다.

💬 Speak Like This

1. **I couldn't care less. I don't like politics.**
   알게 뭐람. 정치를 싫어해서.

2. **I don't care if she's fat or thin.**
   난 걔가 뚱뚱하든 날씬하든 상관안해.

3. **She couldn't care less about what I do.**
   걔는 내가 뭘하든 신경도 안써.

EASY TALK

A: You know, a lot of people don't like you.
B: I couldn't care less.

◀ 이 말을 너무 많이 쓰면 좀 영어회화의 퀄러티가 떨어져 보인다.

A: 저 말이지, 널 좋아하지 않는 사람들이 많아.
B: 알게 뭐람.

A: Sam isn't coming to your party.
B: I couldn't care less.

A: 샘이 네 파티에 안간대.
B: 알게 뭐람.

✓ Talk Tips

비슷한 표현으로는 matter(중요하다, 상관있다) 동사를 활용하여 It doesn't matter at all(전혀 상관없어), 혹은 make a difference를 사용하여 It makes no difference to me(상관없어)나 It doesn't make any difference(상관없어)라 할 수 있다.

Level 02 057

I don't have time for this
나 이럴 시간 없어

🚀 핵심급소공략

가장 기본형인 have time to+동사는 '…할 시간이 있다,' have a lot of time은 '시간이 많다,' 그리고 Do I have time to~?하면 '…할 시간이 될까?,' Do I have time to~, before~?하면 '…하기 전에 …할 시간이 될까?'라는 표현이다. 여기서 to+V 대신 for+N을 쓴 경우로 I don't have time for this하면 '이럴 시간이 없다'라는 의미로 상대방의 요청을 거절할 때 무척 많이 쓰이는 문장이다.

💬 Speak Like This

1 Look, I really don't have time for this.
저기, 정말 나 이럴 시간이 없어.

2 I don't have time for this. I have a party to plan.
나 이럴 시간없어. 파티 계획해야 된다고.

3 Sometimes we don't even have time for lunch.
점심 먹을 시간도 없을 때가 있다니까.

EASY TALK

A: I am selling a product that you should buy.
B: I don't have time for this. I have to focus on my work.

A: 꼭 필요하신 상품을 팔고 있습니다.
B: 이럴 시간이 없어요. 일에 집중해야 돼요.

◀ 다음에는 반드시 전치사 'on'이 와야 한다.

A : I don't have time to meet with you.
B : Let's try to do it another time.

A: 너와 만날 시간이 없어.
B: 다음 기회에 만나도록 하자.

◀ 는 회의 등과 같은 좀 formal한 만남을 말한다.

✓ Talk Tips

영어로 풀어쓰면 "I'm too busy to do this now"가 된다. 거절을 강하게 하기 위해 this를 더 편하려면 I don't have time for this crap 정도로 할 수 있다. 그리고 좀 과장해서 말하려면 I don't have time to catch my breath(숨돌릴 시간도 없어)라고 하기도 하는데 이때의 의미는 I am so busy that I don't have time to breathe.이다.

Level 02 058

I must be off
이제 가봐야겠어

핵심급소공략

영어에서는 기본동사와 전치사, 부사만 잘 버무려도 웬만한 동작은 다 표현할 수 있는데, be동사와 부사 off가 만난 be off는 「떠나다」(leave), 「출발하다」(start)라는 뜻의 동사구이다. 따라서 I must be off는 어떤 일을 하다가 자리를 뜨면서 「가봐야겠다」는 뜻으로 할 수 있는 말이다. I'd better go now, I have to leave, I'm gonna take off 등도 마찬가지 표현. 또한 I must be going, I think I'd better be going, We should be going처럼 진행형 형태도 많이 쓰인다.

Speak Like This

1 **I must be going** before the subway closes.
   지하철 끊기기 전에 가봐야해서 말야.

2 **I must be off.** My parents want me to be home by 11pm.
   가야 돼. 부모님이 11시까지 들어오라고 하셨어.

3 I think I'm gonna **take off** now.
   나 지금 가봐야 될 것 같아.

EASY TALK

A: Well, **I must be off.** Got to make dinner for the kids.
B: What are you making tonight?

A: 이제 그만 가봐야 돼. 애들 저녁을 만들어 줘야 하거든.
B: 오늘밤엔 뭘 만들어 줄거지?

◀ 편리함을 추구하는 언어의 특성상 주어도 알면 생략한다.

A: Thank you for inviting me here. **I must be going.**
B: I'm glad we had the chance to spend some time together.

A: 초대해주셔서 감사합니다. 전 이만 가봐야겠어요.
B: 함께 시간을 보낼 수 있어서 즐거웠습니다.

✓ Talk Tips

'출발하다,' '…로 가다'라는 의미의 be[take] off 다음에는 to+목적지[명사]나 to+목적[동사] 형태가 이어질 수 있다. 예를 들어 I'm off to bed는 "자러 갈래," I'm off to see your teacher는 "네 선생님 만나러 갈거야"라는 뜻이 된다.

I promise you!
정말이야!, 약속해!

핵심급소공략

자신의 말에 못미덥다는 반응을 보이는 상대에게 내 말이 사실임을 확신시키고자 할 때 사용하는 표현. 그냥 I promise!라고만 해도 되는데, 'you'를 붙인 I promise you!가 조금 더 강하게 약속하는 느낌을 준다. 다른 말로 하자면 Believe me!나 Trust me!라 할 수 있다. (You) Promise?하고 끝을 올리면 상대방에게 "약속하는거지?"라고 확인하는 표현이고 I promise you that하면 "네게 그거 약속할게"가 된다.

Speak Like This

1 It will never happen again, I promise you.
다신 이런 일이 없을 거야, 약속해.

2 I promise you, I have never done anything wrong.
정말야, 어떤 나쁜 짓도 한 적이 없어.

3 I promise I will call you every day.
정말이지 매일 전화할게.

EASY TALK

A: How could you do something like that?
B: I won't do that again. I promise you.
A: 이떻게 그걸 할 수가 있어?
B: 다신 안그럴게. 약속해.

◀ 구체적으로 말하지 않고 두리뭉실 얘기할 때. or something like that 표현 또한 답을 한 다음에 '...이나 뭐 그런거'라고 역시 두리뭉실 말할 때.

A: Are you sure Chris will be here?
B: I promise you! He said he was coming.
A: 크리스가 여기 오는게 확실해?
B: 정말이야! 온다고 했어.

✓ Talk Tips

swear는 좀 특이한 단어로 '욕하다'라는 뜻도 있지만 '맹세하다'라는 의미로도 쓰인다. 그래서 I swear!하면 I promise!와 같은 뜻이 된다. "맹세해"라는 의미. "…을 걸고 맹세한다"고 할 때는 I swear to+사람 형태를 쓰는데 이 '사람'자리에는 주로 God, mother 등이 오지만 방계인 wife나 husband는 절대로 쓰지 않는다.

Level 02 060
It makes no difference to me
상관없어

🚀 핵심급소공략

앞서 I don't care나 I couldn't care less와 같은 맥락의 표현. 무언가를 선택해야 하는 상황이라든가 어떤 일이 자신에게 미치는 영향에 대해 얘기할 때 「나에겐 아무 상관없다」는 뜻으로 하는 말. 내가 상관하지 않는 내용을 밝히고 싶을 때에는 뒤에 if나 wh- 의문사절을 이용해서 나타낼 수 있고, not make any difference라 해도 된다. (It) Doesn't matter (to me)도 같은 의미.

💬 Speak Like This

1 It doesn't matter to me. I'm really hungry.
아무데나 괜찮아. 너무 배고파서 말야.

2 Does it make any difference?
그게 상관있어?

3 I'm afraid your efforts aren't going to make any difference.
노력해봤자 달라질 것 없을 것 같아.

EASY TALK

A: What do you want to do tonight?
B: It makes no difference to me. I am flexible.
  A: 오늘밤엔 뭐할래?
  B: 뭘 해도 상관없어. 나는 다 괜찮거든.

A: I am going to try my best in this interview.
B: It's not going to make any difference. You won't get the job.
  A: 이번 인터뷰에서 최선을 다할거야.
  B: 그래봤자 달라질 거 없어. 너 취직 안될거야.

◀ will not의 축약형으로 /wount/로 발음한다.

✓ Talk Tips

make no difference나 don't make any difference의 긍정문 형태인 make a difference하게 되면 상관없거나 중요하지 않은게 아니라 '차이가 있다[나다]', 의역하면 '달라지다', '영향을 미치다'라는 의미가 된다. 그래서 그게 영향을 끼쳐서 달라질거라고 생각하라고 하려면 I think it's going to make a difference라고 하면 된다.

Level 02 061

Want some more?
더 먹을래?

🚀 핵심급소공략

상대방에게 「좀 더 먹을래?」란 말로 Would you like to have another?에 비해 보다 격이 없는 구어적 표현. Do you want some more?의 줄인 표현이고 더 줄여서 Some more?라고도 한다. 굳이 음식에만 국한할 필요는 없다. 뭐든 더 하고 싶을 때, 더 갖고 싶을 때 등등 "좀 더…"란 아쉬움의 낌새가 느껴질 때라면 언제든 써먹을 수 있다. "~more beer?"처럼 more~ 다음에 권하는 음식명을 넣어도 된다.

💬 Speak Like This

1 You like that? You want some more?
너 저거 좋아해? 더 먹을래?

2 That's nice of you to say. Do you want some more?
그렇게 말해주니 고마워. 좀 더 먹을래?

3 Do you want some more wine?
와인 좀 더 들래?

EASY TALK

A: That pizza was great.
B: Want some more?
A: 저 피자 정말 맛있다.
B: 좀 더 먹을래?

◀ 언어의 편리함은 끝이 없다.
걍 More?해도 말이 된다.
우리말을 역으로 생각해보면 된다.

A: This blueberry pie was very good.
B: Do you want some more?
A: 이 블루베리 파이는 정말 맛있었어.
B: 더 들래?

✓ Talk Tips

want 대신에 먹다라는 의미로도 쓰이는 동사 have를 써서 Have some more(좀 더 드세요), Have some more pizza(피자 더 먹어)라고 써도 된다. 또한 '한입'이라는 의미의 bite를 써서 Do you want a bite of this?(이거 좀 먹어볼래?)라고 쓸 수도 있다. 식사 맛있게 하라고 할 때는 Enjoy your meal!을 잊지 말자.

Level 02 062

That's no big deal
별거 아냐

핵심급소공략

뭔가 좋지 않은 상황을 만나 지나치게 걱정 혹은 당황하고 있는 상대방을 진정시키는 표현. deal은 「사업상의 합의[거래]」를 일컫는 비즈니스 빈출어휘지만 여기선 「해결해야 할 문제」 (problem to be treated)란 의미를 갖는다. 사소한 잘못을 사과하는 친구에게 Don't worry. That's no big deal(별거 아니니까, 너무 신경쓰지마)이라며 너그럽게 받아넘길 때 아주 유용하다. 줄여서 No big deal, 더 줄여서 No biggie라고도 한다.

Speak Like This

1 **Don't worry! It's no big deal.**
   걱정마! 별거 아냐.

2 **That's no big deal. But make sure not to be late again.**
   별거 아니니 신경쓰지 말게. 하지만 다시는 지각하지 말라구.

3 **It's no big deal, I do it all the time.**
   별일 아냐, 난 항상 그러는데.

EASY TALK

A: My computer is frozen!
B: That's no big deal.
◀ freeze(얼리다)의 수동형. 여기서는 컴퓨터에 '얼어버린 듯 갑자기 작동이 안 된다'는 의미.

A: 내 컴퓨터가 완전히 꼼짝도 안해!
B: 별 문제 아냐.

A: I'm sorry, but I got your magazine wet.
B: No big deal. I was finished reading it anyhow.

A: 미안해, 네 잡지가 젖었어.
B: 괜찮아. 뭐 다 읽었는데.
◀ get+목적어+형용사 패턴으로 '…을 …하게 하다'라는 뜻.

Talk Tips

비슷한 표현으로는 What's the big deal?이 있는데 이는 별일도 아닌데 야단이라는 뉘앙스로 "그게 어때서?," "웬 야단?," "별일도 아닌데?"라는 의미이다. 여기서 big을 빼고 What's the deal?하게 되면 현재 무슨 일이 벌어지는지 그 이유는 무언지 물어보는 표현이 된다.

Level 02 063

It makes sense
일리가 있네

핵심급소공략

make sense는 상대방이 전하는 얘기나 의견이 「(논리적으로) 이해가 되거나」(be comprehensible) 「도리와 이치에 맞다」(be reasonable)고 생각할 때 쓸 수 있는 표현으로 우리말로는 「일리가 있다」, 「말이 된다」 정도에 해당된다. 반대로 얼토당토않은 이야기를 떠들어댈 경우에는 It doesn't make any sense(무슨 소리야, 말도 안돼)라고 되받아 칠 수 있다.

Speak Like This

1 That makes sense. A house is a good investment.
일리 있는 말이야. 집은 투자가치가 있지.

2 That doesn't make any sense to me.
그건 전혀 말도 안돼.

3 That logic makes no sense at all.
그 논리는 말도 안돼.

EASY TALK

A: What do you think about his excuse?
B: It makes sense to me.

A: 그 사람이 한 변명에 대해 어떻게 생각해?
B: 나름대로 일리가 있는 걸.

◀ What의 't'는 d와 발음위치가 같아 생략되고, 남은 d는 두 모음 사이에서 모음과 만나 /r/로 변절되어 [화루 유]하고 발음된다.

A: This plan makes sense. See what I'm saying?
B: Yeah, I think you're right.

A: 이번 계획은 타당성이 있네. 무슨 말인지 알겠어?
B: 그래, 네 말이 맞다고 생각해.

✓ Talk Tips

반대로 상대방에게 "그게 말이 되냐?," "이해가 돼?"라고 물을 때는 Does it make sense?라고 하고, 여기에 any를 넣어 Does it make any sense?하게 되면 상대의 말에 납득할 수 없을 때 「이게 말이 되냐?」의 뜻으로 하는 표현이다.

What's wrong with you?
무슨 문제 있어?, 무슨 일이야?

핵심급소공략

아침에 본 동료의 안색이 좋지 않거나 무슨 문제가 생겨 쩔쩔매고 있는 듯할 때, 「무슨 일 있어?」하고 물어보는 문장. 또 상대방에게 「그 사람 무슨 일 있어?」하고 제3자의 안부를 물을 때는 'you' 자리만 살짝 바꿔 What's wrong with him?이라 하면 된다. with 다음에는 사람만 오는게 아니라 Tom's heart처럼 사물이 올 수도 있다. 물론 with you를 빼고 What's wrong?이라고 해도 완벽한 문장이 된다.

Speak Like This

1 **What's wrong with you? Are you sick?**
너 왜 그래? 아파?

2 **I don't know what's wrong with her.**
걔한테 뭐가 잘못되었는지 모르겠어.

3 **What's wrong with you? Why're you acting so unkind to me?**
무슨 일이야? 왜 그렇게 퉁명스럽게 행동해?

EASY TALK

A: What's wrong with you?
B: I caught a cold.
A: 왜 그래?
B: 감기 걸렸어.

A: You look terrible. What's wrong?
B: I haven't been able to sleep well.
A: 너 무척 안 좋아 보여. 무슨 일이야?
B: 수면장애가 있어.

◀ sleep like a dog은 구어로 sleep very well이란 뜻.

✓ Talk Tips

What's wrong with~? 다음에는 사람이든 사물이든 명사만 온다고 알고 있으면 영어 말하기의 확장성이 떨어진다. with~ 다음에 동사의 ~ing가 와서 "…하는게 뭐가 잘못된거냐?"라고 물어볼 수도 있다. 그래서 "도움 좀 받는게 뭐 잘못된거야?"라고 하려면 What's wrong with getting a little help?라고 하면 된다.

Level 02 065

You can say that again!
그렇고 말고!

🚀 핵심급소공략

You can say that again!은 'that이 가리키는 것,' 즉 앞서 내놓은 상대방의 의견에 대해 「전적인 동의」(strong agreement)를 나타내어 「그렇고 말고」(That's certainly true) 라는 뜻으로 사용된다. I am with you!, You're telling me!(누가 아니래!), You said it!(네 말이 맞아!, 맞는 말이야!)와 같은 맥락의 표현이다.

💬 Speak Like This

1 You can say that again. I've got to keep this secret.
물론이지. 이건 비밀로 해야지.

2 You can say that again. You're totally right.
그렇고 말고. 네가 정말 맞아.

3 You can say that again. I can't afford to eat there.
그러게나 말야. 난 거기서 먹을 여유가 안돼.

EASY TALK

◀ 교통혼잡이나 일 등으로 '옴짝달싹 못하는' 상태. with를 붙여 꼼짝 못하게 움아매고 있는 '대상'을 밝힐 수 있다.

A: The traffic was so bad this morning.
B: You can say that again. I was stuck for over an hour!
A: 오늘 아침에 교통상황이 너무 안좋았어.
B: 내 말이 그 말이야. 한 시간이 넘게 도로에서 꼼짝도 못했다니까!

A: It is so cold outside tonight!
B: You can say that again. I can't wait until summer arrives.
A: 오늘밤엔 바깥이 너무 춥다!
B: 그러게 말야. 하루 빨리 여름이 왔으면 좋겠는데.

✓ Talk Tips

You can say that again!에서 조동사 'can'은 could나 might로 바꾸어서 You could say that(두말하면 잔소리지), You might say that(그러게나 말이야) 등으로 쓰일 수도 있다. Well said! 또한 같은 의미로 "그 말 한번 잘했어!," "맞는 말이야"라는 표현이다.

Level 02 066

How much do I owe you?
내가 얼마를 내면 돼요?, 얼마죠?

🚀 핵심급소공략

「…에게 ~(금액)만큼 빚지다」란 유명표현인 「owe sb+금액」을 의문형으로 활용한 것. 즉 「내가 너한테 줄 돈이 얼마지?」(How much do I have to pay for it?)란 뜻으로, 지불해야 할 액수를 묻는 말이다. 상대에게 빌린 돈이 얼마인지 등을 물을 때에도 쓰이지만, 구입한 물건 값을 치를 때(when you pay for something purchased)나 식당에서 음식값을 계산할 때 간단히 「얼마죠?」란 뜻으로도 활용빈도가 높다.

💬 Speak Like This

1 **Thank you. How much do I owe you?**
   고맙습니다. 얼마를 드리면 되죠?

2 **I'm sorry. How much do I owe you?**
   미안. 얼마주면 돼?

3 **How much do I owe you for these items?**
   이 물건들 얼마예요?

EASY TALK

A: How much do I owe you?
B: Give me twenty and we'll call it even. ◀ '퉁치다,' '없던 걸로 하다'라는 중요숙어이다.
   A: 내가 얼마나 주면 되니?
   B: 20달러를 주면 우리 사이에 돈 문제는 깨끗하게 끝난 것으로 하지.

A: I finished all the work on your house.
B: How much do I owe you?
   A: 고객님 집은 작업이 모두 끝났습니다.
   B: 얼마인가요?

✓ Talk Tips

물건을 사거나 서비스를 받고 돈을 지불해야 할 때, How much do I owe you?외에 What's the damage?(얼마예요?)란 재미난 표현을 쓰기도 한다. 받은 것은 생각하지 않고 내가 내야 하는 금액이나 비용을 damage(손해, 피해)라고 장난끼있게 말한 것이다.

I'm working on it
지금 하고 있어

🚀 핵심급소공략

"일이 다 됐냐?"고 재촉하는 사람에게 「지금 하고 있어」(I'm trying)라고 대꾸할 때 유용하게 쓸 수 있는 구어체 표현. 여기서 work on은 어떤 일을 「열심히 하다」(make an effort to do something)라는 의미이다. on~ 다음에는 사람도 올 수 있는데, 그 경우 의사가 환자를 「치료하거나」, 상대를 「설득하다」라는 뜻이 된다. 또한 좀 의외로 느낄 수도 있지만, be working on은 음료나 음식을 「먹고 있는 중」이라고 할 때도 자주 사용된다.

💬 Speak Like This

1 I'm working on it. Should be finished soon.
지금 하고 있어. 곧 끝날거야.

2 I stayed up all night last night working on it.
난 그 작업하느라고 어젯밤을 꼬박 샜는데 말야.

3 How should I know? I wasn't working on that project.
내가 어떻게 알아요? 난 그 일을 하지도 않았는데.

EASY TALK

A: How's the homework coming?
B: I'm working on it.

◀ '숙제하다'는 do one's homework.
'사전 준비를 하다'라는 뜻으로도 사용된다.

A: 숙제는 잘 돼가?
B: 지금 하고 있다니까.

A: How's your wife? Have you made her happy yet?
B: I'm working on it.

A: 아내는 어때? 만족스럽게 해줬어?
B: 노력 중이야.

✓ Talk Tips

I'm working on it에서 working을 뺀 나머지, I'm on it 또한 같은 맥락의 의미로 자주 쓰이는 표현이다. be on sth은 "…을 진행중이다"라는 뜻의 표현. 다시 말해 I'm on it이면 "내가 처리중이야"라는 말이다. 구어체에서는 간단히 On it이라고 하기도 한다.

I don't get it
모르겠어

🚀 핵심급소공략

만능동사 get은 「얻다」(obtain)라는 뜻 외에도 어떤 것을 「이해하다」(understand), 「듣다」(hear)라는 의미로 사용된다. 그래서 상대방이 말한 것(it)을 제대로 「이해하지 못했을 때」(I don't understand it)나 「못알아 들었을 때」(I can't hear you) 구어에서는 get을 이용하여 I don't get it이라고 한다. 그와 반대로 「잘 알아들었을 때」는 (I) Got it.

💬 Speak Like This

1 I don't get it. What's wrong with you people?
난 이해가 안돼. 너희들 뭐가 문제야?

2 She's going out with John. I don't get it. He's so dumb.
걘 존과 데이트해. 이해가 안돼. 걘 아주 멍청한 놈인데.

3 I know, no sugar after five. I got it.
알아, 5시 이후에는 설탕들은 건 금지. 알았어.

EASY TALK

A: I don't get it.
B: Bill and I didn't get it at first either, but then we figured it out.

A: 난 잘 모르겠어.
B: 빌하고 나도 처음엔 둘 다 몰랐지. 그런데 그 뒤에 알아냈어.

◀ 연유를 알게 되다라는 빈출 구동사.

A: Come on, Jill! We're going to be late!
B: I got it. Quit yelling at me and relax.

A: 서둘러, 질! 늦겠어!
B: 알았어. 소리 좀 그만 지르고 진정하라고.

✓ Talk Tips

I got it하면 상대방의 말을 알아들었다[이해했다]는 표현이고, You got it[that]?하면 내가 한 말을 이해했나고 물어보는 표현이 된다. 문제는 You got it인데 이는 상대방(You)이 요청한 것을 얻었다, 즉 의역하자면 그 요청을 처리해주겠다는 말로 "그렇게 해줄게," "알겠습니다"라는 의미로 쓰인다. 그래서 I got it과 You got it은 같은 맥락에서 쓰일 수 있게 되는 것이다.

Level 02 069

I'm for it
난 찬성이야

핵심급소공략

다양한 용법의 전치사 for가 be동사를 만나면 「…에 찬성하다」(support)라는 동사구가 된다. 반대로 「반대」할 경우에는 for 대신 against를 쓰면 되는데, 두 표현 모두 be동사와 전치사 사이에 all을 넣어 의미를 강조할 수 있다. 특히 반대할 때는 dead를 넣어서 I'm [dead] against it(난 [결사] 반대야)라고 강조를 팍팍 할 수 있다. 또한 I'm for it은 달리 I'm in favor of it(찬성이야)라고 표현할 수도 있다.

Speak Like This

1 Helen suggested we go see a movie, and I'm for it.
헬렌이 영화보자고 그랬는데 난 찬성이야.

2 Chris, you know I'm for fishing.
크리스, 알잖아 나 낚시 좋아하는거.

3 I'm against this whole project.
난 이 프로젝트 전반에 걸쳐 반대야.

EASY TALK

A: What do you think of Ben's proposal to shorten the work week?
B: Are you kidding? I'm for it!
A: 주당 근무시간을 줄이자는 벤의 제안에 대해 어떻게 생각해?
B: 장난하니? 당연히 찬성이지!

A: What is your opinion of the agreement?
B: I'm against the plan. It seems like a bad idea.
A: 그 협정에 네 의견은 뭐야?
B: 난 그 계획에 절대 반대야. 안 좋은 생각같아.

✓ Talk Tips

상대방의 의견에 찬성하거나 더 나아가 상대방과 한편이라고 말하려면 'side'란 단어를 활용하여 I'm on your side(난 네편이야)라 할 수 있다. 상대방이 어느 편인지 헷갈릴 때는 Which side are you on?(너 어느 쪽 편이야?)라고 물어볼 수 있다.

Level 02　070

I'm on my way
지금 가고 있는 중이야

🚀 핵심급소공략

「…로 가는 도중이다」란 표현은 be on one's[the] way to ~를 이용하면 된다. I'm on my way home에서처럼 장소 자체가 부사일 경우(home, here, there)엔 'to'없이 바로 써주면 되고, 반대로 「…에서 오는 길이다」라고 할 땐 to 대신 출발의 from을 쓰면 된다. 그래서 사무실에 가는 중이야라고 할 때는 I'm on my way to the office라고 하면 된다. 또한 be on my way에서 my는 the로 바꿔 쓸 수도 있다.

💬 Speak Like This

1 **I'm on my way to** a blind date.
   소개팅하러 가는중이야.

2 **I'm on my way** to the gym, I'll meet you there.
   체육관 가는 길이야. 거기서 보자.

3 It's going to be okay, honey. **I'm on my way.**
   자기야 괜찮을거야. 내가 지금 가고 있어.

EASY TALK

A: When are you leaving?
B: I'm on my way now.
　A: 언제 출발할거니?
　B: 지금 가고 있는 중이야.

◀ leave Seoul to Tokyo는 '서울을 떠나서 도쿄로 가다'가 된다.

A: Can you stop at the school and pick up Chris?
B: Alright. I'm on my way right now.
　A: 학교에 들러서 크리스를 데려올 수 있어?
　B: 그래. 지금 가는중이야.

◀ All right을 줄여쓴 단어.

✓ Talk Tips

'be' 동사없이 그냥 on the way (back)란 표현도 무척 많이 쓰인다. '도중에'란 의미로 "여기 오는 길에 사고가 났어"라고 하려면 I had an accident on the way here라고 하면 된다.

Level 02 071

Can I ask you something?
질문 하나 해도 돼?

🚀 핵심급소공략

뭔가 물어보기 전에 꺼내는 상대방 주의끌기용 문장으로, 「뭐 좀 물어보자」, 「뭐 하나 물어볼게」 정도에 해당되는 표현. Can I ask you a question?, I have (got) a question for you, 혹은 Let me ask you something[a question]이라고 해도 된다.

💬 Speak Like This

1 Can I ask you a question? Where did she go?
하나 물어볼게요. 걔 어디 갔나요?

2 Can I ask you a question? It's kind of personal.
질문 하나 해도 돼? 좀 개인적인데.

3 Let me ask you something. Have you ever been in love?
뭐 좀 물어볼게. 사랑해본 적 있어?

EASY TALK

A: Can I just ask you a question?
B: Sure. Go ahead.
　A: 뭐 하나 물어봐도 돼?
　B: 그럼. 어서 말해봐.

◀ 간단한 Yes로 생각하면 된다.

A: Can I ask you a question?
B: You can ask me anything you want to.
　A: 질문 하나 해도 돼?
　B: 뭐든 물어봐.

✓ Talk Tips

빨리 질문하나 해도 될까?라고 하려면 Can I ask you a quick question?이라고 하면 되고, 궁금한 내용까지 한 문장으로 말하려면 Can I ask you a question about~ ?(…에 관한 질문 하나 해도 돼?)라고 하면 된다.

Not again!
어휴 또야!, 어떻게 또 그럴 수 있어!, 다시는 안그래!

핵심급소공략

귀찮고 짜증나는 일이 계속해서 일어나는 경우, 짜증섞인 말투로 「어휴, 또야!」라고 내뱉는 말이 Not again!이다. 싸움질 말라고 누누이 혼내도 또 친구들과 싸움하고 얼굴에 멍이 들어 집에 온 아들보고 Not again!이란 말이 튀어나올 수 있다. 푸념뿐만 아니라 다시는 그러지 말았으면 하는 심정도 담고 있다고 볼 수 있다. 또한 문맥에 따라, 말하는 화자 본인이 "다시는 안그래"라는 의미로도 쓰인다.

Speak Like This

1. **Not again! She is always missing work.**
   또야! 걔 늘상 결근하더라.

2. **Not again, this is the third time this week.**
   또야, 이번주 벌써 3번째야.

3. **I am not going through this alone. Not again.**
   나 혼자 이걸 겪지는 않을거야. 다시는 안그래.

EASY TALK

A: It looks like your computer has crashed.
B: Not again! This happened last month.

◀ '어떻게 이런 일이!'라고 하려면 How could this happen?이라고 하면 된다.

A: 네 컴퓨터 고장난 것 같은데.
B: 또야! 지난달에도 그러더니.

A: I think someone hit your car.
B: Not again! This happened a few months ago!

A: 누가 네 차를 친 것 같아.
B: 또야! 몇 달전에도 그랬는데!

Talk Tips

위에서 언급했지만 골치 아픈 일이 반복해서 또 일어났을 때 Not again!을 쓰지만 의외로 "다시 안그러겠다"라는 뜻으로도 많이 쓰인다. "난 너랑 데이트하지 않을거야. 다시는!"는 I will not have a date with you! Not again!, 그리고 "아무도 그걸 보고 싶지 않아해. 정말, 다시는!"는 No one wants to see that. Oh, not again!이라고 하면 된다.

Level 02 073

Shame on you!
부끄러운 줄 알라구!

🚀 핵심급소공략

주로 아이들의 잘못된 행동이나 어린 아이같은 행동을 하는 철없는 어른들에게 핀잔을 주거나 잘못을 꾸짖을 때 사용하는 표현. 평범한 문장으로 말하자면 You should be ashamed(창피한 줄 알아)가 된다. 혼전임신한 딸에게 아버지가 Shame on you for getting pregnant without being married!라고 할 수 있다. 이처럼 창피한 행동까지 함께 말하려면 Shame on you for~!라고 하면 된다. 또한 on 이하만 바꿔서 Shame on him!(그 친구는 창피한 줄 알아야 해!) 등으로 활용할 수도 있다.

💬 Speak Like This

1 Shame on you! You should know better.
창피해라! 너 좀 더 철들어야 돼.

2 Shame on you, Chris. How could you do that?
창피한 줄 알아, 크리스. 어떻게 그럴 수 있어?

3 Shame on you for what you do.
네가 한 일에 대해 창피한 줄 알아.

EASY TALK

A: I took this marker from my teacher's desk.
B: Shame on you! That was bad behavior.

◀ '처신 잘해라'는 Behave yourself이고, 영국식은 behaviour로 표기.

A: 선생님 책상에서 이 매직펜을 가져왔어.
B: 창피한 줄 알아야지! 그건 안 좋은 행동이야.

A: I got arrested for drinking and driving last night.
B: Shame on you.

◀ drunk driving은 '음주운전.' drink and drive, drive drunk도 '음주운전을 하다'라는 의미가 된다.

A: 나 어젯밤에 음주 운전으로 체포됐었어.
B: 부끄러운 줄 알아야지.

✓ Talk Tips

shame이 들어가는 또 다른 표현으로는 For Shame!(부끄러운 줄 알아야지!, 창피한 일이야)과 I'm ashamed of you!(부끄러운 일이야, 부끄러워 혼났어)를 함께 기억해둔다. 그래서 "처음엔 고주망태가 되더니, 다음엔 손님들한테 시비를 걸더군. 창피해 죽겠어"라고 하려면 First you got drunk, and then you started a fight with our guests. I'm ashamed of you!라고 하면 된다.

Level 02 074

That's no excuse
그건 변명거리가 안돼

핵심급소공략

잘못하고 이런저런 변명을 늘어놓는 사람에게 해줄 수 있는 말이 바로 That's no excuse. 그건 잘못된 행동에 대한 변명거리가 되지 않는다라는 의미이다. No more excuses!(변명은 그만해!)나 Don't make any excuses!(변명 좀 그만해!)도 비슷한 표현이다. 잘못된 행동에 대한 변명을 늘어놓기 보다는 솔직히 "변명의 여지가 없어"(I have no excuse)라고 하거나 "이젠 변명거리도 다 떨어졌어"(I just ran out of excuses)라고 하는게 덜 혼나는 비법이다.

Speak Like This

1 **That's no excuse. You should be punished.**
그건 변명이 안돼. 네가 벌 받아야 해.

2 **As far as the company is concerned, that's no excuse.**
회사 차원에서는 그건 이유가 안됩니다.

3 **I have no excuses! I was totally over the line.**
할 말이 없네! 내가 전적으로 도를 넘었어.

EASY TALK

A: I couldn't come because my car broke down.
B: That's no excuse. You should have taken a subway.

A: 차가 고장나서 올 수 없었어.
B: 그건 변명이 안돼. 지하철을 탈 수도 있었잖아.

◀ should have+pp는 …을 했어야 했는데 하지 않은 상황을 말한다.

A: I lost my job last month.
B: No more excuses! Pay the money you owe me.

A: 지난 달에 실직했어.
B: 그만 변명해! 빚진 돈이나 갚아.

✓ Talk Tips

"…에 변명의 여지가 없다"라는 또 다른 표현으로는 There is no excuse for~(…는 변명의 여지가 없어)와 I make no excuse for~(…에 변명의 여지가 없어) 등이 있다. 그래서 "내가 한 선택에 대해 변명의 여지가 없어"라고 하려면 I make no excuse for the choices I have made라고 하면 된다.

What's with you?

뭐 때문에 그래?, 무슨 일이야?

🚀 핵심급소공략

What's with you?를 직역하면 「무엇이 너와 함께 있느냐?」 하지만 이 문장은 대개 상대방의 기분이 무지 안좋아 보일 때 한마디 건넬 수 있는 말로, 「무슨 일때문에 그래?」라는 의미. 관심과 위로의 표현이 된다. What's wrong with you?, What's bothering you?라고 해도 같은 뜻이다. What's with sth?이 되면 "…가 왜 그러냐?"라고 놀라고 의아해서 묻는 말이다. What's it with you?라고도 한다.

💬 Speak Like This

1 **What's with you? You're usually more cheerful.**
뭣 때문에 그래? 평소엔 쾌활한 사람이.

2 **Your clothes look dirty. What's with you?**
네 옷이 더럽네. 무슨 일이야?

3 **Oh my God, what's with your hair?**
이런 세상에, 머리가 왜 그 모양이야?

EASY TALK

A: You are acting strangely. What's with you?
B: I feel kind of nervous tonight.
A: 너 행동이 이상해. 무슨 일이야?
B: 오늘 밤 좀 긴장이 돼서.

◀ 종류나 친절한 것과는 상관없다. '약간'이라는 부사로 sort of라고도 한다.

A: You look really depressed. What's with you?
B: Chris dumped me. He's such an asshole.
A: 너 굉장히 기운없어 보여. 왜 그래?
B: 크리스가 날 찼어. 나쁜 자식 같으니라고.

◀ dump sb는 특히 애인을 '…을 차버리다'라는 의미.

✓ Talk Tips

What's with you?만 달달 외우지 말고, you의 자리에 다른 사람을 넣어서 What's with her[him, the guys]?(쟤(들) 왜 저래?)로 응용해보고, 위에서 말했지만 What's with~ 다음에 사람이 아닌 사물을 넣어서도 문장을 만들어보자. "머리가 왜 그래?"는 What's with your hair?, "얼굴이 왜 그래?"는 What's with the face?라 한다.

Why the long face?
왜 그래?, 무슨 기분 안좋은 일 있어?

핵심급소공략

앞서 'long day'을 설명하면서 한번 언급했지만 'long'을 물리적으로 길다는 얘기가 아니라 심리적으로 기나긴, 즉 시간이 가지 않는 것처럼 힘들었을 때 말하는 단어이다. long face 또한 실제로 얼굴이 길어진게 아니라 힘들어서 얼굴이 쳐진 모양을 보고 말하는 표현이다. 즉 기분이 안 좋을 때 「셀쭉해 있는 표정」으로, Why the long face?는 "왜 그리 표정이 안 좋냐?"고 하는 말이다. 풀어 쓰면 "Why do you seem so gloomy?"라는 의미이다.

Speak Like This

1 What's with you? Why the long face?
너 왜 그래? 무슨 기분 안좋은 일 있어?

2 Why the long face? You look depressed.
왜 그래? 너 울적해보며.

3 Why the long face? What happened at work?
왜 그래? 직장에서 무슨 일 있었어?

EASY TALK

A: Sam, why the long face?
B: I miss my boyfriend.
A: 샘, 왜 그렇게 우울한 얼굴을 하고 있어?
B: 남자친구가 보고 싶어.

◀ 예전에는 동성끼리 쓰면 게이로 오해받았지만 요즘에는 게이가 아닌 동성친구를 부를 때도 사용된다.

A: Why the long face today?
B: I won't have any time to meet my girlfriend this weekend.
A: 오늘 왜 시무룩해 보여?
B: 이번 주말에 여친 만날 시간이 조금도 없을거야.

⊘ Talk Tips

비슷한 표현들로는 blue(우울한)를 쓴 Why are you so blue?(왜 그렇게 울상이야?), Don't make a face(이상한 표정 짓지마), 그리고 (Are) Things getting you down?(골치 아픈 문제라도 있어?) 등이 있다.

You know what I mean?
무슨 뜻인지 알겠지?, (평서문) 너도 알겠지만

핵심급소공략

문법에 따르면 의문문을 만들려면 주어와 동사를 도치시켜야 하지만 영어회화의 실전에서는 평서문인데도 문장의 뒤를 의문문처럼 올려 사용하는 경우가 흔하다. 위의 표현 역시 Do you know what I mean?에서 Do만 생략한 경우. 「내가 의미하는 것을 알겠어?」라는 말로 상대방이 나의 말을 제대로 잘 알아듣고 있는지 확인하거나 혹은 내가 말한 바를 상대방에게 강하게 다시 강조하고 싶을 때 사용하는 가장 기본적인 표현이다. ~ what I mean을 바꿔 You know what I'm saying이라고 해도 된다.

Speak Like This

1 **The boss was in the office all day. You know what I mean?**
사장이 종일 사무실에 있었어. 무슨 말인지 알지?

2 **You have to get this done by Friday. Know what I'm saying?**
금요일까지 이거 끝내야 돼. 내 말 알아 들었어?

3 **This plan makes sense. See what I'm saying?**
이번 계획은 타당성이 있네. 무슨 말인지 알겠어?

EASY TALK

A: You know what I mean?
B: Actually, I have no idea what you are talking about.
A: 무슨 말인지 알겠어?
B: 실은 무슨 얘긴지 모르겠어.

A: I think you and Chris argue too much.
B: Yeah, but we still like each other a lot. You know what I mean?
A: 너랑 크리스하구 너무 많이 다투는 것 같아.
B: 응, 그래도 우린 서로 너무 좋아해. 무슨 말인지 알지?

✓ Talk Tips

한편 물음표를 생략하고 평서문으로 쓰이면, "너도 알겠지만," "너도 알잖아"의 의미로 자기가 앞으로 하는 말에 대해 상대방의 동의를 구하는 표현이다. 예를 들어 지각해서 비난을 받은 사람이 뭐라고 하자, 이렇게 말할 수 있다. You know what I mean. You are never on time(너도 알겠지만 말야. 넌 정시에 나온 적이 한 번도 없어)라고.

Level 02 078

Are you still there?
듣고 있어?, 여보세요?

🚀 핵심급소공략

문자 그대로 하자면 「아직도 거기 있니?」지만, 이 표현은 전화통화시 쓰는 말로 Are you still on the line?과 같은 의미이다. 핸드폰을 귀에 붙이고 한참 이야기하는데 언제부터인가 상대방이 아무런 반응을 보이지 않을 때, 「야, 너 듣고 있는거냐?」라며 확인을 하거나 혹은 통화를 하다가 갑자기 연결 상태가 좋지 않을 때 상대방에게 잘 들리는지 확인하기 위해서도 사용한다. still은 빼고 Are you there?이라고 해도 된다.

💬 Speak Like This

1 **Howard? Are you still there?**
하워드? 아직 듣고 있는거야?

2 **Garcia, are you still there?**
가르시아, 전화 안끊었지?

3 **Don't hang up! I'm still here!**
전화끊지마! 나 아직 듣고 있다고!

EASY TALK

A: Hello, are you still there?
B: Yes. There must be a bad connection.
A: 여보세요, 듣고 있니?
B: 그럼. 연결 상태가 안 좋은가봐.

◀ must 다음에 be가 오면 추측일 경우로 쓰일 때가 많다.

A: Hello. Are you still there?
B: Yes. Sorry. I am in the subway, so my phone isn't working well.
A: 여보세요. 듣고 있니?
B: 응. 미안해. 지하철 안이라 전화가 잘 안돼.

✓ Talk Tips

아직 전화를 끊지 않고 통화중이라고 답을 할 때는 I'm still on the line, I'm still here, 혹은 I haven't hung up the phone(전화끊지 않았어)이라고 하면 된다.

Level 02 079

Don't take it personally
기분 나쁘게 받아들이지마

핵심급소공략

상대방의 기분이 상할 수도 있는 이야기를 꺼내면서 "기분 나쁘게 받아들이진 말아 달라"고 운을 떼는 말. 여기서 personally는 「개인적인 감정을 가지고」 정도의 의미이다. 결국 이 표현은 개인적인 감정이 있어서 하는 말은 아니니까, 나쁘게 받아들이지 말라는 뜻이 된다. 비슷한 표현으로는 Don't get me wrong, but ~이나 No offense, but ~ 등이 있다.

Speak Like This

1 **Don't take it personally. He's kind of married to his job.**
기분나쁘게 받아들이지마. 걘 좀 자기 일과 결혼한 셈이지.

2 **I can't help but take it personally.**
개인적으로 받아들일 수밖에 없어.

3 **No offense, but I think you should shower more often.**
악의가 있어서 하는 말은 아니지만, 넌 샤워를 좀 더 자주해야 할 것 같아.

EASY TALK

A: What did Tony say about me?
B: Don't take it personally, but he said you were a loser.
A: 토니가 나에 대해서 뭐라고 그래?
B: 기분 나쁘게 받아들이진 마, 걔가 너더러 한심하대.

◀ lose+r=패자라는 뜻으로 패배자, 못난이 정도로 생각하면 된다.

A: I don't want to date you anymore, but don't take it personally.
B: Are you angry at me?
A: 이제 다시는 너랑 데이트 안할래. 기분 나쁘게 생각하지마.
B: 나한테 화난거 있니?

◀ be angry at[with]~. 사람일 때는 with, 사물일 때는 at이란 말은 거짓말. 끌리는대로 at이나 with를 쓰면 된다.

✓ Talk Tips

기분나쁜 말을 한 문장내에서 처리하려면 Don't take it personally, but ~ (오해는 하지 마, 하지만…)이라고 쓰면 된다. 그래서 "기분 나쁘게 생각마, 하지만 거기에 대해선 네 말 듣지 않을거야"는 Don't take it personally, but I'm not going to take your word for that이라고 하면 된다.

Level 02 080

Get off my back!
귀찮게 굴지말고 나 좀 내버려둬!

🚀 핵심급소공략

마치 등 뒤에 달라붙은 것처럼 쫓아다니면서 괴롭히는(annoy; pick on) 찰거머리(?)에게 「저리 가란 말야」, 「괴롭히지 좀 마!」(Stop bothering me!)라고 내뱉을 수 있는 표현. 좀 더 정중하게 하려면 문장 맨앞에 Will you~를 붙여 부탁할 수도 있다. Get off my case!도 이와 비슷한 표현.

💬 Speak Like This

1 **Please get off my back. I have work to do.**
그만 좀 귀찮게 해. 나 일해야 돼.

2 **Get off my back, Mom. I can do what I want!**
좀 내버려둬요 엄마. 나도 하고 싶은 대로 할 수 있는거잖아요!

3 **I wish the boss would get off my back.**
사장이 날 좀 내버려뒀으면 좋겠어.

EASY TALK

A: Chris, will you please get yourself a haircut? You look crazy.
B: Get off my back!

◀ 일반적으로 권유이나 말하는 톤에 따라 더 강한 요구일 수도 있다.

A: 크리스, 머리 좀 자르지 않을래? 정신없어 보이잖니.
B: 귀찮게 굴지말고 나 좀 내버려둬!

A: I keep telling you to clean your room.
B: Get off my back! I'll do it this afternoon.

◀ keep ~ing는 '계속해서 …하다'라는 빈출표현이다.

A: 네 방 청소하라고 계속 말했잖아.
B: 날 좀 내버려둬! 오후에 할게.

✓ Talk Tips

사람을 괴롭힌다고 할 때 자주 쓰이는 동사로는 bug와 bother 그리고 pester, pick on 등이 있다. 그래서 "나 좀 귀찮게 하지마!"는 Please stop bugging me! 혹은 Will you please stop bugging me?, 그리고 Stop pestering[picking on; bothering] me! 등으로 쓰면 된다.

Level 02 081

I'm not available at the moment
지금은 바빠서 안돼

🚀 핵심급소공략

available은 기본적으로 「사용 가능하다」라는 의미로 「사람주어+be not available」처럼 부정형태로 쓰이면 지금 바빠서, 혹은 다른 약속이 있어서 다른 일을 할 수 없거나 만날 수 없음을 뜻한다. 특히 약속을 정할 때 많이 사용되는 표현으로 「이번 금요일에 시간있니?」라고 물으려면 "Are you available this Friday?"라고 하면 된다. I'm not free to + V도 같은 의미.

💬 Speak Like This

1 I have to talk to you. Are you available now?
할 말이 있어. 지금 시간 돼?

2 I need a good chef. Are you available?
좋은 주방장이 필요한데 네가 해줄 수 있어?

3 He'll be available in a week.
그 남자 일주일 후면 시간이 날거야.

EASY TALK

A: If they ask where you are, what should I tell them?
B: Just tell them that I'm not available at the moment.

A: 사람들이 너 어디갔냐고 물으면 뭐라고 하지?
B: 그냥 지금 바쁘다고 해.

◀ 현재의 '지금 이 순간'을, at that moment는 '과거의 어떤 순간'을 말한다.

A: Are you available to talk now?
B: Sure. Have a seat in that chair.

A: 지금 얘기할 시간 있어?
B: 물론. 저 의자에 앉아.

◀ 사장은 직원에게 Take a seat, 친구는 친구에게 Have a seat.

✓ Talk Tips

사물과 함께 쓰이는 available은 "현재 쓰지 않거나 다른 용도로 사용되지 않기 때문에 이용 또는 확보가 가능하다"는 뜻이지만, 사람과 결부될 때는 "지금 아무 일도 하지 않아 다른 일에 투입될 수 있거나 시간을 내 다른 일을 할 수 있다"는 의미이다. 급한 일로 옆의 동료에게 도움을 구하고자 「지금 손이 비나요?」하려면 Are you available now?하면 된다.

Hope you can make it
올 수 있으면 좋겠어

핵심급소공략

make it은 기본적으로 「(노력해서) 어떤 목적에 도달하다」라는 의미로 상황에 따라 그 의미를 조금씩 달리한다. 가령, 목표가 시간일 경우에는 「제 시간에 도달하다」(arrive in time)라는 뜻이고, 만약 목표가 사업일 경우에는 「출세하다, 성공하다」(succeed)란 의미가 된다. 하지만 가장 일반적으로는 「어떤 장소에 제 시간에 도착하다」라는 의미로 많이 쓰인다.

Speak Like This

1 **Let's make it around four. I have a meeting at three.**
내가 3시에 회의가 있으니까 4시로 하자.

2 **The party starts at 8 pm. Can you make it?**
파티는 저녁 8시에 시작하는데 시간 맞춰 올 수 있어?

3 **I don't think I'm going to make it to the wedding.**
결혼식에 갈 수 없을 것 같아.

EASY TALK

A: Chris! We're having a party for Sam. Hope you can make it.
B: Is it his birthday already?

A: 크리스, 샘을 위해서 파티를 열려고 하는데, 올 수 있으면 좋겠어.
B: 벌써 그의 생일인가?

◀ Samantha (여자이름), Samuel (남자이름)의 축약형으로 남녀 모두를 가리킬 수 있다.

A: What time will the movie start?
B: It begins at nine. Can you make it?

A: 영화가 언제 시작해?
B: 9시에 시작해. 올 수 있어?

✓ Talk Tips

make it 단독으로도 많이 쓰이지만 뒤에 시간이나 장소를 붙여 쓸 수 있다. 시간의 make it around 6처럼 붙여 말하고, 장소를 언급하려면 make it to+장소명사를 붙여 쓰면 된다. make it to the wedding이나 make it to your party처럼 말이다.

Level 02 083

Let's keep in touch
연락하고 지내자

 핵심급소공략

keep in touch는 「계속 연락하다」(contact constantly)라는 뜻으로 「제안」을 나타내는 let's와 함께 어울려 「서로 연락을 주고 받자」라는 의미이다. 휴대폰이나 e-mail, 그리고 인스타 등이 활개치는 정보화 시대에 살면서 혼자 바쁜 척 연락 한번 안하는 이들에게 혹은 누군가를 떠나보내며 「계속 연락하고 지내자」고 이별의 아쉬움을 전할 때에 사용하면 제격. 반대로 「연락을 끊다」는 lose touch. 동사를 get을 써서 get in touch with sb하게 되면 '연락하다'라는 행위를 뜻한다.

Speak Like This

1 I gotta go now, Jim. Let's try to keep in touch more.
이제 끊어야겠다, 짐. 좀더 자주 연락하고 지내자.

2 I hear you will be moving away soon. Let's keep in touch.
이사할거라면서. 계속 연락하고 지내자.

3 Please tell us how we can get in touch with your wife?
우리가 어떻게 네 아내와 연락할 수 있는지 알려줄래?

 EASY TALK

A: I liked talking with you. Let's keep in touch.
B: That's a good idea. Here is my cell phone number.

◀ like 다음에는 to+V 혹은 ~ing가 의미변화없이 다 올 수 있다.

A: 너랑 얘기해서 좋았어. 연락하고 지내자.
B: 좋은 생각이야. 이게 내 핸드폰 번호야.

A: Send me an e-mail. I want to keep in touch.
B: I'd be happy to.

◀ 축약된 'd의 원형은 would이다. 아직 안보냈지만 보낸다면 기쁠 것이다라는 뉘앙스.

A: 나한테 이메일 보내. 계속 연락하고 지내고 싶어.
B: 그럼, 보내고 말고.

✓ Talk Tips

be[get, keep] in touch with~ 다음에 사람이 아니라 사물(sth)이 오면, "…을 잘 알고 있다"라는 의미가 된다. 그래서 He's trying to get in touch with his roots라고 하면 "걘 자기 뿌리를 이해하려고 하고 있어"라는 의미가 된다.

Level 02 084

That's not the point
그게 중요한 건 아냐

🚀 핵심급소공략

「요점」, 「목적」 등의 다양한 의미를 갖는 point을 사용한 표현. 열심히 설명을 했는데 상대방이 못 알아듣거나 딴소리를 할 때 쓸 수 있는 말이다. 「내가 말하려고 하는 건 그게 아니라니까」(That's not what I mean)라는 의미. 상대방 역시 point을 이용해서 「그럼, 무슨 말을 하고 싶은 건데?」라는 뜻으로 What's the point?라고 물어볼 수 있다. 반대로 상대방이 자기 말을 제대로 이해했을 때는 That's my point(내말이 그거야)라고 하면 된다.

💬 Speak Like This

1. **It doesn't matter. That's not the point.**
   상관없어. 핵심은 그게 아냐.

2. **That's not the point. I'm still not very happy.**
   문제는 그게 아니야. 난 아직도 행복하지가 않다구.

3. **That's not the point. The point is that I don't feel safe.**
   그게 중요한 게 아니잖아. 중요한 건 내가 불안하다는거야.

EASY TALK

A: That's not the point.
B: What's the point?
   A: 그게 아니라니까.
   B: 그럼 요점이 뭐야?

A: The situation in this office is getting worse.
B: That's my point. I've been telling you we should quit.
   A: 우리 사무실 상황이 점점 안좋아지고 있어.
   B: 내 말이 그거야. 내가 때려치워야 한다고 말해왔잖아.

◀ be getting worse는 점점 악화되다, be getting better는 점점 나아지다.

✓ Talk Tips

자기가 말하려는 것을 상대방이 잘못 알아들었을 때 일단 That's not the point를 쓴 다음에 자기의 요점을 The point is that S+V의 패턴을 이용하여 말하면 된다.

Level 02 알아두면 뼈가 되고 살이 되는 알짜표현 112

Level 02 085

What do you do?
뭐해?, 직업이 뭐예요?

핵심급소공략

What do you do?하면 「지금 뭐하냐?」고 물어보거나 문맥에 따라 「어떤 일을 하세요?」라는 것으로 상대방의 직업을 물어보는 문장이 된다. 첫번째 의미로, ~do 뒤에 시간을 나타내는 부사구가 와서 그 '때'에 「뭘 하냐?」고 물을 수도 있고, for+N 형태의 부사구가 와서 어떤 '일'이나 '목적'을 위해 「뭘 하냐?」고 물어볼 수도 있다. 두번째 의미로는 단독으로 혹은 for a living이 붙은 What do you do for a living?의 형태로 "직업이 뭐예요?"라고 묻는 대표적인 질문이 된다.

Speak Like This

1 What do you do on weekends?
주말엔 뭘 해?

2 What do you do for fun?
재미삼아 어떤 걸 해?

3 Nice to meet you too. So, what do you do for a living?
나도 반가워요. 그런데, 무슨 일 하세요?

EASY TALK

A: What do you do for a living?
B: I work at the hospital.
  A: 직업이 뭐예요?
  B: 병원에서 근무해요.

◀ 어느 장소에서 일한다고 할 때는 work at[in]~을 사용한다.

A: I'm a doctor. What do you do?
B: I work for Mr. James.
  A: 전 의사예요. 당신은 무슨 일 하세요?
  B: 제임스 씨 회사에서 일해요.

✓ Talk Tips

상대방이 무슨 일을 하는지, 즉 직업이 뭔지 물어보는 표현으로는 그 밖에 What's your job [occupation]?, Who do you work for? 등도 있다.

Level 02 086

You asked for it!
네가 자초한 일이잖아!, 그런 일을 당해도 싸다!

핵심급소공략

「네가 자초한 일이다」(You're getting what you requested), 나아가「그런 일을 당해도 싸다」(You deserve the punishment)란 의미로 발전되기도 하는데, 뭔가 어려운 상황에 처한 사람의 속을 벅벅 긁어대는 표현이다. 여기서 ask for는 「…(좋지 않은 일)이 일어나도 록 행동하다」(behave in a way that is likely to bring a bad result)란 의미. 달리 풀어쓰면 You've brought this on yourself(네가 초래한거야)가 된다.

Speak Like This

1 Don't make excuses. You asked for it.
변명하지마. 네가 초래한거잖아.

2 I broke my own rule. I asked for it.
내 자신의 규칙을 어겼어. 자업자득이었어.

3 Sam asked for it, and she got what she deserved.
샘이 자초했어, 자업자득한 셈이지.

EASY TALK

A: I can't believe she slapped me in the face.
B: You asked for it!
A: 그 여자가 내 따귀를 때렸다는 게 말이나 돼냐구!
B: 맞을 짓 했지 뭘 그래!

◀ 신체에 손대는 경우, 'V+ sb+in[by]+신체부위'의 형태가 일반적. slap, hit 등 '때리다'류 동사에는 in을, seize 등 '잡다'류 동사 엔 by를 쓴다.

A: I was fired today. Can you believe that?
B: You asked for it. You were always late and neglecting your work.
A: 나 오늘 잘렸어. 이게 말이 돼?
B: 당해도 싸다. 맨날 지각에다 업무태만이었으니.

✓ Talk Tips

비슷한 의미로 You had it coming!(네가 자초한거야)라는 표현이 무척 많이 쓰인다. 여친에게 차이고 친구에게 하소연하자 친구가 "You had it coming. You were always seeing other girls behind her back." (넌 그래도 싸. 맨날 뒤에서 다른 여자들 만나고 다녔잖아)라고 말할 수 있다.

Level 02 087

Whatever you ask!
뭐든지 말만 해!

 핵심급소공략

뒤에 I'll do it for you란 말이 생략되어 있다는 걸 알면 훨씬 이해가 빠를 듯. 즉 「네가 어떤 부탁을 하든지 간에 다 들어주겠다」(I'll do anything that you ask)는 말로 뭔가 아쉬운 소리를 하려고 쭈뼛거리는 상대에게 해줄 수 있는 가장 너그러운 얘기가 된다. Valentine's Day에 사랑이 담뿍 담긴 초콜릿 상자를 안겨주는 여자친구 앞에서 녹아내리는 남친의 마음이 바로 이런 게 아닐까!

Speak Like This

1 **Whatever you ask, we will try to do.**
  뭐든 말만 해, 우리가 어떻게 해볼테니까.

2 **Of course. Whatever you ask!**
  물론. 뭐든지 해줄게!

3 **Sure I can. Whatever you ask.**
  물론. 뭐든 말만 해.

EASY TALK

A: Could you give me a hand?
B: Whatever you ask.
  A: 나 좀 도와줄래?
  B: 뭐든지 말만 해.

◀ give sb a hand …를 도와주다.
a hand는 '도움의 손길,' '원조' 등을 의미한다.

A: I'd like a hotel room with a large bath and cable TV.
B: Whatever you ask, we will try to do.
  A: 난 큰 욕실과 케이블 TV가 있는 호텔 방이 좋아.
  B: 뭐든 말만 해, 우리가 어떻게 해볼테니까.

Talk Tips

비슷하게 생겼고 또한 비슷한 의미로 쓰이는 표현들로는 Whatever you say(말만 해, 전적으로 동감이야), Anything you say(말만 하셔), 그리고 Whatever it takes(무슨 수를 써서라도) 등이 있다. 그리고 좀 다른 형태지만 I'm all yours(뭐든지 말만해)도 함께 알아둔다.

Level 02 088

Not that I know of
내가 알기로는 그렇지 않아

🚀 핵심급소공략

질문에 대해 부정적인 답변(negative answer)을 하되 그저 No!란 대답에 비해 좀더 겸손한 느낌을 주는 표현. 즉, **아니긴 아닌데 정확히는 모르겠다**는 의미이다. 그 자체로도 완벽한 문장이지만 답변 자체가 그리 명쾌하지 않은 관계로 I'll go and check, I'll go make sure(가서 확인해 보겠다) 등의 부연설명이 이어지기도 한다.

💬 Speak Like This

1 Not that I know of. The son can't even swim.
내가 알기로는 아냐. 그 아들은 수영도 못하는데.

2 Not that I know of. Everyone seems pretty happy with it.
내가 알기로는 없는데요. 모두들 아주 좋아하는 것 같던데요.

3 Not that I know of. It's been quiet today.
제가 알기로는 없는데요. 오늘은 조용했어요.

EASY TALK

A: Do we have any more USB drives?
B: Not that I know of, but I'll go check.
A: 우리한테 USB가 더 없나요?
B: 제가 아는 한은 없어요. 하지만 가서 확인해 볼게요.

◀ '가서 확인하다,' '확인하러 가다.' go to check, 혹은 go and check을 줄여 쓴 형태.

A: Is there a history of diabetes in your family?
B: Not that I know of.
A: 가족 중에 당뇨병을 앓은 분이 있나요?
B: 제가 아는 바로는 없어요.

◀ 역사가 아니라 병력을 말한다.

✓ Talk Tips

Not that I know of가 제일 잘 알려져 있지만 그 표현만 쓰이는 것은 아니다. Not that I~ 다음에 '알다', '인지하다' 부류의 동사를 써서 다양한 문장을 만들어볼 수 있다. Not that I remember[recall]은 "내 기억으로는 아냐," Not that I saw는 "내가 본 바로는 아냐," 그리고 Not that I'm aware of는 "내가 아는 한 몰라"라고 응용하여 문장을 만들어보자.

Listen to me!
내 말 좀 들어봐!

핵심급소공략

내가 이제부터 하는 이야기에 관심을 갖고 "잘 들어보라고"(emphasizing that you want people to give their attention to what you are saying) 상대방에게 주의를 환기시키는 표현이다. listen 다음에는 반드시 'to'가 온다는 사실을 무조건 기억해두도록 한다. 또한 hear처럼 지각동사로도 활약하는데 이때는 listen to sb+V(…가 …라고 말하는 것을 듣다)의 형태로 쓰면 된다.

Speak Like This

1 **It's going to be okay, honey. Just listen to me.**
자기야, 잘 될거야. 내말을 들어봐.

2 **Are you listening to me?**
너 내 말 듣고 있어?

3 **Listen to me, it's just too much to finish today.**
내 말 좀 들어봐, 오늘 끝내기에는 너무 많아.

EASY TALK

A: I don't understand why you want to move to New York.
B: Listen to me, New York is a great place to find a job.
A: 네가 왜 뉴욕으로 이사가고 싶어하는지 모르겠어.
B: 내 말 들어봐, 뉴욕은 일자리 구하기에 아주 좋은 곳이라구.

A: Listen to me. Don't worry about that, okay? Nothing's gonna happen.
B: How can you be so sure?
A: 내 말 들어봐. 그 문젠 걱정하지마, 알았어? 아무 일 없을거야.
B: 어떻게 그렇게 확신하는거야?

✓ Talk Tips

listen to~다음에 사람명사가 오는 것은 알겠지만, 만약에 Listen to yourself!라는 문장을 접했을 때 당황하지 않을 수 없다. "너 자신의 얘기를 들어라"는 의역해서 "멍청한 소리 그만해!" 혹은 "정신차려!" 등으로 해석된다. 상대방이 비이성적이고 비합리적인 얘기를 할 때 따끔하게 지적할 때 사용하면 된다.

Be cool!
진정해!, 잘가!

핵심급소공략

여기서 cool은 「냉정한」, 「침착한」이라는 의미의 형용사. 무슨 일인지 안절부절 못하거나 열받아 씩씩거리고 있는 사람에게 쓸 수 있는 표현이다. Keep[Stay] cool(진정해)이라고 해도 된다. cool을 이용한 비슷한 표현으로는 Cool it!(진정해!, 침착해!), Cool down!(진정해!) 등이 있다. 한편 Be cool은 젊은이들 사이에서는 헤어질 때 인사로도 쓰인다. 역시 헤어질 때 인사인 Take it easy!와 같다고 생각하면 된다.

Speak Like This

1 **He's coming here. Be cool.**
그 사람이 이리로 온다. 마음 좀 가라앉혀.

2 **All right, relax, just relax. Be cool.**
알았어, 긴장풀라고. 진정하고.

3 **Be cool. I've just got too much work to do here.**
진정하라구. 나 여기서 할 일이 너무 많아.

EASY TALK

A: **Sometimes I feel like I could just kill Chris.**
B: **Be cool. He's really not a bad guy.**
A: 가끔 크리스를 죽이고 싶을 정도로 미울 때가 있어.
B: 진정해. 크리스는 그렇게 나쁜 놈은 아니야.

◀ I feel like S+V는 '...한 것 같아'라는 패턴이다.

A: **Cool down. You're acting too upset.**
B: **But he just insulted me in front of everyone.**
A: 진정해. 너 지금 너무 흥분했어.
B: 하지만 저놈이 모두 앞에서 날 모욕했잖아.

✓ Talk Tips

cool이란 단어는 젊은 사람들 사이에서 많이 쓰이는 단어로, I'm cool하면 I'm okay란 의미이고, I'm cool with that하면 I'm okay with that, 혹은 I agree, That's a good idea란 뜻으로 사용된다. 그리고 간단히 Cool!하게 되면 Great!, Wonderful!이란 의미가 된다.

Level 02 091

Don't be ridiculous
바보같이 굴지마

🚀 핵심급소공략

ridiculous는 「우스꽝스러운」, 그래서 「비웃음을 받아 마땅한」이라는 형용사. 따라서 Don't be ridiculous는 상대방에게 비난조로 충고할 때 쓰는 표현이다. Don't be silly(바보같이 굴지마) 또는 Don't be foolish(바보같이 굴지마)라고 써도 된다.

💬 Speak Like This

1 Don't be ridiculous. That's crazy talk.
바보같이 굴지마. 말도 안 되는 말이야.

2 Don't be silly. Why would I do that?
웃기지마. 내가 왜 그러겠어?

3 Don't be ridiculous. We don't have enough money to do that.
웃기지마. 그럴 돈 없다구.

EASY TALK

A: Is that a Channel suit?
B: Don't be ridiculous.
　A: 샤넬 옷이야?
　B: 말도 안되는 말 하지마.

◀ 정장, 특정옷, 동사로는 '…에 어울리다'라는 의미의 단어.

A: Don't be ridiculous. You should never go out with her.
B: That's silly. Why not?
　A: 바보같이 굴지마. 넌 그 여자하고 사귀면 안돼.
　B: 말도 안돼. 왜 안되는데?

✓ Talk Tips

평서문으로 바꿔서 This is ridiculous하게 되면 "이건 말도 안돼"라는 의미로 영어로 다시 말하자면 It doesn't make any sense라는 뜻이 된다. be 동사 대신에 sound 동사를 써서 That sounds ridiculous로 써도 된다.

Level 02 092

I can see that!
알겠어!, 알고 있어!

핵심급소공략

상대방이 말을 하기 전에 분위기상 이미 예상하고 있는 상황 하에서 쓸 수 있는 표현. 네가 말하는 걸로 보나, 아님 상황상 그럴거라고 생각했다라는 뉘앙스를 풍긴다. 영어로 풀어 설명하자면 "It's obvious to me" 혹은 "I already understand that"이라는 의미이다.

Speak Like This

1 **I can see that!** What did you guys do to her?
    알겠어! 너희들 걔한테 무슨 짓을 한거야?

2 **I can see that** you are quite prepared.
    너 준비가 단단히 되어있구나.

3 **I can see that.** You smile a lot more than you did when you were single. 알겠어. 미혼일 때보다 훨씬 더 많이 웃는 걸 보니 말야.

EASY TALK

A: **I don't like you going** out with my son, Sam.
B: Okay. **I can see that.**

◀ I don't like sb ~ing는 '…가 …하는 것을 싫어하다'로 암기해야 되는 패턴이다.

A: 네가 내 아들 크리스와 사귀는게 싫네.
B: 예, 알겠어요.

A: Our profits are **in the toilet**. This company is almost bankrupt.
B: **I can see that.** The question is, can we save it?

◀ '불행한 상황에 처한,' '실패한'이라는 이디옴이다.

A: 회사 수익이 바닥이야. 회사가 거의 파산지경이라구.
B: 알고 있어요. 문제는, 우리가 회사를 살릴 수 있을까요?

✓ Talk Tips

I can see that!는 단독으로도 많이 쓰이지만 새롭게 알게 된 사실을 한 문장내에서 말할 수 있는 I can see that S+V의 패턴도 무척 많이 쓰인다. 의미는 "…임을 알겠다," "…이구나"가 된다. 예를 들어 "걔는 시집가는게 기대가 되는 것 같아"라고 하려면 I can see that she's excited about getting married라고 하면 된다.

Level 02 093

I didn't mean it!
고의로 그런게 아냐!

핵심급소공략

상대방에게 미안하다고 사과하는 분위기에서 흔히 쓰이는 표현으로 자신의 행동에 악의 내지는 고의가 없음을 주장할 때 긴요하게 쓰인다. 「의도하다」라는 의미의 동사 mean을 써서 I didn't mean it (that way) 혹은 「mean to+동사」 구문을 써서 I didn't mean to do it(that)이라 말할 수 있다. 또 말을 잘못한 것을 후회할 때는 I didn't mean to say that이라고 하면 된다.

Speak Like This

1 I didn't mean it. I was just angry at you then.
정말 그런 뜻으로 한 말은 아냐. 그땐 너한테 화가 나서 그랬지.

2 I didn't mean to offend you.
기분상하게 할 의도는 아니었어.

3 I didn't mean to give you that information.
너한테 그런 말을 해줄 생각은 아니었는데.

EASY TALK

A: Mindy is still angry about what you said to her.
B: I didn't mean it. I was just joking with her. ◀ joke with sb는 '...에게 농담하다'라는 뜻이다.
A: 민디는 네가 걔한테 한 말 때문에 아직 화나있어.
B: 고의로 그런 건 아냐. 그냥 걔한테 농담한 것뿐인데.

A: I apologize. I didn't mean to insult you. ◀ apologize to sb for sth 형태를 익혀둔다.
B: It's OK. No hard feelings.
A: 사과드릴게요. 당신을 모욕할 생각은 아니었어요.
B: 괜찮아요. 악의는 아닌데요 뭘.

✓ Talk Tips

I didn't mean+명사의 패턴에서 이를 강조하려면 I really didn't mean~이라고 하거나 혹은 I didn't mean any+명사의 형태를 쓰면 된다. 그래서 "정말이지 기분나쁘게 하려고 한게 아니야"는 I really didn't mean any offense, 그리고 "다치게 할 생각은 전혀 없었어"는 I didn't mean any harm이라고 하면 된다.

I don't know how to thank you!
고마워서 어쩌죠!

핵심급소공략

고마움을 이루 다 표현할 수 없을 정도로 너무나 고마울 때 우린 「어떻게 감사드려야 할지 모르겠어요!」라고 하는데, 여기에 딱 들어맞는 표현이 바로 I don't know how to thank you!이다. 간단한 Thank you만으론 왠지 형식적인 인사가 돼버릴 것 같고 그 고마움의 깊이를 도저히 나타낼 수 없을 것 같다면 이렇게 표현해 보는 것도 진심을 전달하는 좋은 수단이 될 것이다.

Speak Like This

1 **My God!** I don't know how to thank you!
   어머나! 뭐라 감사해야 할지 모르겠어!

2 **Thanks.** I don't know how to thank you!
   고마워. 고마워서 어쩌지!

3 **You giving the tickets to me?** I don't know how to thank you!
   이 티켓 나한테 준다고? 이거 고마워서 어쩌지!

EASY TALK

A: I don't know how to thank you.
B: Relax. I was happy to help you.
   A: 뭐라 감사해야 할지.
   B: 진정해. 돕게 돼서 기쁜 걸.

A: I don't know how to thank you!
B: **Don't worry about it.**
   A: 이거 고마워서 어쩌죠!
   B: 걱정 말아요.

◀ '걱정마'라는 뜻으로 Not to worry!도 많이 쓰인다.

Talk Tips

I don't know how to thank you와 비슷한 계열의 표현으로 I can't thank you enough(뭐라고 감사의 말을 드려야 할지 모르겠다) 또는 How can we ever thank you?, 그리고 I have no words to thank you(뭐라고 감사해야 할지 모르겠어) 등이 있다. 감사한 일까지 함께 말하려면 I can't thank you enough for ~ing(…해줘서 뭐라 감사하다고 해야 할지 모르겠어)라고 하면 된다.

I'm getting used to it
적응하고 있어

핵심급소공략

형태상 used to+V(…하곤 했다)와 유사해 시험문제에 단골로 출제되는 get[be] used to+N은 「…에 적응하다」(be accustomed to)라는 뜻. 새로운 환경이나 생활방식에 익숙해졌을 때 「적응하고 있어」라고 자신있게 쓸 수 있는 말이다. 한편 학교나 직장에 들어간 지 얼마 안되는 사람에게 잘 적응하고 있는지 물어볼 때는 Are you getting used to it? 이라고 하면 된다. used to+동사는 지금은 아니지만 과거에 뭔가 규칙적으로 했다는 의미. used to go to church처럼 말이다.

Speak Like This

1 You'll have to get used to it.
거기에 적응해야 할거야.

2 It was really tough at first but I'm getting used to it.
처음엔 정말 힘들었는데, 익숙해지고 있어.

3 Well, you know, Cindy and I used to go out.
음, 있잖아, 신디하고 난 예전에 사귀었어.

EASY TALK

A: I can't stand this cold, wet weather.
B: I'm sorry to say I'm getting used to it.
A: 이렇게 춥고 습한 날씨는 견딜 수가 없어.
B: 미안한 말이지만 난 이제 적응이 되고 있어.

◀ '…을 견디지 못하다,' '…을 참지 못하다'라는 의미의 표현.

A: How is your new house?
B: It's alright. I'm getting used to it.
A: 새 집 어때?
B: 괜찮아. 적응해가고 있어.

◀ be getting accustomed to+ 명사라 해도 된다.

✓ Talk Tips

비슷한 형태의 표현 하나 더 알아두자. be used to+V는 이용하다라는 타동사 use를 이용한 수동태 표현으로 의미는 "…하는데 이용[사용]되다"라는 뜻이다.

What's bothering you?
무슨 걱정거리 있어?

🚀 핵심급소공략

「방해해서 죄송한데요…」하면서 누군가에게 말을 걸 때 I'm sorry to bother you, but ~하고 시작하듯이 bother는 「…를 귀찮게 하다」, 「성가시게 하다」란 뜻. 따라서 What's bothering you?하면 「뭐가 너를 귀찮게 하냐?」, 즉 「무슨 걱정이라도 있냐?」는 뜻으로 What's wrong with you?처럼 뭔가 고민하고 있는 듯한 사람에게 다가가 관심을 나타낼 수 있는 표현이다. 참고로 Stop bothering me하게 되면 "나 좀 가만히 놔둬"라는 문장.

💬 Speak Like This

1 What's bothering you? You've hardly said a word all evening.
   무슨 걱정거리 있어? 저녁 내내 거의 한 마디도 안 하네.

2 Stop bothering me. I already told you no.
   나 좀 가만히 놔둬. 이미 거절했잖아.

3 I've had it with you guys. Stop bothering me!
   너희들 질린다. 그만 좀 괴롭혀라!

EASY TALK

A: What's bothering you?
B: I don't want to talk about it right now.
   A: 뭐가 문제야?
   B: 지금 말하고 싶지 않아.

◀ 여기서 What은 주어이다. What, Who, Which 등은 주어로 쓰이는 경우가 많다.

A: Can we go out and play basketball now?
B: No we can't. Stop bothering me.
   A: 나가서 농구할래?
   B: 아니 안돼. 나 좀 가만히 둬.

◀ stop ~ing는 '…을 그만두다,' stop to+V는 '…하기 위해서 멈추다'라는 뜻.

✓ Talk Tips

What's eating you? 또한 비슷한 의미의 표현인데, 자칫 「뭐 먹냐?」(What are you eating?)는 말로 오해할 수도 있지만, 여기선 you가 eat의 「주체」가 아닌 「대상」으로, eat은 「걱정시키다」(worry), 「속을 태우다」(annoy)라는 뜻. 따라서 What's eating you?는 표정이 어두운 사람에게 「무슨 일이 있냐?」라고 걱정해주는 말이 된다.

Level 02 097

You did it!
해냈구나!

핵심급소공략

I did it!은 I made it!과 유사하지만 I made it!이 주로 일정 시간내에 뭔가 목표를 달성했다는 기쁨이 배어 있는 표현인 반면 I did it!은 좀 더 포괄적으로 쓰이는 것으로 자기가 정한 「목표를 성공적으로 달성할」 때 쓰인다. 반대로 상대방에게 「해냈구나!」라고 하려면 You did it!라 한다. 하기 힘든 일을 애써 해낸 상대에게 「야! 네가 해냈구나!」하며 대견스러움을 담아 칭찬할 때 하게 되는 말로 「해냈다」는데 중점을 두기때문에 did에 강세를 주어 말하면 된다.

Speak Like This

1 Congratulations! You did it! You can relax now.
축하해! 네가 해냈어! 이제 쉬어도 돼.

2 I did it! I figured out a way to make money!
내가 해냈어! 돈을 버는 방법을 생각해냈어.

3 Now that wasn't easy, but you did it!
쉽지 않았지만, 넌 해냈어!

EASY TALK

A: I passed my driver's test and got my license.
B: Wow, you did it! Congratulations.
A: 운전시험에 합격해서 면허증을 땄어요.
B: 이야, 해냈구나! 축하한다.

◀ 다음에는 'on+축하할 일'을 이어서 쓰면 된다. Congrats라고 줄여 써도 된다.

A: I made it! I got to the top of the mountain.
B: Remember, it's still a long walk down again.
A: 해냈어! 산 정상에 올랐어.
B: 기억해, 다시 내려갈 길이 아직 멀었어.

◀ get to+장소명사는 '…에 도착하다'라는 의미이다.

Talk Tips

make it[succeed]의 응용표현으로 make it big하면 "크게 성공하다"라는 표현이 된다. 그래서 그 사람이 사업에 크게 성공했어라고 하려면 He made it big, 그리고 그가 벤처 캐피탈을 해서 크게 성공했어라고 하려면 He made it big in venture capital이라고 하면 된다.

What do you think?

네 생각은 어때?, (상대방이 띨할 때) 무슨 말이야?, 그걸 말이라고 해?

핵심급소공략

어떤 사안에 대해 어떻게 생각하는지, 상대방의 의견과 견해를 물어보는 가장 기본적인 표현 중의 하나. 하지만 상대방이 영 엉뚱한 소리를 할 경우,「도대체 무슨 생각으로 그런 말을 하는 거야?」,「그걸 말이라고 해?」라며 타박을 주는 표현으로도 쓰일 수도 있다. 물어보는 대상과 함께 말하려면 What do you think of[about]~?의 패턴을 사용하면 된다.

Speak Like This

1 I like that painting. What do you think?
난 저 그림이 좋아. 넌 어때?

2 What do you think of that?
넌 그걸 어떻게 생각해?

3 What do you think about his excuse?
그 사람이 한 변명에 대해 어떻게 생각해?

EASY TALK

A: Wow! Did you get your hair done?
B: Yeah. What do you think?
A: 이야! 너 머리 했구나?
B: 응. 어떤 것 같아?

◀ 머리를 직접하게 아니라 미장원 등에서 다른 사람이 자기 머리를 해줬다고 말하고 싶을 때.

A: You know Chris, don't you? How about I fix you two up? What do you think?
B: That's a good idea!! Thanks.
A: 너 크리스 알지, 응? 내가 너네 둘 소개시켜줄까? 어때?
B: 그거 좋지!! 고맙다.

◀ fix sb up with~는 '…을 …에게 소개시켜주다'라는 의미.

✓ Talk Tips

상대방의 생각을 물어보는 내용이 길어질 때는 What do you think S+V?의 패턴을 사용하면 된다. 의미는 "…라는 사실에 대해 어떻게 생각해?"이다. 다만 What do you think you're doing?은 상대방이 어처구니 없는 행동을 할 때 사용하는 문장으로 "이게 무슨 짓이야?," "너 정신 나갔냐?"라는 문장이 되는 점에 유의한다.

Level 02 099

That's enough!
이제 그만!, 됐어!, 그만해!

 핵심급소공략

상대가 듣기 싫은 소리를 넌더리 날 정도로 계속할 때 더 이상 참지 못하고 내뱉는 말. 한편 음식을 권하는 문맥에서는 「배가 부르다」라는 뜻. 또한 "…하기에 충분하다"는 뜻으로 That's enough for[to]~의 형태로도 많이 쓰인다. 비슷한 표현으로는 I've had enough of you(이제 너한테 질렸어), I am sick of this(진절머리가 나) 등이 있다. 간단히 말하면 Stop it!(그만해!)이라고 하는 말이다.

Speak Like This

1 That's enough! I've had it! All right?
이제 그만! 이젠 지겨워! 알았어?

2 That's enough! It's over!
이제 됐어! 끝났다고!

3 That's enough! I said I'm sorry more than a thousand times!!
그만 좀 해! 수천번도 더 미안하다고 했잖아!!

EASY TALK

A: Mom, Chris keeps hitting me in the head!
B: That's enough! You children stop fighting while I'm driving!

A: 엄마, 크리스가 자꾸 내 머리 때려!
B: 그만 좀 해! 엄마가 운전하고 있을 땐 싸우지 말란 말야!

◀ 접속사로 '…하는 동안에'라는 의미이고 명사로는 for a while(잠시동안)이라 쓰인다.

A: Stop it! You are making too much noise.
B: Oh really? I'm sorry that I bothered you.

A: 그만해! 너무 시끄럽잖아.
B: 어 정말? 귀찮게 해서 미안.

◀ 원래 형태는 make a noise로 '소란피다,' '시끄럽게하다'이다.

✓ Talk Tips

enough는 "지겹다," "됐다"라는 의미의 많은 표현들을 만들어낸다. 먼저 That's enough for now는 "이젠 됐어," Enough is enough!는 "이젠 충분해!" 그리고 Enough of that은 "이제 됐어, 그만해!, 그걸로 됐어!"라는 표현들이다. 참고로 Good enough!는 "딱 좋아!"라는 다른 표현이다.

What happened?
무슨 일이야?, 어떻게 된거야?

핵심급소공략

이해할 수 없는 일이 벌어지는 상황에서 어떤 일로 해서 이런 상황이 되었는지를 물어보는 표현. 구체적으로 이해못한 부분을 말하려면 「to+사람」 혹은 「to+사물」을 붙여 말하면 된다. 많이 쓰이는 문장으로는 What happened to[with] you?(너 무슨 일이야?)가 있다.

Speak Like This

1 **Calm down. What happened!**
    진정하고, 무슨 일인데 그래!

2 **I'm really sorry about what happened.**
    이런 일이 생기다니 정말 죄송해요.

3 **What happened to Chris? You guys have a fight?**
    크리스한테 무슨 일이야? 너희들 싸웠니?

EASY TALK

A: This is just not my day!
B: What happened?
 A: 오늘 일진 정말 안 좋네!
 B: 무슨 일이야?

A: You look terrible. What happened to you?
B: I got caught in the rain without my umbrella.
 A: 꼴이 그게 뭐야. 어떻게 된 거야?
 B: 우산이 없어서 비를 쫄딱 맞았어.

◀ get caught in (the) traffic은 앞기해둬야 한다.

Talk Tips

What's happening? 역시 상대방에게 "무슨 일이냐?"라고 물어보는 문장. 하지만 문맥에 따라 그냥 상대방에게 '잘 지내?'라고 안부인사를 묻는 경우도 있다. What's happening? Are you okay?하면 "무슨 일이야? 괜찮아?," 그리고 What's happening? What's this all about?는 "무슨 일이야? 도대체 이게 다 무슨 일이야?"라는 문장들이 된다.

What do you call that in English?
저걸 영어로 뭐라고 하니?

🚀 핵심급소공략

영어공부에 한창인 사람이 미국인을 만날 때 툭하면 쓰게 되는 말로 우리 것에 해당하는 영어 표현을 묻는 것이다. 우리말화된 영어의 콩글리쉬(fake English) 여부를 확인할 때, 또 그들만의 독특한 문화가 배어 있는 표현 등을 물어볼 때 아주 유용하다. 같은 표현으로 What's the English word for that?, How do you say that in English? 등이 있다.

💬 Speak Like This

1 What's 'chobop' in English?
초밥이 영어로 뭐야?(Sushi)

2 In English, what word do you use for 'Duboo?'
영어로 두부를 뭐라고 해?(Tofu)

3 What's the English word for "Gimbap"?
김밥을 영어로 하면 어떻게 돼?(Dried Seaweed Rolls)

EASY TALK

A: What do you call that in English?
B: We call it a cellular or a mobile phone.
  A: 저걸 영어로는 뭐라고 하니?
  B: 셀룰러폰이나 모벌 폰이라고 하지.

◀ 핸드폰은 totally 콩글리시이다.

A: What do you call this in English?
B: We call that a steering wheel.
  A: 이걸 영어로 뭐라고 해요?
  B: 자동차 핸들이라고 해요.

◀ call A B(A를 B라 부르다)의 AB사이에는 아무런 전치사도 끼지 못한다.

✓ Talk Tips

꼭 in English를 붙여야 되는 것은 아니다. 그냥 What do you call+명사?의 형태로도 많이 쓰인다. What do you call that[this]?(저걸 뭐라고 하니?), What do you call that style?(저 스타일을 뭐라고 하니?), 그리고 What do you call a girl who isn't married but had a baby?(처녀지만 애를 낳은 여자를 뭐라고 하니?)처럼 말이다.

Level 02 102

You shouldn't have done this
이렇게까지 하실 필요 없는데

핵심급소공략

상대방의 호의에 대해 미안함의 마음까지 담아「이렇게까지 안하셔도 되는데…」라고 하고 싶을 때 쓸 수 있는 표현. should have+p.p.는「…했어야만 했다」이므로, 여기에 not을 붙이면「…하지 말았어야 했다」가 된다. 즉,「하지 말았어야 할 일까지 했다」는 것인데, 여기선 정말 금지된 일을 했다는게 아니라 굳이 신경쓰지 않아도 될 일까지 해줘서 너무 고맙고 한편으론 폐를 끼친 게 미안해 몸둘 바를 모르겠단 말씀.

Speak Like This

1 **I shouldn't have done that.**
그러지 말았어야 했는데.

2 **I don't think you should have hit Chris.**
네가 크리스를 때리지 말았어야 했는데.

3 **I screwed up. I shouldn't have lied.**
내가 망쳤어. 거짓말하면 안 되는거였는데.

EASY TALK

A: **You shouldn't have done this.**
B: **It was really nothing at all.**   ◀ 부정문에서 '조금도 …아니다'라는
A: 이렇게까지 하실 필요 없는데.   뜻으로 쓰인다.
B: 이 정도는 정말 아무것도 아니에요.

A: **I cleaned your house while you were gone.**
B: **Thanks. You shouldn't have done this.**
A: 외출했을 때 집청소를 해놨어.
B: 고마워. 이러지 않아도 되는데.

✓ Talk Tips

조동사+have+pp 중에서 가장 많이 쓰이는 건 아무래도 should(not)+have+pp일 게다. should have+pp는 과거에 했어야 했는데 하지 않은 것을 후회할 때, 반대로 shouldn't have+pp는 과거에 하지 말았어야 했는데 해버린 후회의 일을 언급할 때 사용하면 된다.

Level 02 103

Never say die!
포기하지마!, 약한 소리하지마!

🚀 핵심급소공략

조금만 어려운 일이 있어도 "힘들어 죽겠다"고 엄살을 피우는 사람들이 있다. 이렇게 나약한 사람들에겐 "죽겠다는 소리하지 말고," "끝까지 버텨봐," "포기하지 마"(Don't give up!)라는 뜻의 Never say die!가 제격. "I like your never-say-die attitude"(난 너의 포기하지 않는 태도가 맘에 들어)에서 보듯 형용사구로도 사용된다.

💬 Speak Like This

1 Never say die, Chris. You can do it!
크리스, 약한 소리하지마. 넌 할 수 있어.

2 Never say die. You'll make a lot of money.
포기하지마. 넌 돈을 많이 벌거야.

3 Come on, don't give up your dreams.
그러지마, 네 꿈을 포기하지마.

EASY TALK

A: My score on the entrance exam was not good.
B: You should never say die! Start preparing to take it again.
A: 입학 시험 점수가 안 좋았어.
B: 약한 소리하지 말고 입시 준비 다시 시작하라구.

◀ 동사가 목적어로 올 경우 to+V 나 ~ing 의미변화없이 올 수 있다.

A: We'll beat this team. Never say die!
B: You're a big fan of the Korean soccer team.
A: 우린 이 팀을 물리칠거야. 약한 소리하지마!
B: 한국 축구팀을 무척 좋아하는구나.

◀ 자기가 좋아하는 사람이나 셀럽을 말할 때 아주 유용한 표현이다.

✓ Talk Tips

같은 맥락이지만 좀 어려운 편에 속하는 Stick with it!이 있다. 상대방에게 중간에 포기하지 말고 계속하라는 표현이다. "포기하지마," "계속해"라는 말로 친구가 직장을 그만둔다고 할 때 요즘같은 땐 좋은 직장 잡기가 힘들다며 계속 붙어 있으라고 할 때 쓸 수 있는 말이 바로 이 Stick with it!이다.

I'm working out on Sundays
난 일요일마다 운동해

핵심급소공략

work out은 「(건강관리를 위해) 운동하다」(exercise to improve physical fitness)란 뜻의 기본 동사구. 요즈음 건강(physical fitness)을 위해 직장인들이 등록한 스포츠센터나 테니스장 등에서 하는 운동, 그리고 군살을 빼려고 주부들이 혼신의 힘을 기울이는 aerobics 등 「건강, 몸매, 체력 등을 가꾸기 위해 각종 운동을 하는 것」을 work out이라 한다. workout처럼 붙여 쓰면 명사로 「운동」이 되고, Gym, fitness clubs(헬스클럽) 등 workout하는 곳은 workout spot이라 한다. get exercise도 운동하다라는 의미이다.

Speak Like This

1 I go to a gym to work out every Sunday.
난 일요일마다 체육관에 가서 운동을 해.

2 We can work out at the gym.
우리는 체육관에서(at the gym) 운동할 수 있어.

3 You need to work out to stay in shape.
몸매 유지하려면 운동을 해야 돼.

EASY TALK

A: Do you work out?
B: Not anymore, but I used to.

◀ 과거에 규칙적으로 했는데 지금은 안한다는 말씀.

A: 운동 좀 하니?
B: 요즘은 안 해, 전에는 했었는데.

A: A little exercise will do you good.
B: I know that. I'm trying to work out every day.

◀ do sb good은 sb에게 도움이 되다라는 표현.

A: 조금만 운동을 해도 도움이 될거야.
B: 알아. 난 매일 운동하려고 해.

✓ Talk Tips

또한 「건강관리는 어떻게 해?」라고 포괄적으로 물어볼 땐 What do you do to keep in shape?나 How do you stay so healthy? 정도가 일반적이다. 여기서 in (good) shape는 「건강상태가 좋은」(in a good state of health)이란 뜻으로 자주 활용되는 어구이므로 꼭꼭 챙겨 두도록 하자.

Level 02 105

Make it two
같은 걸로 2개 줘요

🚀 핵심급소공략

고급 레스토랑을 처음 찾았다. 메뉴가 뭐가 그리 복잡한지 생전 처음 보는 것들이 많아서 당황할 때는 그냥 간단히 상대방이 주문할 때까지 느긋하게 고르는 척하면서 기다리다가, 「같은 걸로 주세요」(I'll have the same thing)라고 하면 된다. thing은 빼고 I will have the same이라고만 해도 된다. 또한 'it' 대신에 'two'를 써서 Make that two라고도 한다.

💬 Speak Like This

1 Make that two, and a couple of hard-boiled eggs.
같은 걸로 2개 주시고 그리고 삶은 달걀 2개 줘요.

2 Oh, that sounds great, make it two.
좋아, 그걸로 2개 줘요.

3 That sounds delicious. I'll have the same.
맛있겠다. 나도 같은 걸로 할게.

EASY TALK

A: I'll have a club sandwich with fries.
B: Make it two.

◀ 보통 세겹의 토스트 사이에 고기나 샐러드 등을 넣은 샌드위치.

A: 난 감자 튀김과 샌드위치 먹을거야.
B: 같은 걸로 주세요.

A: I'd like to have a salad with my meal.
B: Make it two. It's very healthy to eat salads.

A: 식사에 샐러드를 같이 주세요.
B: 같은 걸로 2개 줘요. 샐러드를 먹는 게 건강에 아주 좋아요.

✓ Talk Tips

Make mine something 역시 음식주문시 사용하는 말로 '난 …로 하겠어요,' '내껀 …해주세요'라는 말이다. 그래서 Make mine well done하면 고기를 "내껀 잘 익혀주세요"라는 말이 된다.

I'm sorry to have kept you waiting
기다리게 해서 미안해

🚀 핵심급소공략

늦었을 때는 그냥 I'm sorry해도 되겠지만 미안한 내용을 구체적으로 언급해 주려면 I'm sorry 뒤에 to 부정사(Sorry to have kept you waiting)를 이용해 얘기하거나 아예 문장(that I have kept you waiting)을 통째로 말해도 된다. 의미는 "기다리게 해서 미안하다"고 하는 문장인데 한가지 주의할 점은 ~to 다음에 have kept you~(현재완료) 혹은 keep you~을 써도 된다는 것이다.

💬 Speak Like This

1 **Sorry I kept you waiting** so long.
   오래 기다리게 해서 미안해.

2 **Sorry to keep you waiting,** Jane.
   기다리게 해서 미안해, 제인.

3 **Sorry that I kept you waiting.** What's happening?
   기다리게 해서 미안해. 어떻게 지내?

EASY TALK

A: I'm sorry to have kept you waiting.
B: No problem, Mr. Smith.
  A: 기다리게 해서 미안합니다.
  B: 별 말씀을요, 스미스 씨.

A: Sorry to keep you waiting so long.
B: It's OK. I was just watching YouTube shorts.
  A: 오래 기다리게 해서 미안.
  B: 괜찮아. 유튜브 쇼츠보고 있었어..

◀ 구어체 특히 SNS에 글을 쓸 때 주어는 보통 생략해서 쓴다.

✓ Talk Tips

위에서 알 수 있듯이 "I am~"은 informal English에서는 생략할 수 있고 또한 기다림이 길었다는 것을 추가적으로 표현하고 싶을 때는 ~keep you waiting so long이라고 하면 된다.

I know what I'm doing
나도 다 아니까 걱정마, 내가 다 알아서 해

🚀 핵심급소공략

나는 내가 지금 하고 있는 일을 알고 있다? 별 싱거운 소리라고 생각할지 모르지만 자기가 하는 일에 누가 꼬투리를 잡고 늘어지면 「내가 하는 일을 나 말고 누가 더 잘 알겠냐」, 「내가 하는 일에 대해선 잘 알고 있으니 걱정마라」(Don't worry, I can handle it)는 말이 절로 나오기 마련. 자식 걱정에 노심초사하는 부모나 사사건건 간섭하려드는 직장 상사에게 사용하면 제격. 비슷한 표현으로 I know what I'm talking about이 있다.

💬 Speak Like This

1 Trust me. I know what I'm doing.
날 믿어. 내가 알아서 할게.

2 You guys, relax, I know what I'm doing.
얘들아, 긴장마, 내가 아니까 걱정마.

3 When it comes to psychology I know what I'm talking about.
심리학으로 말하자면 난 자신있어.

EASY TALK

A: Have you ever driven a scooter before?
B: It's OK. I know what I'm doing.

◀ 현재완료 경험 문장에 쓰이는 강조어.

A: 스쿠터 몰아본 적 있어?
B: 괜찮아. 나도 다 아니까 신경 꺼.

A: Would you like me to help you?
B: No, thank you. I know what I'm doing.

◀ Do you want me to+V?라 해도 된다.

A: 내가 도와주길 바래?
B: 고맙지만 됐어. 내가 알아서 할게.

✓ Talk Tips

doing만 saying으로 바꾸어서 I know what I'm saying하게 되면 "나도 알고 하는 말이야," "내가 알아서 얘기한다구"라는 의미가 된다. 그래서 "내가 알아서 해. 나 하나는 건사할 수 있다구"라고 하려면 I know what I'm saying. I'm in full control of myself라고 하면 된다.

How should I put it?
뭐랄까?

핵심급소공략

상대방이 내 의견을 구할 때 말할 내용에 대해 생각할 시간도 벌면서 좀더 정확한 표현을 찾고 싶을 때 쓸 수 있는 구어체 표현으로, 여기서 put은 「표현하다(express)」라는 의미. 대화를 중단없이 부드럽게 연결해주는 표현으로 외워두면 좋다. 「뭐라고 말해야 할까?」, 「글쎄, 이걸 어떻게 말하지?」라는 뜻으로 쓰이며, 비슷한 표현. How can I say this?도 같이 알아두면 유용하다.

Speak Like This

1. **Okay. Let me put it this way.**
   좋아. 이렇게 말해볼게.

2. **I don't quite know how to put this.**
   이걸 어떻게 표현해야 할지 모르겠어.

3. **How should I put it? Watching it made me feel disappointed.**
   뭐라고 할까? 보는데 실망했어.

EASY TALK

A: How's the new recruit doing?
B: How should I put it? He's impressing everyone.

A: 신입사원 어때요?
B: 뭐랄까? 모두 감탄하더군요.

◀ How is[are]+S+doing?은 'S'가 어떠냐고 물어보는 문장이다.

A: I must decline his invitation politely. How should I put it?
B: Tell him you're sorry but you have other plans.

A: 난 그 사람 초대를 정중하게 거절해야 해. 어떻게 말해야 하지?
B: 미안하지만 다른 일이 있다고 얘기해.

✓ Talk Tips

put it을 이용한 비슷한 표현들로는 Put it another way(달리 표현하자면), To put it simply [shortly/briefly](간단히 말하자면) 그리고 Let's put it this way라고 하면 "이렇게 표현해보자고"라는 뜻이 된다. 참고로 put it another way=put another way임을 기억해둔다.

Level 02 109

Better late than never
늦더라도 하는게 나아, 아예 안하는거보단 늦는게 나아

🚀 핵심급소공략

마감시한(deadline)을 지나서 밀린 보고서를 제출해야 할까 말까를 고민하거나, 결혼기념일이나 아내의 생일 등을 잊어버리고 은근슬쩍 지나가려고 할 때, 좋은 학창시절을 다 보내고 때늦은 공부를 다시 시작할까 망설일 때, 그런 입장에 처해 있는 자신이나 상대방에게 격려차 건넬 수 있는 한마디가 바로 Better late than never이다.

💬 Speak Like This

1 Well, better late than never, I suppose.
음. 안하는 것보다는 낫지 않겠어.

2 That's okay. Better late than never.
괜찮아. 아예 안오는 것보다 낫지.

3 Jim is finally going to finish his degree. Better late than never, right? 짐이 마침내 학위를 마칠거야. 늦었지만 안하는 것보다는 낫지, 맞지?

EASY TALK

A: Finally, the package has arrived.
B: Better late than never.
A: 소포가 이제야 도착했어.
B: 아예 안오는 것보다야 낫지.

A: This report is overdue by two weeks!
B: Well, better late than never, sir!
A: 이 보고서는 2주나 늦었어.
B: 저기, 아예 안하는 것보단 낫지요!

◀ 여기서는 양이나 정도를 말하는 전치사.

✓ Talk Tips

또한 Better than nothing이라는 문장이 있는데 이는 "아예 없는 것보다 낫다"라는 긍정 마인드의 표현이다.

I think you're right about that
그 점에 있어서 네가 맞는 것 같아

핵심급소공략

You're right!, Right!이라고 줄여 쓸 수 있는 말. 한편 상대방이 '절대적으로' 옳다고 강조할 때는 absolutely를 삽입하여, I think you're absolutely right about that!이라고 하면 주어의 「동의하는 마음」을 더욱 강하게 드러낼 수 있다. 단독으로 Absolutely!라고 외치기도 하는데, 유사표현으로 Definitely!, Exactly!, Certainly!, Totally! 등이 있다.

Speak Like This

1 **Jack, you're right about that. Maybe we shouldn't tell her.**
   잭, 그 점에 있어서는 네 말이 맞아. 걔한테 말하지 않는게 좋을 것 같아.

2 **You're right about this. I should just say I'm done with him.**
   이거에 관해선 네 말이 맞아. 난 걔와 끝났다고 해야겠지.

3 **Never mind. I'm sure you're right about this.**
   신경쓰지마. 이 점에 대해서는 네 말이 맞을거야.

EASY TALK

A: They need to hire more qualified people.
B: I think you're right about that.
A: 회사에서 좀 더 자질있는 사람들을 고용해야 할텐데.
B: 그 점에 있어서 네 말이 옳아.

◀ 주로 개인적인 필요를 강조할 때 쓰이는 반면 have to는 외부 상황에 따라 해야 하는 것을 말한다.

A: I think he's smarter than we think.
B: You're right about that. He's not stupid.
A: 걘 우리가 생각하는 것보다 더 똑똑한 것 같아.
B: 그 점에 대해서는 네 말이 맞아. 걘 멍청하지 않아.

✓ Talk Tips

기본형 be right(옳다, 맞다)에서 응용된 것으로 뒤에 ~about that[this]를 붙인 경우이다. 주어가 맞긴 맞는데 "그[이] 점에 대해서 맞다"라는, 즉 상대방의 말에 적극적으로 동의할 때 사용하는 표현법이다.

Level 02 **111**

I'm in charge of it
내가 그거 책임자야

🚀 핵심급소공략

be in charge of는 어떤 일이나 조직의 활동을 「통솔하거나 책임지고 있다」는 뜻. 책임지는 일의 내용을 전치사 of 다음에 동명사나 명사로 연결시켜주면 만사 OK. 반대로 「…에게 책임을 지우다」라고 할 때에는 put sb in charge를 쓰면 된다. 그리고 the person in charge(책임자), Who's in charge?(누가 책임자야?) 등도 함께 알아둔다.

💬 Speak Like This

1 I am in charge of this project.
내가 이 프로젝트를 책임지고 있어.

2 I'm not in charge of the lab.
난 그 실험실을 책임지고 있지 않아.

3 Can I speak to someone in charge, please?
책임자인분 좀 바꿔주세요?

EASY TALK

A: I'm in charge of buying the beer for the party.
B: That sounds like an expensive responsibility!

A: 파티 때 내가 맥주를 책임지기로 했어.
B: 거참, 돈깨나 들겠는걸!

◀ '그것은 …같아'라는 말로 뒤에 명사를 붙이면 된다.

A: How can I help you?
B: I'd like to talk to the person in charge of parking permits.

A: 무엇을 도와드릴까요?
B: 주차허가를 담당하는 사람과 얘기하고 싶어요.

◀ 좀 더 편한 사이끼리 말할 때는 I want to talk to~라 하면 된다.

✓ Talk Tips

반대로 책임을 누군가에 주다라고 할 때는 put somebody in charge of~(…에게 …을 책임지우다)라고 하면 된다. 그래서 "자네가 내 직원들 좀 맡아줘"라고 하려면 I'm putting you in charge of my workers라고 한다.

I'm talking to you
내가 하는 말 좀 잘 들어

핵심급소공략

I'm talking to you의 글자 그대로의 의미는 「나는 너에게 말을 하고 있다」인데, 이는 자신의 말에 도무지 집중을 하지 않는 상대방에게 「주의깊게 내 말을 들어라」(listen carefully what I'm saying)하며 주의를 환기시킬 때 쓸 수 있는 관용적인 표현이다. 진행형으로 쓰인다는 점과 talk with가 아니라 talk to의 형태가 된다는 점에 주의한다.

Speak Like This

1 I'm talking to you! Will you stop?
너한테 말하잖아! 좀 멈출래?

2 I want you to leave right now. I'm talking to you!
당장 나가줘. 너한테 말하잖아!

3 Hey Chris, I'm talking to you! Did you hear me?
야 크리스, 너한테 말하잖아! 내말 들었어?

EASY TALK

A: What are you looking at? Hey! I'm talking to you.
B: Nothing. I'm not looking at anything.
  A: 이봐, 어딜 보고 있는거야? 내가 하는 말 잘 들으란 말야.
  B: 아무데도 안보고 있었어요.

A: I'm talking to you! Answer me!
B: Sorry. I was paying attention to something else.
  A: 내 말 좀 잘 들어! 대답을 하라구!
  B: 미안. 딴데 신경쓰느라고.

◀ '…에게 답하다'라고 생각해서 Answer to me! 라고 하지 않는다.

✓ Talk Tips

talk(얘기하다)라는 단어를 사용했지만 실은 상대방이 내 말을 듣지 않는 점에 초점이 맞춰진 것으로 역으로 '듣다'라는 의미의 listen to를 사용할 수도 있다. Listen to me!는 "내 말 좀 들어봐," 그리고 He listens to me하면 "걘 내 말을 잘들어"라는 뜻의 문장이 된다.

**긴 말 필요없다! 짧지만 강한
영어회화 핵심문장**

Level 03

네이티브와
직빵으로 통하는 표현
001-069

Level 03 001

Are you out of your mind?
너 제정신이야?

🚀 핵심급소공략

be out of one's mind는 "정신이 나가다," 즉 「정상이 아니다」(be crazy; be mad)란 뜻의 표현이다. 상대방이 평소와 달리 이상하게 행동을 할 때 쓸 수 있는 문장으로 말할 때는 mind를 강하게 말해야 한다. 평서문으로 You're out of your mind는 "넌 제정신이 아냐," 좀 더 강조하려면 You've got to be out of your mind!(너 제정신이 아니구나!)라고 하면 된다.

💬 Speak Like This

1 What are you doing? Are you out of your mind?
너 뭐하는거야? 미쳤냐?

2 Are you insane? Are you out of your mind?
너 미쳤니? 제 정신이야?

3 Are you out of your mind? What do you think you're doing?
너 미쳤냐? 뭐하는 짓이야?

EASY TALK

A: I plan to go skydiving in New Zealand next month.
B: Are you out of your mind? That's extremely dangerous!

A: 다음 달에 뉴질랜드로 스카이다이빙 하러 갈거야.
B: 너 제정신이니? 엄청 위험하다구!

◀ 더 캐주얼하게 말하려면 plan on+명사(~ing)를 쓰면 된다.

A: I decided to quit my job and travel around the world.
B: Are you out of your mind? You can't do that!

A: 회사 그만두고 전세계 여행하기로 했어.
B: 너 제정신이야? 그러면 안돼!

✓ Talk Tips

lose one's mind라고 해도 be out of one's mind와 같은 뜻이다. 나이 들어 깜빡할 때 "내가 제정신이 아냐"라고 하려면 I'm losing my mind로 하고, "사람들한테 이러면 안돼! 너 정신나갔어?"라고 하려면 You can't do this to people! Have you lost your mind?라 한다.

Level 03 002

Don't be too hard on me!
나 좀 못 살게 굴지마!

🚀 핵심급소공략

be hard on sb는 "…에게 매우 혹독하게 말을 하거나 취급하다"란 의미로 Don't be too hard on me라고 하면 「너무 못 살게 굴지 좀 말아달라」는 뜻이 된다. too 대신 so를 써도 된다. 또한 Don't give me a hard time이란 표현도 있다. sb 자리에 자기 자신(oneself)이 오면 '자책하다'라는 의미가 된다. 그래서 무척 많이 쓰이는 Don't be so hard on yourself는 "너무 자책하지마"라는 문장이 된다.

🗨 Speak Like This

1 **Don't be so hard on yourself, Jill. Everybody makes mistakes.**
   너무 자책마, 질. 실수 안하는 사람이 있나.

2 **He's pretty hard on me, but I can take it.**
   걘 날 심하게 대하지만 난 참을 수 있어.

3 **You shouldn't be so hard on her.**
   넌 걔한테 넘 심하게 하면 안돼.

EASY TALK

A: Don't be too hard on me, okay? I've had a really rough day.
B: I won't.
A: 나 좀 못 살게 굴지마, 응? 오늘 하루 정말 힘들었다구.
B: 안 그럴게.

◀ 하루가 힘들고 안좋았을 때는 rough day, bad day, not my day 등을 활용한다.

A: Don't be so hard on me.
B: I have to. You're really lazy.
A: 내게 너무 심하게 하지마.
B: 해야 돼. 넌 정말 게을러.

✓ Talk Tips

sth be hard on sb처럼 힘들게 하는 주체가 사람이 아니라 사물이나 상황이 되는 경우에는 '…에게 어렵다, 힘들다'라는 의미. 그래서 "감옥은 정말 힘들거야"라고 하려면 Prison is gonna be real hard on you, 그리고 "저건 누구에게나 힘들어"는 That's hard on anyone이라고 하면 된다.

Level 03 003

Give it a try!
한번 해봐!

🚀 핵심급소공략

「시도」하면 떠오르는 단어인 try를 활용한 표현으로 결단을 못내리고 우유부단한 태도를 보이고 있는 상대방에 용기를 불어 넣어주는 격려의 말이다. Do your best와 같은 의미. 쓰이는 형태도 다양하다. Let's give it a try(한번 해보자), Why don't you try it?(해보지 그래?), 그리고 try 대신에 shot을 써서 Give it a shot, 혹은 whirl을 써서 Give it a whirl!(해보라구!)이라고 다양하게 말해볼 수 있다.

💬 Speak Like This

1 Come on, Jackie. Why don't you give it a try?
어서, 재키. 한번 해보라고.

2 You want to give it a try?
한번 해보고 싶어?

3 Give it a shot. It's useful to be able to drive.
한번 해봐. 운전할 수 있으면 편리해.

EASY TALK

A: What's this?
B: It's a kind of seafood. Give it a try.
A: 이게 뭐야?
B: 일종의 해산물이지. 한번 먹어봐.

◀ kind of는 '약간,' a kind of는 '일종의~'라는 뜻으로 구분해야 한다.

A: Do you think Google will hire me?
B: You should seek an interview. Give it a try.
A: 구글이 날 뽑을까?
B: 인터뷰를 해봐. 한번 해보라고.

✓ Talk Tips

try 다음에 사람이 오면 얘기를 머뭇거리는 사람에게 "한번 얘기해봐"라는 의미로 Try me가 자주 쓰이며, 또한 give sb a try하게 되면 "…에게 기회를 주다"라는 뜻이 된다.

Level 03 004

Just hang out with me
그냥 나하고 놀자

🚀 핵심급소공략

hang out 또는 hang around하면 별로 하는 일없이 돌아가는 시계(추)를 연상하면 된다. 친구나 연인들이 특정한 일을 하지 않고 시간을 때우며 노는 것을 말한다. 뒤에 with가 붙어 hang out[around] with~이라고 쓰이면 '…와 어울리다,' '…와 어울려 시간을 보내다'라는 뜻이 된다.

💬 Speak Like This

1 **Who do you hang out with?**
누구랑 어울려 놀아?

2 **Why don't you stay here and just hang out with us?**
여기 남아서 우리와 놀자.

3 **I just hung out with some friends at the mall.**
난 친구들하고 쇼핑몰이나 시간보내며 놀았어.

EASY TALK

A: We have to **wait** 30 minutes.
B: Okay. Let's **hang out** in the lobby.
   A: 우리는 30분 기다려야 돼.
   B: 좋아. 로비에서 기다리자.

◀ wait 다음에 기다리는 시간을 말할 때 'for'는 종종 생략된다.

A: You shouldn't **hang around** people like that.
B: Why don't you just **mind your own business**?
   A: 넌 그런 사람들하고 어울리면 안돼.
   B: 상관하지 마셔.

◀ '네 일이나 신경쓰다'라는 표현으로 상관하거나 간섭 하지 말라는 뜻.

✓ Talk Tips

동사구의 명사화는 이미 많이 알려진 사실. 주로 동사와 전치사 사이에 '-'를 넣거나 아니면 넣지 않고 띄워쓰거나 아니면 hang out의 경우처럼 hangout처럼 붙여 쓴다. hangout 은 명사로 「단골 술집」등 자주 가서 친구들을 만나며 시간 때우는 곳을 뜻한다.

Level 03 005

Let's hit the road
출발하자

핵심급소공략

hit the road는 여행(journey) 준비를 마치고 본격적으로 행차에 나서면서 「출발해보자」라고 기분을 한껏 돋구는 표현. 「도로(road)를 박차고(hit) 나가다」란 뉘앙스로 이해하면 감이 올 것이다. 굳이 여행이 아니더라도 친구 집에서 놀다가 "그만 집에 돌아가 봐야겠다"라고 한다거나 "(공연 등을) 시작하자"라고 할 때도 쓸 수 있다. 마찬가지로 hit the beach하면 "해변에 가다"라는 뜻이 된다. 우리도 속어로 '…때리다'라는 말로 '…하다'를 뜻하는 경우를 생각해보면 된다.

Speak Like This

1 It's 9 am. Let's hit the road.
9시네. 출발하자고.

2 We hit the road to a brand-new life.
우리는 새로운 삶을 찾아 출발했어.

3 I gotta go home and hit the books.
집에 가서 공부할래.

EASY TALK

A: It's getting boring here. Let's hit the road.
B: Do you want to go to another bar, or do you want to go home?

A: 점점 지루해지네. 나가자.
B: 다른 술집으로 갈까, 집으로 갈래?

◀ boring은 '지겹게 하는' 것이고 bored는 뭔가가 지겹게 해서 사람 등이 '지겨워진' 것을 말한다.

A: Do you think we should stay here tonight?
B: No, let's hit the road. We can be home in two hours.

A: 오늘 밤에 우리가 여기 있어야 할까?
B: 아니, 가자. 두시간이면 집에 도착할 수 있을거야.

✓ Talk Tips

hit the road(출발하다) 외에 hit the book은 '공부하다,' hit the spot은 '적중하다,' hit the sack은 '잠들다,' 그리고 hit one's cell은 '휴대폰으로 전화하다'라는 뜻으로 사용된다.

Level 03 006

I can't take it anymore
더 이상 못 견디겠어

🚀 핵심급소공략

take는 '참다,' '견디다'(endure), '감내하다'란 의미로 I can't take it anymore하게 되면 견딜 수 없을 정도로 화가 나는 상황에서 사용할 수 있는 표현이다. 다시 말해 뭔가 나를 미치게 만들고 있다(Something is driving me crazy)는 얘기이다. 참다라는 의미를 갖는 stand를 써서 I can't stand+참을 수 없는 사람이나 사물을 넣어 써도 된다.

💬 Speak Like This

1 I can't take it anymore. I am out of here!
더 이상 못 참겠어. 나 갈래!

2 I can't take it anymore! I'm putting an end to this!
더는 못 참겠어! 종지부를 찍을거야!

3 I just can't stand your friends.
네 친구들은 정말 지겨워.

EASY TALK

A: I can't take it anymore. Every day my boss harasses me.
B: So why don't you quit your job?

◀ 문맥에 따라 중간 관리자 일 수도 있고 아니면 사장일 수도 있다.

A: 더 이상은 못참겠어. 매일 사장이 볶아댄다구.
B: 그럼 때려치우는 게 어때?

A: My life is too stressful. I can't take it anymore.
B: You need to take time to relax.

A: 사는게 넘 힘들어. 더 이상 못 참겠어.
B: 좀 시간을 갖고 긴장을 풀어봐.

✓ Talk Tips

I can't stand~의 경우에는 뒤에 다양한 형태의 문법범주가 올 수 있다. I can't stand+명사[~ing], I can't stand (that) S+V 혹은 I can't stand+sb+~ing 형태로 'sb가 …하는 것을 참을 수 없다'라는 의미가 된다. 그래서 "걔는 자기를 두고 니네 둘이 싸우는 걸 지겨워해!"라고 하려면 She just can't stand you two fighting over her!라고 하면 된다.

Level 03 007

I get your point
무슨 말인지 알아들었어, 알겠어

 핵심급소공략

상대방이 한 말의 요지와 핵심이 무언지 이해했다는 말로 전체적인 문맥이나 상황을 이해한 다(understand the whole situation)는 뜻이다. get the picture와 같은 의미. I can see your point라고 해도 된다. 또한 상대방 말의 요지를 이해하지 못했을 때는 혹은 그 말의 진의를 다시한번 확인하고 싶을 때는 What's your point?(너 하고 싶은 이야기가 뭐냐?)라고 물어볼 수 있다.

Speak Like This

1. **All right, I get your point.**
   그래, 무슨 말인지 알겠어.

2. **I'm sorry, I don't get the point.**
   미안하지만 무슨 말인지 모르겠어.

3. **What's your point? Do you think I need to get a better job?**
   말의 요지가 뭐야? 내가 좀 더 괜찮은 일을 해야 한다고 보는거니?

EASY TALK

A: We need to clean this place up. It's a mess.
B: **I get your point. Let's get started.**

A: 여기 좀 치워야겠다. 아수라장이야.
B: 알겠어. 시작하자고.

◀ 뭔지 몰라도 '시작'한다는데 초점이 있고, start~는 시작하는 것에 중심이 실려있다.

A: **I hope** you understand what I've been explaining.
B: Oh, yes, I do. **I got your point.**

A: 내가 뭘 설명하는지 알겠지.
B: 어, 그래. 알겠어.

◀ 진짜 희망하는 것을 말하고 I wish S+V(과거시제)는 희망사항을 말할 뿐이다.

✓ Talk Tips

주어를 'You'로 바꾸어서 You've got a point하면 "네 말에 일리가 있어"가 되고, 또한 You got[have] a point there하면 "그 점에서 네 말이 맞아"라는 뜻이 된다. 나도 아니고 너도 아니고 제 3자의 말이 맞다고 하려면 He's got a point(걔 말이 맞아)라고 하면 된다.

Level 03 008

It was fun having you
함께 해서 즐거웠어

핵심급소공략

fun은 '즐거운 것,' "재미있는 것"을 말한다. 여기서처럼 It was fun ~ing로 쓰게 되면 ~ing를 하게 되어서 재미있었다라는 뜻이 된다. 여기서처럼 be fun도 많이 쓰이지만 특히 have (much; a lot of) fun의 형태를 무척 많이 볼 수 있다. 이 문장에서 have you는 굳이 가지고 있다라고 고지식하게 이해하지 말고 '함께 해서'라고 생각하면 된다. 나중에 배우게 되는 좀 더 formal한 have company와 같은 의미이다.

Speak Like This

1 **Well, it was fun when we were kids.**
저기, 우리가 어렸을 때 재밌었어.

2 **So we are gonna go have fun for Chris.**
그래 우리는 크리스를 위해 가서 놀려고.

3 **Ignore him. He's just upset that we're having fun.**
걔 무시해. 걘 우리가 재미있어서 화난거야.

EASY TALK

A: **Thanks for inviting us over. We had a great time.**
B: **It was fun having you.**

◀ invite sb over to+장소명사는 'sb를 …로 오라고 초청하다.'

A: 초대해 주셔서 감사합니다. 즐거웠어요.
B: 함께 해 주셔서 즐거웠어요.

A: **Oh, boy we're going to have fun tonight!**
B: **What are you guys doing?**

A: 야! 오늘 밤에 재미있겠는데.
B: 너희들 뭘 할건데?

✓ Talk Tips

fun이 형용사로 '재미있는'이라는 의미로 사용이 되기도 하지만 정식 형용사인 funny와는 의미가 좀 다르다. fun과 달리 funny는 '우스운'이란 뜻으로 사용되어, What's so funny?는 "뭐가 그렇게 우스워?," That's funny는 "이상하네," 그리고 Very funny는 "말도 안돼," "우습기도 하겠다"라는 뜻의 문장이 된다.

Level 03 009

Let me get this straight
이건 분명히 해두자구, 얘기를 정리해보자고

핵심급소공략

상식적으로는 이해하기 힘든 말, 무리한 요구사항에 대해 "이건 분명하게 짚고 넘어가자"는 말. get sth straight은 「…을 제대로 해놓다」라는 뜻이며, 짚고 넘어갈 문제(this)의 내용은 그 뒤에 덧붙이면 된다. Let's just get one thing straight(이거 하나는 분명히 해둡시다), 그리고 We need to get this straight(이건 분명히 해둬야 돼)의 형태로 자주 쓰인다.

Speak Like This

1 Let me get this straight. You didn't know him?
정리해보자고. 걔를 모른다는거야?

2 Let me get this straight. Are we going to lose our jobs?
얘기를 정리하면 우린 직장을 잃게 되는거야?

3 Get this straight, okay? I'm not quitting!
확실히 짚고 넘어가자고. 어? 난 그만두지 않는다고!

EASY TALK

A: So I'll be running in the marathon on Sunday.
B: Let me get this straight. You plan to run 26 miles?

A: 그래 내가 일요일에 마라톤 뛸거야.
B: 얘기를 분명히 해보자고. 네가 26마일을 달릴거라고?

◀ run 다음에 달린 키로수를 이어쓰면 된다.

A: Let me get this straight, you can't find your new cell phone?
B: That's right. I left it right here on the desk but it's gone now.

A: 이건 짚고 넘어가자. 새 휴대폰 잃어버린거지?
B: 맞아. 책상 위 바로 여기에 놔뒀는데 없어진거 있지.

◀ '떠나다,' '그만두다,' '…한 상태로 두다' 외에 '깜박 잊고 …을 …에 두고오다'라는 뜻으로도 쓰인다.

✓ Talk Tips

straight가 들어가는 표현들이 더 있는데 다소 좀 어려운 편에 속하다. 먼저 get one's priorities straight는 우선순위를 바로잡다, 즉 '우선순위를 정하다,' play it straight는 '정직하게 행동하다,' 그리고 set~ straight는 '…을 바로 잡다'라는 뜻으로 많이 쓰인다.

Level 03 010

Please get it done by tomorrow
내일까지 끝내

핵심급소공략

get은 만능어이다. 특히 구어체로 말하게 되는 일상 생활영어에서 get의 위세는 점점 드세지고 있다. 다시 말하면 get만 잘 이용해도 그만큼 영어회화가 쉬워질 수 있다는 얘기. 여기서는 get+목적어+pp 구문 중 get ~ done의 표현을 익혀보자. 이는 「어떤 일을 (빨리) 끝내다」라는 의미. 우리는 보통 「끝내다」라고 하면 finish를 떠올리지만 실제로는 get ~ done을 많이 쓴다. 목적어로는 it, that 등을 넣어도 되고 this job처럼 구체적인 일을 명시해도 된다.

Speak Like This

1 **Can you get this job done, today?**
 오늘 이 일을 끝낼 수 있냐?

2 **If I don't get it done, I'll be fired.**
 이걸 못 끝내면 난 잘릴거야.

3 **You have to get this done by Friday.**
 넌 이걸 금요일까지 끝내야 돼.

EASY TALK

A: Do you have to work this weekend?
B: Yeah. I have to get my project done by next Monday.

A: 이번 주말에 일해야 돼?
B: 어. 내가 맡은 프로젝트를 다음 주 월요일까지 마쳐야 돼.

◀ this나 next가 앞서면 'on' 등의 전치사는 생략된다.

A: Have you finished the project you started?
B: No, but we're working hard to get it done.

A: 시작한 프로젝트 끝냈어?
B: 아니, 하지만 끝내기 위해 열심히 하고 있어.

◀ 사이에 that이나 which 등의 관계대명사가 생략된다고 보면 된다.

✓ Talk Tips

보스가 get~done의 표현을 써서 일을 언제까지 끝내라고 한다면, 듣는 employee는 I can get~done~ 혹은 I will try and get ~ done by the end of the day(오늘까지 …을 끝내도록 할게요)라는 패턴을 이용하여 답을 하면 된다.

Level 03 011

You can't do this to me!
나한테 이러면 안되지!, 이러지마!

핵심급소공략

비이성적이고 상식밖의 행동을 하는 상대방을 말릴 때 혹은 상대방의 언행이 자신에게 직접적인 피해를 끼칠 때 사용하는 표현으로 여기서 can't는 금지를 나타낸다. "어떻게 나한테 이럴 수 있냐?"며 How could you do this to me?라고 할 수도 있다.

Speak Like This

1 You can't do this to me! I can't live all alone.
당신 나한테 이럴 순 없어! 난 혼자서는 못살아.

2 You can't do this to me. I've worked here a long time!
내게 이러시면 안돼죠. 여기서 오랫동안 일해왔는데요!

3 You can't do that! He's been so good to you.
그러지마! 걘 네게 정말 잘해주었잖아.

EASY TALK

A: I'm sorry, Chris. I have to fire you.
B: You can't do this to me! I've been working here for 20 years.

A: 미안해, 크리스, 자네를 해고해야겠네.
B: 나한테 이럴 수는 없어요! 난 여기서 20년 동안 일했다고요.

◀ 그냥 현재완료인 I've worked~ 보다 더 계속적인 의미를 강조한다.

A: How could you do this to me?
B: That's enough! I said I'm sorry more than a thousand times!!

A: 어떻게 나한테 이럴 수가 있어?
B: 그만 좀 해! 수천번도 더 미안하다고 했잖아!!

◀ 강조어로 a thousand times (수천번)를 쓰는데 이보다 더 강조하려면 앞에 more than~을 붙인다.

✓ Talk Tips

자기에게 가혹하게 구는 상대방에 반항하면서 할 수 있는 다른 표현들로는 Why are you doing this to me?(내게 왜 이러는거야?), What have you done to me?(내게 무슨 짓을 한거야?), 그리고 Why are you trying to make me feel bad?(왜 날 기분 나쁘게 만드는거야?) 등이 있다.

Level 03 012

No offense
악의는 아냐, 기분 나쁘게 생각하지마

핵심급소공략

자신이 한 말 혹은 할 말로 상대방이 오해하거나 상처받을 수도 있을 것 같을 때, 바로 내가 한 말에 기분나쁠 수도 있겠지만 악의는 아니다로 자신의 진심을 얘기하는 표현. 오해방지용이라고 할 수 있다. 달리 표현하자면 I didn't mean to offend you(기분상하게 할 의도는 아니었어), I really didn't mean any offense(정말 아무런 억하심정도 없었어요)가 있으며 또한 유명표현인 (There's) No hard feelings (on my part)도 여기에 포함된다.

Speak Like This

1 **No offense, but** do you really want to do that?
   기분 나빠하지마, 하지만 정말 그렇게 하고 싶어?

2 **No offense, but** I think you should shower more often.
   악의가 있어서 하는 말은 아니지만, 넌 샤워를 좀 더 자주해야 할 것 같아.

3 You were upset. **There are no hard feelings.**
   너 화났지. 악의는 아냐.

EASY TALK

A: No offense, but I think you should shower more often.
B: Why do you think that? Do I have a body odor? ◀ 겨드랑이 냄새 혹은 암내라고 하며 셀 수 있는 명사이다.
   A: 악의가 있어서 하는 말은 아니지만, 넌 샤워를 좀 더 자주해야 할 것 같아.
   B: 왜 그렇게 생각해? 냄새가 나?

A: I apologize. I didn't mean to insult you.
B: It's OK. No hard feelings.
   A: 사과드릴게요. 당신을 모욕할 생각은 아니었어요.
   B: 괜찮아요. 악의는 아닌데요 뭘.

Talk Tips

상대방에게 악의로 비춰질 행위까지 한 문장에 표현하려면 (There's) No hard feelings for[about]~의 패턴을 사용하면 된다. No hard feelings about you leaving the party(네가 파티 떠나는거 감정없어), I wanted to call and tell you that there's no hard feelings for firing you(널 해고한 건 아무 악의도 없다는 말하려고 전화한거야)처럼 말이다.

Level 03 013

I'm done with this
이거 다 끝냈어

핵심급소공략

be done with는 be finished with와 마찬가지로 with 이하를 '끝냈다'라는 기본적인 의미를 갖는다. ~ with 이하에 다양한 사람이나 사물 등이 오며 문맥에 따라 맞춰 이해를 해야 한다. 반대로 상대방에게 끝냈냐고 물어볼 때는 (Are) You done with~? 혹은 You done ~ing?라고 하면 된다. 그냥 단순히 "끝냈어?"라고 하려면 (You) Done?이라고만 해도 된다. 대답은 I'm done (with it), 혹은 I'm not done이라고 한다.

Speak Like This

1 **You're right. I should just say I'm done with him.**
네 말이 맞아. 난 걔와 끝났다고 해야겠지.

2 **I'm done with this. It's giving me a headache.**
거의 다 끝냈어. 이것 땜에 골치가 아파요.

3 **You're right, I don't want to talk about it. You done?**
네 말이 맞아, 난 그 얘기하고 싶지 않아. 넌 다했니?

EASY TALK

A: How's your presentation coming?
B: I'm done with this. It's giving me a headache. ◀ 편두통은 migrain이라고 한다.
A: 프리젠테이션 준비는 어떻게 되어가니?
B: 이젠 다했어요. 이것 땜에 골치가 아파요.

A: I've been waiting to go out with you. You done?
B: No, I still have some homework that needs to be finished.
A: 너랑 나갈려고 기다리고 있어. 다했니? ◀ 주격관계대명사로 생략할 수 없다.
B: 아니. 아직 끝내야 하는 숙제가 좀 있어.

✓ Talk Tips

finish의 경우도 마찬가지이지만 ~be done with~에 이어지는 목적어로는 '일'과 관련된 명사만 오는게 아니라 Are you done with your meal?(밥 다 먹었니?), When you're done with your tea(네가 차 다 마시고 나면), Are you done with the hair dryer?(드라이기 다 썼니?), 그리고 I'm done with my choices(난 선택을 끝냈어)처럼 다양하게 올 수 있다. work on이 I'm still working on my coffee(나 아직 커피 다 못마셨어)처럼 쓰이는 것처럼 말이다.

Level 03 014

Be my guest
그럼요

🚀 핵심급소공략

내 손님이 돼 달라? 우리가 손님에게 어떻게 해야 하는지 생각하면 그 의미를 유추할 수 있는 표현이다. 상대방의 요청을 흔쾌히 허락할 때(Please feel free to do so), 또 엘리베이터 입구 등에서 옆 사람에게 기쁜 마음으로 양보할 때(Please go in front of me) 자주 쓰는 예절바른 문장이다. Help yourself(편히 들어요, 편히 해요)나 Please yourself(맘대로 하세요) 등의 표현을 되새기면 쉽게 이해될 것이다.

💬 Speak Like This

1 **But if you want to give it a shot, be my guest.**
   하지만 한번 해보고 싶다면, 그렇게 해.

2 **You want to stay here? Be my guest.**
   여기 남겠다고? 그럼 그렇게 해.

3 **Be my guest. It's down the hallway, on your left.**
   그럼요. 복도를 따라 쭉 가면 왼쪽에 있어요.

EASY TALK

A: Do you mind if I take a look around here?
B: Not at all, be my guest.

◀ '전혀 아니다'라는 뜻으로 상대가 부정의문문에 준하는 mind 동사를 썼기 때문에 강한 긍정의 답이 된다.

A: 내가 여기 좀 둘러봐도 괜찮겠니?
B: 그럼, 물론이지.

A: That's a beautiful ring. May I take a look at it?
B: Be my guest. It was handcrafted in Italy.

A: 반지 예쁘다. 한번 봐도 될까?
B: 되고 말고. 이탈리아에서 만든 수공예품이야.

✓ Talk Tips

앞서 배운 Whatever you ask(뭐든 말만 해=I'll do anything that you ask), Whatever you say(말만 해, 전적으로 동감이야), Anything you say(말만 하셔), 그리고 I am all yours(난 24시간 대기야, 언제든 = I'm ready to help you whatever[whenever] you need) 등과 같은 맥락의 표현이다.

Could you excuse us?
실례 좀 해도 될까요?, 자리 좀 비켜주실래요?

핵심급소공략

자리를 잠시 비우면서 상대방에게 양해를 구하거나 혹은, 누군가와 긴밀하고도 사적인 이야기를 나누고 싶은데 옆에 있는 사람이 방해가 될 경우 "잠시 자리 좀 비켜주시겠어요?"라고 할 때 사용하는 표현이다. 혼자 실례를 구할 때는 Could you excuse me?라고 한다. 또한 Excuse us(실례 좀 할게요), Excuse us for a minute, all right?(잠시 자리 좀 비울게요, 알았죠?)로 간단히 말할 수도 있다. 한편 수동태를 쓴 Could I be excused?는 "양해를 구해도 될까요?," "이만 일어나도 될까요?"라는 의미이다.

Speak Like This

1 **Can you excuse us for a moment? I need to speak with her in private.** 자리 좀 잠깐 비켜줄래요? 걔하고 사적으로 말할게 있어요.

2 **I've had enough of this conversation. Could you excuse me?**
이런 대화 못참겠다. 실례해도 되겠지?

3 **I've got to use the bathroom. Could I be excused?**
화장실을 사용해야겠는데요. 실례 좀 하겠습니다.

EASY TALK

A: **I need to talk to Chris privately. Could you excuse us?**
B: **Sure. I'll wait for you in the other room.**
A: 크리스와 개인적으로 얘기해야겠어요. 실례할게요.
B: 그러세요. 다른 방에서 기다리죠.

A: **I need to make an important phone call. Could you excuse me?**
B: **Yeah, please go ahead and do that.**
A: 중요한 통화를 해야 되는데, 실례하겠습니다.
B: 네. 어서 하세요.

◀ 전화를 걸다는 make a call, 전화를 받다는 take a call 이라고 한다.

✓ Talk Tips
이 표현에 대한 답은 You're excused로 우리말로는 "그러세요," "괜찮다," "그만 나가 보거라(꾸지람)" 정도로 생각하면 된다. 선생님이 수업이 끝난 후 그만들 가봐라라고 하려면 "Alright class, we've finished studying today. You're excused"라고 하면 된다.

Don't give it a second thought
걱정하지마

핵심급소공략

걱정하고 있는 상대에게 더 이상 복잡한 고민은 하지 말라고 할 때 쓸 수 있는 표현. 사람들은 어떤 일이 생기면 그 일과 관련해서 '이런 저런 불필요한 연상,' 즉 second thought를 갖게 되는데 그런 생각을 하지 말라고 할 때 쓸 수 있는 말이다. 「별다른 걱정은 하지마」 정도의 뜻이다. a second 대신에 another를 써도 된다. 비슷한 표현들로는 '걱정하다'라는 동사 worry를 쓴 Don't worry about it, 「심려치 말라」는 말인 Never mind, 그리고 「잊으라」는 말인 Forget it, Forget about it 등이 있다.

Speak Like This

1 **Come on man, don't give it a second thought.**
이봐, 친구, 신경쓰지마.

2 **No, I won't give it another thought.**
아냐, 난 다시 신경쓰지 않을거야.

3 **Don't give it a second thought. Glad we solved the problem.**
걱정마. 문제해결해서 기쁜걸.

EASY TALK

A: I really hope I **don't have to** bother you with more questions.
B: Don't give it a second thought. I'm always glad to help.

A: 앞으로 질문을 더 해서 귀찮게 해드리는 일이 없었으면 좋겠군요.
B: 걱정하지 말아요. 언제나 기꺼이 도와드리죠.

◀ 비슷한 의미로 don't need to+V가 있다.

A: I am not sure how to **cook** an Eastern breakfast.
B: Don't give it a second thought. I'll cook it.

◀ 동사로 '요리하다,' 그리고 명사로는 '요리사'란 의미. 요리사를 cooker라 말하면 큰 일남.

A: 동양에서는 아침식사를 어떻게 요리하는지 모르겠어.
B: 걱정마. 내가 할게.

Talk Tips

second thought가 들어가는 다른 표현으로는 On second thought가 있는데 이는 "(결정을 바꾸면서) 다시 생각해보니"라는 뜻이며 또한 have second thoughts(복수형임) about~은 "…을 다시 생각해봐야겠다"라는 다른 의미의 표현이 되니 착각하면 안된다.

Don't let me down!
실망시키지마!

🚀 핵심급소공략

'기분이 down된다'라는 식으로 말할 때처럼 down은 '기운빠져있는'(in low spirits)의 뜻으로 let sb down이라고 하면 철석같이 약속한 것을 지키지 않거나(have not done what you said you would do), 행동을 바르게 하지 않아(have not behaved well) '…을 속상하게 하다'(make sb feel disappointed)라는 의미. 이미 실망을 시킨 상대방에게는 You let me down(넌 날 실망시켰어)이라고 할 수 있다. 동사구를 명사화하여 What a letdown!하면 "진짜 기운빠지네!," "실망이야!"란 의미가 된다.

💬 Speak Like This

1 I'm tired of you acting like a kid. You let me down.
애들처럼 행동하는 네가 지겨워. 실망했어.

2 I'm sorry I let you down, Dad.
아빠 실망시켜드려 죄송해요.

3 You let me down. I thought I could trust you.
너 때문에 실망했어. 난 널 믿을 수 있다고 생각했었는데.

EASY TALK

A: You have to study hard. Don't let me down.
B: I'll do my best, Mom. Believe me.
A: 공부 열심히 해야 돼. 날 실망시키지마.
B: 엄마, 최선을 다할게요. 믿으세요.

◀ 형용사로는 '딱딱한,' '어려운,' '열심히 하는,' 부사로는 '열심히,' '철저히,' 그리고 hardly가 되면 '거의 …가 아니다'라는 의미.

A: You really let me down.
B: If you give me a second chance, I swear I'll make it up to you.
A: 정말 날 실망시키는구나
B: 한번만 더 기회를 주면 꼭 보상할게.

✓ Talk Tips

전통적인 '실망시키다'라는 의미의 단어인 disappoint를 이용하여 표현할 수도 있는데, Don't disappoint me는 "실망시키지마," 그리고 We were disppointed는 "우리는 실망했어"라는 의미의 문장이 된다.

Give me a break!
좀 봐줘!

핵심급소공략

Give me a break은 잘못하고 나서 한 번만 눈감아 달라고 하거나 만회할 수 있는 기회를 달라고 조를 때「좀 봐주세요」(give me one more chance)하고 상대방에게 머리를 조아리면서 쓰는 말. 한편, 누군가 말도 안되는 소리를 할 때는 "그만 좀 해라," "작작 좀 해라"(do not bother me)라는 의미로도 쓸 수 있다.

🗨 Speak Like This

1 Come on, give me a break. I'm late for a meeting.
이러지마, 한번 좀 봐주라. 나 회의에 늦어.

2 Give me a break. I haven't done this before.
좀 봐주라. 나 이런 적 없었잖아.

3 Give me a break. I had only 5 minutes to prepare for this.
좀 봐줘. 이거 준비하는데 겨우 5분밖에 없었어.

◀ waste time하면 '시간을 허비하다'라는 의미. 특히 waste time ~ing (…하면서 시간을 허비하다)를 기억해둔다.

A: I need to see your license.
B: Listen, I have no time to waste. Please give me a break.
A: 면허증 보여주세요.
B: 저기요, 전 시간이 없다구요. 한번만 봐주세요.

◀ '…에 일자리를 얻다,' '취직하다'라는 의미.

A: I'm going to be a star when I grow up!
B: Give me a break. You'll be lucky to get a job at Subway.
A: 난 커서 스타가 될거야.
B: 아이고 그만 좀 해 두시지. 서브웨이에 일자리를 구하는 것만도 행운일게다.

✓ Talk Tips

Give it a break!는 그것(it)을 그만두라(a break)라는 의미로 주로 상대방이 짜증나는 얘기나 행동을 할 때 "그만둬라," "내버려둬라"라고 할 때 사용하는 표현이이다. Give it a rest!라고 해도 된다. 그래서 Give it a break! You are always complaining about me하게 되면 "그만 좀 해! 넌 늘상 나에게 불만을 늘어놓잖아"라는 문장이 된다.

Level 03 019

I have been there
무슨 말인지 알겠어, 정말 그 심정 이해해, (장소) 가본 적 있어

🚀 핵심급소공략

have been there는 상대방이 겪은 좋지 않은 경험에 대해서 "나도 그런 적이 있다"(I have had the same experience)며 상대의 처지에 대한 동감(sympathy)을 표할 때 흔히 쓰는 표현이다. before를 붙여서 I've been there before(나도 전에 그런 적 있어)라고 써도 된다. 물론 상대방이 말하는 장소에 단순히 "가본 적이 있다"는 뜻으로도 사용된다. 복수로 We have all been there하면 "우린 다 그런 적이 있잖아"라는 의미의 문장이다.

💬 Speak Like This

1 **Believe me, I understand. I've been there.**
   정말이야. 이해해. 나도 그런 적 있어.

2 **I've been there. You need to look for something better.**
   그 심정 이해해. 더 좋은 걸 찾아봐.

3 **Yeah, I've been there a few times.**
   그래, 몇 번 가본 적 있어.

EASY TALK

A: These days I feel quite depressed.
B: I've been there before.
  A: 요즘 무척 울쩍해.
  B: 나도 전에 그런 적 있어.

◀ '상당히,' '완전히,' 혹은 '정말로'라는 강조부사.

A: The museum is really worth visiting.
B: What's it like? I've never been there.
  A: 이 박물관은 정말 방문할 만해.
  B: 어떤데? 가본 적이 없어서.

◀ be worth+N[~ing]는 '…할 가치가 있다'라는 의미=be worthy of.

✓ Talk Tips

한편 Been there, done that이란 표현은 가본 적도 있고 해본 적도 있다는 말로 '충분히 알고 있다'에서 발전하여 (전에도 해본 것이어서) '뻔할 뻔자다'라는 의미. 그래서 I was married. Been there, done that라는 문장은 "결혼해봤는데, 뻔해"라는 의미가 된다.

Level 03 020

I don't buy it
못 믿어

🚀 핵심급소공략

buy가 '사다'라는 뜻외에 '믿다'라는 뜻으로 쓰인다면? 못 믿겠다고? 그렇다. 바로 그렇게 상대의 말을 '못믿겠어'(I don't believe it)라고 할 때 구어체에서 자주 쓰이는 표현이 바로 I don't buy it. 여기서 buy는 believe 혹은 accept의 의미이다. 다른 문장으로 하면 I don't think it's true나 I can't accept that이라고 할 수 있다.

💬 Speak Like This

1 **I don't buy it. You're always lying to me.**
   못 믿겠어. 넌 늘상 내게 거짓말하잖아.

2 **You won the lottery last week? I don't buy it.**
   지난주에 복권에 당첨됐다고? 못 믿겠어.

3 **I don't buy it. This product is really overpriced.**
   안 믿어요. 이 물건은 가격이 너무 높게 매겨져 있다구요.

EASY TALK

A: What do you think of Sam's excuse?
B: To be frank, I don't buy it at all.
A: 샘의 변명에 대해 어떻게 생각해?
B: 솔직히 말해 난 전혀 안 믿어.

◀ What do you think~
다음에는 전치사 of나 about이
이어져 나온다.

A: I'm sorry I'm late again. The subway was delayed.
B: I don't buy it. Tell me the truth.
A: 또 늦어서 미안. 지하철이 늦게 와서.
B: 난 못 믿겠는데. 사실대로 말해봐.

✓ Talk Tips

buy it에서 'it'은 관용적으로 붙은 것이고, 좀 더 솔직하게 상대방의 얘기를 믿지 않는다는 not buy your story라고 하면 된다. "네 얘기 믿을 수 없어"는 We aren't buying your story, "이걸 곧이곧대로 믿지는 않아"는 I'm not buying all this라 말하면 된다.

I got behind the schedule
난 일정에 늦었어

핵심급소공략

비즈니스맨에게 schedule 관리는 생명. 하루하루 정신없이 돌아가는 요즈음엔 비즈니스맨뿐만 아니라 모든 생활인에게 그럴 것이다. schedule은 고난도의 비유적 의미를 지닌 단어는 아니다. 단지 전치사와 어울려 쓰이는 표현을 숙어처럼 알아두면 된다. 예정된 시각을 기준으로 '늦었으면' behind schedule, '빠르면' ahead of schedule, '정해진 시간에 맞으면' on schedule을 쓰면 된다. 참고로 make up a schedule 혹은 design the schedule 하면 '일정을 짜다,' 그리고 fit sth into one's schedule은 '일정에 맞추다'가 된다.

Speak Like This

1 I'm going to design all of the new schedules.
새로운 일정은 모두 내가 짤게요.

2 We finished the project ahead of schedule.
우리는 일정보다 빨리 일을 끝냈어.

3 We want to begin on schedule.
우리는 정해진 일정에 맞춰 시작하고 싶어.

EASY TALK

A: We're already 30 minutes behind schedule.
B: Okay. Let's get started.
A: 벌써 예정보다 30분이나 지체됐어.
B: 좋아. 출발하자.

A: I'd like to meet you at 5. Does that work for you?
B: Sure, I can fit that into my schedule.

◀ /d/발음은 살짝 해준 다음 like to는 /크/와 /트/가 같은 계열로 /라익투/라 발음한다.

A: 5시에 만나자. 너도 괜찮아?
B: 물론, 내 스케줄에 맞출 수 있어.

✓ Talk Tips

'일정을 바꾸다'는 change one's schedule이라 하고, schedule은 동사로도 쓰여 '일정을 짜다'라는 뜻으로 사용된다. "네 일정을 바꿔서 주말마다 늦게까지 일하지 않아도 되도록 해줄게"는 I'm going to change your schedule so you won't have to work late on weekends이라 하면 된다.

Level 03 022

I mean it
진심이야, 정말이야

🚀 핵심급소공략

자신이 말하는 내용이 농담도 거짓도 아니고 진심이라는 것을 강조하는 표현. 여기서 it은 자기가 말한 내용이다. 비슷한 표현으로는 I mean business가 있고, "이번에는 진심이야"라고 말하려면 This time I mean it이라고 하면 된다.

💬 Speak Like This

1 I mean it. Don't be late!
정말야. 늦지 말라고!

2 You're just too selfish for me. I mean it.
넌 내게 너무 이기적이야. 정말야.

3 That was a wonderful speech. I mean it.
정말 멋진 연설이었어. 정말이야.

EASY TALK

A: You had better leave right now. I mean it.
B: Okay, okay, calm down. I'm sorry I made you so angry.

A: 넌 지금 가는게 좋겠다. 정말이야.
B: 알았어. 알겠다고. 진정해. 널 화나게 해서 미안하다.

◀ You had better+V=You better+V=Better+V

A: I don't want you to come home late again. I mean it.
B: You can't control what time I choose to come home.

A: 다신 늦게 집에 오지마. 진심이야.
B: 내 귀가시간을 네가 이래라 저래라 할 수 없어.

◀ 통제에 진심인 통제광은 control freak이라고 한다.

✓ Talk Tips

반대로 상대방의 말이 진심으로 하는 것인지 확인할 때는 (Do) You mean it?(정말이야?)이라고 하면 된다. 그래서 "어, 정말이야? 무척 재미있겠다!"는 Oh, you mean it? That would be so fun!이라고 하고, 부정과거형으로 You didn't mean it?하게 되면 "그럴려고 그런 건 아니잖아?"라는 뜻이 된다.

Level 03 023

I'll keep my fingers crossed
행운을 빌게

핵심급소공략

cross fingers, 즉 검지와 중지를 세워서 교차시키면 십자 모양이 만들어지는데, 이는 신 (God)의 가호를 비는 행위이다. 그래서 I'll keep my fingers crossed (for you)하면 "내가 널 위해 십자가를 만들어 줄게," 즉 "네 행운을 빌어줄게"라는 뜻이 된다. 이렇게 말하면서 실제로 손가락 모양까지 만들어 보여주면 금상첨화. 조금 바꿔서 My fingers are crossed라고 해도 된다.

Speak Like This

1 **We'd better keep our fingers crossed.**
우리 행운을 빌어보도록 하자.

2 **Good luck! I'll keep my fingers crossed for you.**
잘 해봐! 널 위해 행운을 빌어줄게.

3 **I hope my baseball team wins. My fingers are crossed.**
내가 응원하는 팀이 우승하기를 바래. 행운을 빌거야.

EASY TALK

A: Tomorrow I'm going to **ask** Chris **to** marry me.
B: **I'll keep my fingers crossed** for you.

A: 나 내일 크리스에게 청혼하려고 해.
B: 행운을 빌어 줄게.

◀ ask sb to+V는 '…에게 …해달라고 요청하다,' 친구나 아랫사람에게 '…하라고 말하다'는 tell sb to+V를 쓴다.

A: Well, today I will have a job interview at Amazon.
B: I know you want that job. **I'll keep my fingers crossed.**

A: 저기, 오늘 나 아마존 면접이 있어.
B: 그 회사에 들어가고 싶지. 내가 행운을 빌어 줄게.

✓ Talk Tips

행운을 빌어주고 그 빌어주는 내용까지 한 문장으로 말하려면 keep one's fingers crossed for[that~](…하는 것에 행운을 빌어주다), 혹은 Let's keep our fingers crossed and~ (…하도록 행운을 빌어보자)의 패턴을 쓰면 된다. 상대방에게 우리가 성공하도록 행운을 빌어달라고 하려면 Keep your fingers crossed that we succeed 라고 하면 된다.

Level 03 024

You're not supposed to be here!
넌 여기 있으면 안돼!

핵심급소공략

be supposed to+V의 형태. 구어적인 표현으로, 우리말로는 "…하기로 되어 있다"로 옮겨진다. 주어가 의무, 책임, 법, 약속 및 평판 등을 근거로「…하는 것이 강하게 기대된다」라는 것이 이 표현의 출발점이다. 많이 쓰이는 형태는 부정형태로 You're not supposed to+V 하게 되면 '금지'를 나타내는 표현으로 "여러가지 정황으로 미루어 볼 때, 너는 …하는게 허락되지 않는다"는 의미로 You're not allowed to+V~와 같은 맥락이 된다. 주어를 바꿔 I'm not supposed to+V하게 되면 "내가 …을 해야 되는 건 아냐"라는 뜻이 된다.

Speak Like This

1 You're not supposed to smoke here.
여기서 담배 피우시면 안됩니다.

2 The doctor said you're not supposed to do that!
의사 선생님이 그러면 안된다고 했잖아!

3 I'm not supposed to tell you!
난 너한테 말하면 안돼!

EASY TALK

A: I think I'll turn left here. It's shorter this way.
B: You're not supposed to do that! It's against the law.

A: 여기서 좌회전해야겠어. 이렇게 가는게 더 빨라.
B: 그러면 안돼! 법규를 어기는거라구.

◀ turn right은 '우회전하다,' make a U-turn은 '유턴하다.'

A: Would you like some coffee?
B: I'm not supposed to drink coffee.

A: 커피 좀 드실래요?
B: 전 커피 마시면 안돼요.

✓ Talk Tips

반대로 긍정의 형태로 You're supposed to+V하게 되면 "넌 …을 해야 한다," I'm supposed to+V하게 되면 "난 …을 해야 한다"라는 의미로 쓰인다. 하나 더 미국출장후 인천공항에 도착했지만 마중나온 직원이 안보이자 회사에 전화해 Who is supposed to be here?하고 소리칠 수 있다.

Level 03 025

It doesn't make any sense
그건 말도 안돼

핵심급소공략

make sense는 너무나도 자주 쓰는 표현으로 앞서서는 긍정문의 형태를 보았고 여기서는 상대방이 얼토당토 말이 안되는 이야기를 할 때에 쓰는 부정문형태, It doesn't make any sense(말도 안돼)와 의문문 형태로 역시 말이 안된다는 의미로 Does it make any sense?(그게 말이 돼?)의 형태를 살펴보도록 한다. 부정문은 not~any를 'no'로 바꾼 It makes no sense 형태로도 쓰인다.

Speak Like This

1 These rules don't make any sense.
이 규칙들은 말도 안돼.

2 His strange behavior doesn't make any sense.
걔의 이상한 행동은 전혀 이해가 되지 않아.

3 How does that make any sense?
그게 어떻게 말이 돼냐?

EASY TALK

A: This is the new textbook you will study from.
B: The information in the book is wrong. It doesn't make any sense.
A: 네가 공부할 새로운 교과서야.
B: 책의 내용이 틀려. 말도 안돼.

◀ FYI(For Your Information)는 '참고하라,' TMI (Too Much Information)는 '너무 과다한 정보'란 약어.

A: What do you think about his excuse?
B: It makes sense to me.
A: 그 사람이 한 변명에 대해 어떻게 생각해?
B: 나름대로 일리가 있는 걸.

Talk Tips

이 표현의 특징은 주어는 항상 사물이 되어야 하며, 주어가 「말이 되다」, 「이치에 닿다」라는 의미가 된다는 것이다. 「누구에게 말이 되느냐」는 make sense to sb라고 하면 된다. 그래서 "이 기사(this article)가 너한테는 말이 되냐?"고 물어볼 때는 Does this article make sense to you?라고 하면 된다.

Level 03 026
It slipped my mind
깜박 잊었어

핵심급소공략

사람이 살다 보면 또 나이가 들다 보면 이러저런 일을 곧잘 잊어버리는 수가 있다. 이때 쓸 수 있는 표현이 바로 It slipped my mind. "아, 참 내 정신 좀 봐," 혹은 "내가 깜빡했네" 정도의 말이다. I totally forgot이란 말씀. 이 표현은 주어로 잊어버린 (대)명사가 와야 돼서 Something slips one's mind(…가 …을 깜박 잊다) 형태로 써야 한다.

Speak Like This

1 **It completely slipped my mind. I'll do it right now.**
깜빡 잊어먹었었네. 지금 당장 할게.

2 **I'm so sorry. It slipped my mind.**
정말 미안해. 내가 깜빡했어.

3 **Would you believe it slipped my mind?**
내가 그걸 깜빡했다는게 믿어져?

EASY TALK

A: **Don't you have a dentist appointment today?**
B: **Oh yeah! It completely slipped my mind.**

◀ 주로 병원 등의 예약[약속]이란 말이며 promise는 자기가 '…을 하겠다는 약속'을 뜻한다.

A: 오늘 치과 예약되어 있지 않아?
B: 어 그래! 깜박 잊었네.

A: **Did you bring the laptop that I lent you?**
B: **Oh no, I'm sorry. It completely slipped my mind.**

A: 내가 빌려준 노트북 가져왔니?
B: 오 이런, 미안해. 까맣게 잊고 있었어.

◀ notebook이라고도 한다. 콩글리시는 아니다.

Talk Tips

어떤 말이 생각날듯 말듯 할 때에 쓸 수 있는 표현은 It's on the tip on my tongue이다. 가장 가까운 직역은 "혀 끝에서 뱅뱅 도는데"이다. 뭔가 생각해내려 하면 Just a minute, it's on the tip of my tongue(잠깐만, 혀끝에서 뱅뱅도는데)라고 하면 된다.

Level 03 027

Nice going!
참 잘했어!

🚀 핵심급소공략

「잘 했다」라고 칭찬할 때 쓰는 표현에는 Good job!, You did it! 외에 Nice going이란 표현이 있다. 잘 한 일에 맞장구 칠 때는 물론, 「잘 해봐!」라고 격려(encouragement)할 때도 사용할 수 있다. 이 표현이 재미있는 것은 경솔한 행동으로 무슨 일을 망쳐놨을 경우 비아냥거리는 투로 「잘 한다, 잘해」라는 의미로도 쓰인다는 점이다.

💬 Speak Like This

1 Let's take a look at it. Nice going.
저것 좀 봐봐. 참 잘했어.

2 I heard that Teslar has offered you a job. Nice going.
테슬라가 너한테 일자리를 제안했다며. 잘했다.

3 Nice going. You ruined my whole day.
잘 한다. 나의 하루를 온통 망쳐놨어.

EASY TALK

A: I was hired at the new Hyundai factory.
B: Nice going. A lot of people want to work there.
A: 새 현대 공장에 취직했어.
B: 잘했어. 많은 사람이 거기서 일하길 원해.

A: I completed my first marathon.
B: Nice going. Was it difficult?
A: 첫번째 마라톤을 완주했어.
B: 잘했어. 어려웠어?

◀ Was it good?(그거 좋았어?), Was it you?(그게 너였어?)와 함께 외워둔다.

✓ Talk Tips

비아냥거리는 표현으로는 Nice going?외에 Look who's talking(사돈 남말하네), You think you're~(너는 …라고 생각하지만 실제로는 아니다), Whatever turns you on(뭐든 좋을대로), 그리고 That's what you always do(네가 하는 일이 다 그렇지 뭐) 등이 있다. 무조건 비아냥이 아니라 문맥에 따라 구분해야 한다.

Level 03 028

Now you're talking!
그래 바로 그거야!, 그렇지!

🚀 핵심급소공략

"이제야 말이 통하는군!." 상대방이 내가 말하고자 했던 바를 그대로 이해하고 원하던 반응을 보일 때 "그래, 바로 그거야", "이제야 말이 통하는군"하며 만족감을 나타내는 표현. 극단적인 경우, 직역하여 "이제야 네가 말을 하는구나?" 생각하면 상대방 네이티브가 지금까지 자기가 한 말을 개소리(?)로 알아들었냐라고 오해할 수도 있다. 영어로 옮겨보면 I agree with what you're saying 정도로 생각하면 된다.

💬 Speak Like This

1 You want to get a drink? Now you're talking!
술 한잔 하고 싶다고? 이제 말이 통하는구만!

2 Now you're talking. It's time to transfer her elsewhere.
내 말이 그 말이야. 걔를 다른 곳으로 보낼 때가 됐어.

3 Now you're talking. Let's go and check out the museums there.
좋다마다. 가자구, 가서 박물관도 둘러보구.

EASY TALK

A: Let's go out and drink some beer.
B: Now you're talking. I haven't had a chance to relax all week.
  A: 나가서 맥주나 좀 마시자.
  B: 좋은 생각이야. 일주일 내내 기분전환할 기회가 없었는데.

◀ …할 기회가 있다라는 기본숙어의 현재완료 부정형이다.

A: Let's go down to the beach and have a bonfire.
B: Now you're talking!
  A: 해변으로 가서 모닥불을 피우자.
  B: 야, 이제야 얘기가 되네!

✓ Talk Tips

그밖에 talk이 들어가는 관용구로는 You're one to talk이 있는데, 이는 '사돈 남말하네'라는 뜻으로 Look who's talking과 같은 말이다. 단, You're the one to talk하면 '이야기할 수 있는 사람'이란 다른 뜻이 된다.

Level 03 029

Let me sleep on it
곰곰이 생각해봐야겠어

🚀 핵심급소공략

중요한 결정을 해야 하는데 그 자리에서 곧 바로 결론을 내리기는 애매할 때, "하룻밤 시간을 갖고 생각을 다시 해보겠다"는 표현. 영어로 풀어쓰면 I need more time to consider something and then I will make a decision가 되고, 'it' 위에서 잔다(sleep)는 얘기니까 머릿속에 그 모습을 잘 그려보면 쉽게 의미를 유추할 수 있을 것이다.

💬 Speak Like This

1 **Let me sleep on it** and I'll let you know soon.
생각 좀 해보고 곧 알려드리죠.

2 Please promise me you'll **sleep on it**.
곰곰이 잘 생각해본다고 내게 약속해.

3 How about I let you **sleep on it**? We'll talk about tomorrow.
하루 더 생각해봐. 내일 이야기하자고.

EASY TALK

A: I need to know if you are willing to marry me.
B: Let me sleep on it. I will call you tomorrow.

A: 네가 나랑 기꺼이 결혼해줄지 알아야겠어.
B: 좀 더 생각해보고. 내일 전화할게.

◀ 기꺼이 ...하다라는 표현으로 더 적극적으로 말하려면 be happy to+V라 한다.

A: When can you give me your decision?
B: Let me sleep on it.

A: 언제 결정을 알려줄거야.
B: 곰곰이 생각 좀 해보고.

✓ Talk Tips

Let me sleep on it을 평범한 영어로 바꿔 보면 Let me think about it(생각 좀 해볼게)으로 단순히 시간을 좀 더 달라고 하거나 혹은 완곡히 거절을 할 때도 사용된다. 또한 Let me have time to think over it(생각할 시간 좀 줘), I need more time to think about it(생각해볼 시간이 더 필요해) 등으로 쓸 수도 있다.

Level 03 030

That's just my luck
내 운이 그렇지 뭐, 내가 하는 일이 그렇지 뭐

핵심급소공략

「행운」이란 뜻의 luck만 보고 뭔가 기분 좋은 의미일거라 생각하면 큰 오산. 뒤로 넘어져도 코가 깨질 만큼 매사에 지지리도 운이 없는 사람이 「내가 무슨 운이 있겠어」, 「내가 하는 일이 그렇지 뭐」라는 뜻으로 내뱉는, 철저히 unlucky한 상황에서 자조적인 뜻으로 내뱉는 하소연이 바로 just my luck. 영어로 하면 I always have bad luck이 된다. 반대는 Today is my lucky day(오늘 일진이 좋네).

Speak Like This

1. **That's just my luck. The last ticket was sold a few minutes ago.** 내가 하는 일이 그렇지 뭐. 마지막 표가 몇분 전에 팔렸대.

2. **That's just my luck. I was going to go to the beach Saturday.** 제기랄. 토요일에 바닷가에 가려고 했는데.

3. **This is your lucky day. I found someone I think you should go out with.** 오늘 너 운수 좋네. 네가 사귀기 좋은 사람을 찾았어.

EASY TALK

A: Chris says he doesn't want to date you.
B: That's just my luck. No boys want to date me.
A: 크리스는 너랑 데이트 원치 않는대.
B: 내가 하는 일이 그렇지. 아무도 나하고 데이트 안하려고 해.

◀ say/sei/ 때문에 /seiz/라 하기도 하나 보통 /sez/라 한다.

A: This is a prize for being the top student.
B: Wow! Today is my lucky day.
A: 최고 학생에게 주는 상이야.
B: 와! 오늘 일진 좋네요.

✓ Talk Tips
I'm out of luck이라 해도 되고 혹은 "오늘 정말 일진 안 좋네"라는 뜻으로 하는 말은 It's not my day라 해도 된다. 그리고 "내 운에 맡기고 한번 해보다"라고 할 때는 try one's luck이란 표현을 쓴다.

Level 03 031

That's weird
거 이상하네

🚀 핵심급소공략

일상회화에서 '좀 괴이하고 특이하다'(very strange and not at all usual, normal, expected)고 말할 때는 strange보다 절대적으로 weird를 많이 쓴다. 영화나 미드에 꼭 빠지고 않고 출연하는 단골어휘. 참고로 그렇게 weird한 사람을 가리켜서 weirdo라고 한다. 또한 앞서 한번 언급했지만, That's funny도 뭔가 상황이 이상할 때, 즉 평소 자기가 알고 있는 것과 다르게 돌아가는 상황에서 쓸 수 있는 표현이다.

💬 Speak Like This

1 **That's weird. What is that?**
거 이상하네. 저게 뭐야?

2 **That's weird. Why would she do that?**
이상하네. 걔가 왜 그랬을까?

3 **That's funny. She was here a minute ago.**
이상하네. 걔 조금 전에 여기 있었는데.

EASY TALK

◀ 페인트공 시켜서 했다고 하면 have the house painted라 한다.

A: Look! They painted that house pink!
B: That's weird. Why would anyone paint a house that color?

A: 야! 핑크색으로 집을 칠했네!
B: 거 이상하네. 왜 그런 색으로 집을 칠하려고 하는 걸까?

A: You look a little weird. You all right?
B: I'm fine. I'm just a little sleepy.

◀ 'You' 앞에 'Are'가 생략된 것으로 보면 된다.

A: 너 좀 이상해보인다. 괜찮은거야?
B: 난 괜찮아. 조금 졸린 것뿐이야.

✓ Talk Tips

동사를 feel로 써서 feel weird하면 '기분이 이상하다'라는 뜻이 된다. "요전날 일어났던 일이 좀 이상해"라고 하려면 I feel weird about what happened the other day, "이상한 것 같아"는 This feels very weird라고 하면 된다.

Level 03 032

What makes you think so?
왜 그렇게 생각해?, 꼭 그런 건 아니잖아?

🚀 핵심급소공략

사물주어(What)에다 사역동사(make+목적어+V)를 토대로 만든 표현으로 직역하면 "무엇이 너를 그렇게 생각하게 만드니?"로 상대방이 뭔가 상식과 다른 이야기를 할 때 반문하면서 "너 왜 그렇게 생각하는거야?"라고 물어볼 때 쓸 수 있는 표현이다. 여기서 so는 상대방이 앞에서 말한 내용을 받는 것인데, 구체적인 내용을 밝히려면 so 자리에 that 절을 이어서 What makes you think that S + V?(…라고 생각하는 이유가 뭐야?)로 나타내면 된다.

💬 Speak Like This

1 Oh yeah? What makes you think so?
그래? 왜 그렇게 생각해?

2 Is Chris angry? What makes you think so?
크리스가 화났어? 왜 그렇게 생각해?

3 What makes you think we're going to break up?
왜 우리가 헤어질거라고 생각해?

EASY TALK

A: I don't think you'll have much luck with Sam.
B: What makes you think so?
A: 난 네가 샘하고 연이 안닿을거라고 봐.
B: 왜 그렇게 생각하는거야?

◀ have luck with~ 다음에는 money(재운이 있다), exam(시험운이 있다) 등 사물명사가 와도 된다.

A: It looks like this company is going to fail.
B: Really? What makes you think so?
A: 이 회사는 망할 것 같아.
B: 정말? 왜 그렇게 생각해?

◀ It looks like~ 다음에는 명사나 절이 온다.

✓ Talk Tips

What makes you think S+V?의 패턴훈련을 더해보자. "왜 내가 네가 돌아오길 바란다고 생각해?"는 What makes you think I even want you back?, "왜 걔가 누굴 만난다고 생각해?"는 What makes you think she's seeing someone?이라고 하면 된다.

Level 03 033

You bet
확실해, 물론이지

핵심급소공략

You bet?하면 "내기할 수 있어?," 즉 "진짜야?," "틀림없어?"하고 진위를 확인하는 것이고, 반대로 평서문으로 You bet하고 끝을 내리면 "내기를 해도 좋다," 즉 "확실하다"(That's right), "물론이지"(Sure), "틀림없어"하며 강한 확신의 표현이 된다. 또한 I('ll) bet하면 상대의 말에 수긍한다는 의미(틀림없어, 정말이야). 종종 빈정대는 문맥(그러겠지, 어련하시겠어)에서도 쓰인다. 또한 I('ll) bet that S+V의 형태로 자기가 말하는 내용이 틀림없는 사실임을 강조할 수도 있다.

Speak Like This

1 You bet. It's a good deal for such a nice car.
물론이지. 그렇게 좋은 차인데 그 정도면 좋은 조건이지.

2 You bet. Without a good education, it's hard to get a good job.
물론이지. 좋은 학벌이 없으면 좋은 직장 잡기가 힘들잖아.

3 I'll bet. She's smart and most people like her.
정말이야. 그 분은 똑똑하고 많은 사람들이 좋아하지.

EASY TALK

A: Are you willing to pay $3,000 for my car?
B: You bet. It's a good deal for such a nice car.
A: 3,000달러에 내 차를 살테야?
B: 물론이지. 그렇게 좋은 차인데 그 정도면 좋은 조건이지.

◀ pay+돈+for+사는 물건이나 서비스의 형태로 많이 쓰인다.

A: Do you think it is important to go to university?
B: You bet. Without a good education, it's hard to get a good job.
A: 대학에 가는 게 중요하다고 보니?
B: 물론이지. 좋은 학벌이 없으면 좋은 직장 잡기가 힘들잖아.

◀ 'get' 대신에 find나 land를 써도 된다.

✓ Talk Tips

You bet!을 강조하려면 You bet your life(틀림없어), You bet your ass(확실하구 말고), 그리고 I('ll) bet을 강조하려면 I bet you(맹세해), I'll bet you(내 너한테 맹세할게), 그리고 I bet my life on it(그건 내가 맹세해) 등으로 변형해서 사용하면 된다.

Level 03 034

I'm not into it
나 그런 건 안해

🚀 핵심급소공략

공간 "안으로"의 이동을 나타내는 전치사 into가 be 동사와 결합한 형태로 be into sth[sb]은 "…에 열중하다," "푹 빠져 있다"는 의미가 된다. 즉, 뒤에 오는 대상(sth/sb)에 "관심이 많다." "열중하다," "푹 빠져있다"는 의미로 사용된다. 뭔가 취미나 남녀사이를 언급할 때 사용하면 그래픽하게 자신의 마음을 표현할 수 있다.

💬 Speak Like This

1 **I had no idea you are into this stuff.**
   이런 걸 좋아하는지 몰랐군.

2 **I'm so into Chris. I'm going to ask him out.**
   난 크리스한테 푹 빠져 있어. 데이트 신청할거야.

3 **You're telling me you're into pop music?**
   네가 팝뮤직을 좋아한다는 말이야?

EASY TALK

A: Do you want to go to that new hip bar after work?
B: I'm into it.
   A: 끝내주는 술집이 새로 생겼는데, 퇴근 후에 갈래?
   B: 거, 끌리는데.

◀ 엉덩이가 아니라 형용사로 '멋진,' '유행하는'이라는 뜻.

A: You have a lot of comic books.
B: Yeah, I'm into animation.
   A: 너 정말 만화책 많다.
   B: 어, 애니메이션에 관심이 엄청 많아.

✓ Talk Tips

be into는 be interested in이나 be a fan of~로 바꿔 쓸 수 있다. I'm not into classical music를 달리 쓰면 I'm not interested in classical music, 혹은 I'm not a fan of classical music이라고 할 수 있다.

Level 03 035

Do I make myself clear?
내 말이 무슨 말인지 알겠어?

🚀 핵심급소공략

make가 사역동사로 쓰인 경우로 make oneself clear는 자기 자신(oneself)을 상대방에게 분명하게 하다, 즉 자기의 의견이나 의지를 상대방이 분명히 알아듣고 이해하도록 표현하는 것을 말한다. 이의 대표적인 문장은 Do I make myself clear?로 이는 잔소리를 늘어놓는다가 "무슨 소린지 알아듣겠어?"라며 얘기를 마무리지으며 다짐받을 때, 혹은 얘기를 길게 하다가 상대가 제대로 이해하고 있는지 확인할 때 사용하는 표현이다. 비슷한 형태의 같은 의미로 make oneself understood(자신의 말을 상대에게 이해시키다)도 함께 알아둔다.

💬 Speak Like This

1 Please make yourself clear to us.
우리한테 네 의견을 분명히 말해봐.

2 I couldn't make myself clear during the interview.
면접동안에 내 의견을 분명히 밝힐 수 없었어.

3 I want you kids to clean your room. Do I make myself clear?
너희들 방 좀 치워라. 무슨 말인줄 알겠니?

EASY TALK

A: Why did you ask to meet me?
B: I want to make myself clear.
A: 왜 나를 만나겠다는거였어?
B: 내 의견을 분명히 하려고.

A: Can he make himself understood in Japanese?
B: No, not yet.
A: 일본어는 좀 할 수 있나요?
B: 아뇨, 아직요.

◀ make oneself understood in+ 언어를 뜻하는 명사(Korean, English, French)는 …언어로 소통이 가능하다라는 뜻.

✓ Talk Tips

단순히 Is that clear?라고 해도 상대방에게 "분명히 알겠어?"라는 뜻이 된다. 또한 자기가 한 말을 상대방이 이해하지 못했을 때는 I didn't make myself clear라고 하면 된다. 하지만 make oneself clear 대신 평범하게 말을 하려면 Do you know what I'm saying?라 하면 된다.

Level 03 036

Does it ring a bell?
뭐 생각나는거 없어?

핵심급소공략

누가 머릿속에서 딸랑딸랑 벨을 울려주기라도 한듯, 뭔가가 불현듯 떠오르는 것이 연상되는 표현이다. 주어가 "뭔가를 생각나게끔 한다"(remind A of something)는 의미. 직접 말하기 뭐한 내용을 전달할 때, 상대에게 힌트를 주면서 Does it ring a bell?(뭐 생각나는거 없어?)이라며 재치를 발휘할 때도 쓰이고, 확실하게 설명하긴 어려워도 "얼핏 기억이 나네"라고 말할 때 역시 It[That] rings a bell이라는 표현을 쓸 수 있고, 이의 의문문 Does it ring a bell?은 간단히 Ring a bell?이라고도 쓰인다.

Speak Like This

1 **Does the name Chris Suh ring a bell?**
   크리스 서라는 이름이 뭐 기억나는게 있어?

2 **That rings a bell, but I'm not sure.**
   그랬던 듯도 한데 잘 모르겠어.

3 **That name rings a bell. Is she American actress?**
   이름을 들어본 것 같은데. 미국여배우지?

EASY TALK

A: Have you seen the movie "Ghostbusters"?
B: That rings a bell, but I'm not sure.
A: 고스터버스터즈란 영화 봤어?
B: 얼핏 기억은 나는데 잘 모르겠어.

◀ buster에서 bust는 '급습하다,' '잡다'라는 동사이다.

A: I ran into Chris last night. Does it ring a bell?
B: Hmn, I don't remember him. Do I know him?
A: 어젯밤에 크리스를 우연히 마주쳤어. 기억나?
B: 음, 기억안나. 내가 아는 사람이야?

◀ 동의어로는 bump into, come across 등이 있다.

⊘ Talk Tips

꼭 알아두어야 할 표현이 하나 더 있다. That reminds me란 문장으로 의미는 "그러고보니 생각나네"이다. "그러고보니, 네 아빠가 전화하셨어"라고 하려면 "That reminds me. Your father called"라고 하면 된다.

Level 03 037

You won't believe this
너 이거 믿지 못할걸

🚀 핵심급소공략

뭔가 깜짝 놀래켜 줄 만한 일이 생겼을 때 "너는 내가 하는 말을 믿을 수 없을 정도로 놀랄거야," 즉 "이거 믿지 못할 걸"하며 서두를 꺼내는 말이다. 좀처럼 믿기 어려운 얘기를 시작하려고 할 때 써먹으면 좋을 표현으로, 상대방은 호기심에 두 눈을 번뜩이며 귀를 쫑긋 세울 것이다. You're not gonna believe this(넌 못믿을 걸)이라고 써도 되고, 한편, 다른 사람에게서 놀라운 소식을 듣고 와서 전해주고자 할 땐 You'll never guess what I heard라고 하면 된다.

💬 Speak Like This

1 You won't believe it, Cindy. We did it.
신디, 믿기지 않을거야. 우리가 해냈어.

2 You won't believe this, but I just saw Tom Cruise walking down the street. 믿지 않겠지만, 길거리에서 탐 크루즈가 걸어가는거 봤어.

3 You won't believe this, Chris asked me out the other day.
믿지 않겠지만, 요전날 크리스가 내게 데이트 신청했어.

EASY TALK

A: You won't believe this!
B: What happened?
A: 이거 믿지 못할 걸!
B: 무슨 일인데?

A: You won't believe this, but I saw a ghost.
B: That's crazy. I don't think ghosts exist. ◀ I think S+V (부정동사)
A: 믿지 못하겠지만 유령을 봤어.   보다는 I don't think S+V
B: 미쳤구만. 유령은 존재하지 않아.   (긍정동사)가
   더 informal하다.

✓ Talk Tips

You won't believe what[how~]의 형태로 놀란 내용까지 한 문장으로 말할 수도 있다. 예를 들어, "크리스가 내게 뭘 사줬는지 넌 믿지 못할거야"라고 말하려면 You won't believe what Chris bought me라고 하면 된다.

Level 03 038

You don't say!
정말!, 설마!, 아무려면!, 뻔한거 아냐!

핵심급소공략

뭔가 의외의 말을 들었을 때 약간의 「의구심」과 함께 「놀라움」을 나타내는 표현이다. 직역해서 "너는 말하지 않는다"라고 해석하면 안된다. 이 표현은 두가지 의미가 있는데, 첫째는 상대방의 말에 놀라서 "설마, 그럴리가!"(I don't believe it!)이고 두번째 뜻은 다 아는 사실을 가지고 호들갑떠는 사람에게 전혀 놀라지 않았다는 말로 「뻔한거 아냐!」, 「말해서 뭐해! (입만 아프지)」 정도의 의미로 되받아치는 냉소적인 뉘앙스로 쓸 수도 있다.

Speak Like This

1 **You don't say? What's this world coming to, huh?**
   설마? 이 세상이 어떻게 돌아가는거야, 어?

2 **You don't say? I thought everyone knew that.**
   당근이지. 다들 알고 있을텐데.

3 **You don't say! I'll believe it when I see it.**
   설마! 그렇게 되는 걸 직접 보기 전엔 못 믿어.

EASY TALK

A: He's Yale undergrad, Harvard medical school.
B: You don't say.
◀ undergraduate의 준말이고 대학원생은 grad student라고 한다.
A: 걘 예일대 학부생이고 하버드 의대 다녀.
B: 정말?

A: I hear the weather is due to get really cold this weekend.
B: You don't say. Well, I better get out my winter clothes.
A: 날씨가 주말에 무척 추워질거래.
B: 설마. 음, 겨울옷 꺼내놔야겠구만.
◀ get+형용사는 '…해지다.'

✓ Talk Tips

You don't say no to~는 전혀 다른 표현으로 "…에 아뇨라고 말하지 마라," 즉 '거절하지 마라'는 의미이다. 주로 상대방에게 충고나 경고를 할 때 사용하면 된다. You don't say no to Alexis. If you want to keep your job하면 "계속 직장 다니고 싶으면 알렉스에게 거절하지마"라는 뜻의 문장이다.

Level 03 039

I have company
일행이 있어

🚀 핵심급소공략

사장이 회사를 운영하고 있다고 자랑하는 문장이 아니다. company 앞에 관사가 없다는 것을 눈여겨봐야 한다. 이때 무관사 company는 '동료,' '친구,' '일행'이란 의미로 쓰인다. 쓰이는 형태로는 keep sb company(…의 말동무가 되어주다), have[expect] company(일행이 있다, 기다리다), enjoy sb's company(함께 해서 즐거웠어) 등이 대표적인 경우이다.

💬 Speak Like This

1 Sounds like you have company.
너 일행이 있는 것 같은데.

2 Please keep me company. I'm bored.
같이 있어줘. 나 심심해.

3 I'm so lonely tonight. Please come over and keep me company.
나 오늘밤 무척 외로워. 내게 와서 같이 있어줘.

EASY TALK

A: Why are you cleaning your house?
B: We're having company this weekend.
A: 왜 집을 치우고 그래?
B: 이번 주말에 손님이 와.

A: Sam, please keep me company tonight.
B: I can only stay for a few hours.
A: 샘, 오늘 밤 말동무 해줘.
B: 몇 시간 밖에 못 있어.

◀ keep sb company는 sb가 같이 있어주다라는 의미이다.

✓ Talk Tips

많이 쓰이는 형태는 아예 문장으로 외워두자. Please keep company는 "말동무 해줘," I enjoy your company는 "함께 해서 즐거웠어," 그리고 I'm expecting company는 "일행을 기다리고 있어요"란 뜻.

Level 03 040

Hang in there!
참고 견뎌!

핵심급소공략

어렵고 힘든 상황에 처한 사람들에게 아무리 힘들더라도 "포기하지 마라," "끝까지 버텨라!" (Remain brave; Be strong and don't give up)하며 기운을 북돋아주는 표현이다. 비슷한 표현으로는 Hang tough!(참고 견뎌!), Never say die!(약한 소리하지마!), 그리고 Stick with it!이 있다.

Speak Like This

1 **You're doing great. Hang in there, honey.**
너 잘하고 있어. 끝까지 버텨, 자기야.

2 **Hang in there. We're going to get you to the hospital.**
잘 견뎌. 병원으로 데려갈게.

3 **Hang in there, Sam. The first week on a new job is always tough.** 견뎌봐, 샘. 새 직장에서 보내는 첫 주는 늘 힘든 법이야.

EASY TALK

A: I don't think I can run around the track another time.
B: Hang in there! Just one more lap.
◀ '무릎'이란 의미 외에도 경주의 '트랙 한 바퀴'라는 의미도 있다.
A: 한 바퀴도 더는 못 뛰겠어.
B: 끝까지 해봐! 딱 한 바퀴만 더 뛰면 돼.

A: My teachers have given me low grades.
B: Hang in there. They'll improve if you study a bit.
◀ '시험에서 좋은 성적을 받다'라고 하려면 get a good grade on the test라 한다.
A: 선생님들이 내게 점수를 형편없게 줬어.
B: 끝까지 참고 버텨. 네가 공부 좀 하면 점수가 나아질거야.

Talk Tips

앞서 언급한 Stick with it!을 다시 살펴보자. stick은 '붙이다,' '달라붙다'라는 의미로 Stick with it!의 직역은 "그것으로부터 떨어져나가지 말고 붙어 있으라"는 뜻이 된다. 직장 동료가 회사를 그만둔다고 하자, "요즘 좋은 직장 구하기가 어려우니 참고 지내라"라고 말하려면 Stick with it! It's hard to get a good job these days라고 하면 된다.

Level 03 041

I won't let it happen again
다시는 그런 일 없을거야

🚀 핵심급소공략

땡땡이치다 들켰을 때, 술 마시고 늦게 귀가했을 때 엄마나 아내에게 "다신 안 그럴게, 한 번만 봐 줘요"(I won't do it again, I promise!)라고 두 손 싹싹 빌며 용서를 구할 때 쓸 수 있는 표현이다. 문두에 I swear(맹세할게)를 덧붙이면 의미를 더욱 강조할 수 있다. I swear I won't do it again(다시는 안 그러겠다고 맹세할게)처럼 말이다. 반대로 "다시는 그러지 말라"고 하려면 Don't let it happen again이라고 말하면 된다.

💬 Speak Like This

1 I just think that Chris will never let it happen.
크리스가 다시는 그러지 않을거야.

2 I know what's going on here, and I'm not going to let it happen.
여기 무슨 일인지 알아, 다시는 그런 일 없을거야.

3 Sorry about that. I won't let it happen again.
미안해. 다신 그런 일 없을거야.

EASY TALK

A: If I see you with another girl, we are finished!
B: I'm sorry honey. I won't let it happen again.
A: 네가 또 다시 딴 여자랑 있는게 눈에 띄면 우린 끝이야!
B: 미안해 자기야. 다시는 안그럴게.

◀ 달리 표현하자면
We are through
(남녀사이가 끝나다)로
할 수 있다.

A: I'm so upset that you forgot our anniversary.
B: I'm sorry. I won't let it happen again.
A: 당신이 결혼 기념일을 잊어버려서 너무 속상해.
B: 미안해, 다신 그런 일 없을거야.

✓ Talk Tips

주어에 꼭 사람만 오는 것은 아니다. 비인칭대명사 'It'을 사용하여 It won't happen again(이런 일 다시는 없을거야), It'll never happen again(다시는 이런 일 없을거야)처럼 사용된다.

I'm not kidding!
정말이야!, 장난아냐!

핵심급소공략

kid는 명사로 '새끼염소,' '아이'라는 뜻이 되지만 동사로 쓰이게 되면 다른 사람을 '속이다'(fool)라는 뜻이 된다. 그래서 be kidding처럼 진행형으로 사용하게 되면 「사실이 아닌 것을 말하다」라는 의미가 된다. 따라서 I'm not kidding하면 자기가 한 말이 거짓이 아님을 강조하는 표현으로 상대방이 자신의 말을 믿지 않을 때 사용하면 된다. 비슷한 표현으로는 I'm (dead) serious 등이 있다.

Speak Like This

1 **I'm not kidding.** When are you going to pay me?
   농담아냐. 언제 줄거야?

2 **I'm not kidding.** We think there's gonna be more.
   정말야. 우리는 더 있을거라 생각해.

3 **I'm just kidding.** It was a joke.
   농담야. 조크였어.

EASY TALK

A: I'm not kidding, we lost the contract.
B: What are we going to tell the boss?
　A: 그 계약을 따내지 못했어, 정말이야!
　B: 사장한테 뭐라고 하지?

A: I am ready to quit school. I'm not kidding.
B: Come on. You need to stay in school so you can get a good job.
　A: 학교 그만 둘려고. 장난아냐.　　　　　　　◀ 'so'는 이유를
　B: 그러지마. 학교를 계속 다녀야 좋은 직장을 얻잖아.　　나타내는 접속사이다.

Talk Tips

반대로 'not'을 없애고 긍정문으로 바꿔 I'm just kidding하면 "장난이야"라는 뜻이 된다. No, I'm just kidding. This is great은 "아니, 농담야. 이거 대단해." 그리고 I'm just kidding. You look fine은 "농담야. 너 좋아 보여"라는 의미의 문장이 된다.

Level 03 043

Are you kidding?
농담하는거야?, 무슨 소리야?

핵심급소공략

이번에는 상대방을 말하는 'you'가 주어로 쓰이고 여기에 kidding이 결합된 표현들을 살펴보자. 먼저 얼토당토않은 이야기를 하는 상대방에게 "너 지금 장난하는거야?"라고 하려면 Are you kidding (me)?라고 하면 된다. 또한 평서문으로 You're kidding (me)!하면 불신하며 "그럴 리가!," 놀라며 "정말!," 불확실해하며 "너 농담이지!"라는 뜻으로 쓰인다.

Speak Like This

1 Are you kidding? You cannot dump me!
뭔 소리야? 넌 날 찰 수가 없어!

2 Are you kidding me? You want me to feel sorry for you?
장난해? 나보고 네게 미안해하라고?

3 You're kidding! How did that happen?
장난마! 어쩌다 그렇게 된거야?

EASY TALK

A: I don't think I want to date you anymore.
B: Are you kidding? Why not?

◀ date sb (for+기간명사)는 '...동안 데이트하다'라는 뜻이다.

A: 더 이상 너랑 데이트하기 싫어.
B: 무슨 소리야? 왜 싫어?

A: I'm going to be on a quiz show on TV.
B: You're kidding! How did you get chosen for that?

A: TV 퀴즈쇼에 나갈거야.
B: 정말! 어떻게 나가게 된거야?

◀ 'TV에서'라고 하려면 반드시 'on'을 써서 'on TV'라고 해야 한다.

Talk Tips

You와 kidding 사이에 have got to를 넣어 You've gotta be kidding me!하게 되면 상대방의 말이 너무 어처구니 없을 때나 믿기지 않을 때 "농담마!"라는 의미로 쓸 수 있다. 그래서 "장난하는거지!," "말도 안돼!"라고 하려면 You've gotta be kidding me! I don't believe this!라 하면 된다.

Level 03 044

No kidding!
설마?, 너 농담하냐!, 진심이야, 맞아, 그렇지

🚀 핵심급소공략

No kidding!은 앞의 두 표현과 달리 더 다양한 의미로 쓰인다는 특징이 있다. 먼저 상대방의 말에 놀라며 "설마," "정말이야?," 또한 남들 다 아는 이야기를 이제야 알았다고 말하는 사람에게 "너 농담하냐," "장난하냐" 그리고 마지막으로 내가 한 말이 진실임을 재차 강조하며 "진심이야"라는 뜻으로 각각 쓰인다.

💬 Speak Like This

1 No kidding? Do you think I'm some crazy person?
농담하는거예요? 날 미친 놈으로 생각하는거예요?

2 She wrote a book? No kidding?
걔가 책을 썼다고? 정말?

3 No kidding. How do they track the car?
농담이지. 어떻게 차를 추적한거야?

EASY TALK

A: The snack that you're eating originally came from Asia.
B: No kidding. It has a very interesting flavor.

◀ come from~는 '…출신이다,' '…에서 유래하다,' '…에서 생겨나다' 등의 의미.

A: 네가 먹고 있는 그 과자는 원래 아시아에서 만든거야.
B: 설마. 맛이 너무 좋은데.

A: This room looks really dirty.
B: No kidding. It needs to be cleaned soon.

A: 이 방이 정말 지저분해 보인다.
B: 맞아. 어서 치워야 돼.

✓ Talk Tips

유독 동사원형인 kid를 사용하여 "정말이야"라고 말하는 표현이 있는데 I kid you not이 바로 그것이다. 직역하면 "난 너에게 거짓말하지 않는다"가 된다. "장난아냐, 네 어머니는 네가 의사가 되기를 바라셨어"라고 하려면 I kid you not. Your mother wanted you to be a doctor라고 하면 된다.

Level 03 045

Here's the deal
이렇게 하자, 이런거야

핵심급소공략

Here's~가 뭔가를 건네주면서 "여기 있어요"라고 하는 말이니, Here's the deal도 뭔가를 제시하면서 쓰는 표현이라는 것을 짐작할 수 있다. 이는 상대방에게 "이렇게 하자"고 뭔가를 제안할 때나, 어떻게 된 상황인지 자초지종을 설명을 할 때 쓸 수 있는 문장이다. 비슷한 표현으로 Here's the plan(자 이렇게 하자)가 있다. 한가지 주의할 점은 Here's a deal은 가격을 협상하며 제안할 때 사용하는 표현이라는 것이다.

Speak Like This

1 **Well, here's the deal. You have two options.**
저기, 이런 거야. 너한테는 두 개의 선택권이 있어.

2 **Ok, here's the deal. You come see me in Brooklyn.**
좋아, 이렇게 하자. 네가 브루클린으로 와서 날 만나는거야.

3 **Here's the plan. I'm booking a hotel for the weekend.**
이렇게 하자. 주말동안 지낼 호텔을 예약할게.

EASY TALK

A: Can you tell me the secret to being successful?
B: Here's the deal. If you work hard, you are going to be successful.

A: 성공의 비밀을 말해줄래?
B: 이렇게 되는거야. 열심히 일하면 성공할거야.

A: This house is a mess.
B: Here's the deal. If you clean it, I'll pay you.

◀ 혼잡하고 더러운 상태를 말하는 단어로 mess hall하면 군대의 식당을 말하는 표현이다.

A: 이 집은 아주 엉망이군.
B: 이렇게 하자. 네가 치우면 돈을 줄게.

✓ Talk Tips

deal도 다양한 의미로 사용되는 요주의 단어이다. What's the deal?은 "도대체 어떻게 된거야?," "What's your deal?하면 "무슨 속셈이야?," "너 왜그래?," 그리고 What's the big deal?하면 "별거 아니네," "무슨 큰일이라도 있는거야?"라는 의미.

Level 03 046

What brings you here?
무슨 일로 오셨나요?

🚀 핵심급소공략

앞서 설명한 What makes you think so?와 같은 사물주어 의문문이다. 동사는 bring sb to+장소명사의 형태가 이어진다. to+장소명사가 여기처럼 부사(here)가 오면 전치사 to는 쓰지 않는다. 의미는 어떤 사건이나 상황 때문에 'you'가 …에 오게 되었는지를 물어보는 표현이다. bring을 과거로 써서 What brought you here?라고도 쓴다. 간단히 말하면 Why did you come?이나 Why are you here?(여기 웬일이야?)란 말씀.

💬 Speak Like This

1 Hi, Chris. This is a surprise. What brings you here?
안녕, 크리스. 이거 놀라운데. 여긴 어쩐 일이야?

2 Why are you here? Is Sam in trouble again?
여긴 왜 왔어? 샘이 또 사고쳤어?

3 What a pleasant surprise! What brings you here?
이렇게 놀라울 수가! 무슨 일로 온거야?

EASY TALK

A: What brings you here today?
B: My left leg seems to be broken.
　A: 오늘은 무슨 일로 오셨나요?
　B: 왼쪽 다리가 부러진 것 같아서요.

◀ '다리가 부러지다'는 break one's leg 라고 한다.

A: Hello, Chris. What brings you here?
B: I came for the meeting at eight.
　A: 안녕하세요, 크리스. 무슨 일로 오셨어요?
　B: 8시에 회의가 있어서 왔어요.

✓ Talk Tips

What brings you back to Boston?(무슨 일로 보스톤으로 다시 돌아왔니?)라고 응용해 쓸 수 있다는 것을 알아두자. What brings you here?만 고집하지 말고 here 대신에 to+장소명사를 그리고 돌아오다라는 느낌을 첨가하려면 back를 덧붙이면 된다.

Level 03 047

I'm all ears
귀 쫑긋 세우고 들을게

🚀 핵심급소공략

"난 귀밖에 없어," 즉 귀밖에 없어서 "잘 들을 수 있으니 얘기해"(be ready and eager to listen)라는 말로 "네 말에 귀 쫑긋 세우며 열심히 듣고 있다(그러니 계속 말해라)"라는 의미. 상대방의 말에 집중하고 있다는 것을 비유적으로 표현한 것으로, You have my attention 이나 I'm listening carefully와 같은 뜻이 된다. 주로 상대방이 Have you ever heard about ~? 등으로 이야기를 꺼낼 때 대꾸하는 말로 쓸 수 있다. 주어로는 'I'만 오는 것은 아니다.

💬 Speak Like This

1 **I'm totally listening. I'm all ears. Go.**
열심히 듣고 있어. 귀기울이고 들으테니 어서 말해봐.

2 **Alright, tell me how you met George. I'm all ears.**
좋아요. 조지하고 어떻게 만났는지 얘기해줘요. 귀기울여 들을테니.

3 **When she has a problem, everyone's all ears.**
걔가 문제있으면 다들 신경 써서 듣잖아.

EASY TALK

A: Have you heard about what happened the other day to Chris?
B: I'm all ears.
A: 요전날 크리스한테 무슨 일이 있었는지 들었니?
B: 귀 쫑긋 세우고 들을테니까 말해봐.

◀ 날짜를 특정하지 않고 '며칠전에', '요전날'이라는 느낌을 주는 표현법.

A: Do you want to hear how we met for the first time?
B: Of course. I'm all ears.
A: 우리가 첨 어떻게 만났는지 알고 싶어?
B: 물론이지. 열심히 들을게.

◀ 의문사절이 hear의 목적어절(명사절)이 되어서 how 다음에는 주어+동사의 어순이 된다.

✓ Talk Tips

be all ears처럼 구어체에서 「all+신체부위」 형태의 말이 자주 사용되는데 I'm all eyes 는 "열심히 본다", I'm all mouth는 "(행동은 하지 않고) 말만 잘한다" 그리고 I am all thumbs는 "난 서툴러"라는 말이 된다.

It doesn't work
작동이 안돼, 효과가 없어

핵심급소공략

work은 문맥에 따라 여러가지 뜻을 가지고 있는데 여기서는 work가 (계획한 바가) "잘 되어가다," "제대로 작동되다" 또는 "효과가 있다"란 의미이다. 그래서 It works!하면 "제대로 되네!," "효과가 있네!," 그리고 The plan works!하면 "계획대로 된다!"라는 의미가 된다. 반대로 It doesn't work!하게 되면 "효과가 없다," "그렇게는 안돼!"라는 뜻으로 It doesn't work that way!하게 되면 "그렇게는 안통해!"라는 문장이 된다.

Speak Like This

1 **Treat them kind and they will reward you. It works.**
   잘 대해드리면 네게 보상해주실거야. 그게 통한다니까.

2 **Stop insulting me. It doesn't work anymore.**
   그만 좀 씹어. 더이상 통하지도 않는다고.

3 **It doesn't work that way over here, Chris.**
   크리스, 여기서는 그런 식으로는 안돼.

EASY TALK

A: Have you taken your medicine?
B: Yes, but it doesn't work.
A: 약은 먹었어?
B: 응, 근데 잘 안듣더라.

◀ 비유적으로는 '처벌을 감수하다,' '싫은 것을 참고 하다'라는 의미로도 사용된다.

A: How is the computer you bought?
B: It doesn't work. I think it has a virus.
A: 네가 산 컴퓨터 어때?
B: 제대로 안돼. 바이러스 걸렸나봐.

✓ Talk Tips

work에는 「(기계가) 작동하다」란 중요한 쓰임이 있어 부정으로 do not work하면 「고장 나다」로, be out of order와 같은 의미. 또한 That's not how it works란 표현이 있는데, 이는 "그렇게는 안돼"라는 중요표현이다.

Level 03 049

You're telling me!
누가 아니래!, 정말 그래!, 나도 알아!

🚀 핵심급소공략

상대방의 말에 전적으로 동의할(showing very strong agreement) 때 맞장구치는 표현. 또한 이미 다 알고 있는 안좋은 이야기를 새삼 다시 거론하는 사람에게 "나도 안다고!"라며 짜증낼 때도 사용된다. You're telling me (that) S+V?하면 상대방의 말을 확인하는 패턴으로 "…라는 말이야?"라는 의미이다.

💬 Speak Like This

1 **You're telling me. There's no need to be embarrassed.**
정말 그래. 당황해할 필요없어.

2 **You're telling me. I can't wait to leave.**
정말 그래. 떠나고 싶어 죽겠어.

3 **You're telling me you can't fix this?**
이걸 고칠 수가 없다는 말이야?

EASY TALK

A: I can't believe the prices at this restaurant.
B: You're telling me.
A: 이 식당은 비싸도 너무 비싸.
B: 그러게 말야.

A: I wasn't expecting the weather to be so hot today.
B: You're telling me. I shouldn't have worn this jacket.
A: 오늘 날씨가 이렇게 더울거라고는 생각도 못했어.
B: 누가 아니래. 이 재킷을 입지 말았어야 했어.

◀ 주어가 '기대하다,' '예상하다'라고 하려면 expect to+V라 하면 된다.

✓ Talk Tips

뒤에 that 절을 붙여서 You're telling me that S+V라고 하면 "…라고 말하는거야?"란 뜻이 된다는 것을 다시 한번 확인해둔다. You're telling me you didn't try to hit him?는 "넌 걔를 치려고 하지 않았다는 말야?," 그리고 You're telling me I can't see her?는 "내가 걔를 만날 수 없다는 말야?"라는 뜻이 된다.

Level 03 050

There you go again!
또 시작이네!

핵심급소공략

과거에 이미 여러 번 경험한 불쾌한 일이나 귀에 못이 박히도록 들어온 잔소리가 시작되려고 할 때 "또 시작이로군"이라는 의미로 사용되는 표현. 못마땅한 어조가 담겨 있다. 다시 말해 일종의 불만이나 불평(complaint)인 것이다. 예로 허구헌날 술값에 돈을 탕진하는 남편이 또 술에 취해 집에 들어올 때 마눈은 "There you go again, wasting our money"라고 할 수 있다.

Speak Like This

1 **There you go again. Will you change the channel?**
또 시작이구만. 채널좀 바꿀테야?

2 **There you go again. Always looking for a girl.**
네가 그렇지. 항상 여자만 찾아다녀.

3 **There you go again, always trying to spend all the money we have.** 또 시작이구나. 항상 돈만 있으면 몽땅 써버리려는거 말야.

EASY TALK

A: You should get a job that pays a higher salary.
B: **There you go again. You always complain about money.**

A: 급여가 많은 직장을 찾아봐.
B: 또 시작이군. 넌 늘상 돈타령야.

◀ '불평하다'라고 할 때는 complain 다음에 'of'나 'about'을 쓴다.

A: **I wish I was prettier.**
B: **There you go again. Don't be critical of yourself.**

A: 내가 좀 더 이뻤으면.
B: 또 시작이군. 그만 네 얼굴 타령해라.

◀ '내가 …했으면 좋겠다'라는 뜻으로 현재는 그렇지 못하다라는 의미이다.

✓ Talk Tips

Here we go again 역시 같은 의미로 "또 시작이구만"이란 의미. 사사건건 자기가 하는 일에 불평하는 마음을 향해 "Here we go again. You complain about everything I do"(또 시작이군. 당신은 어떻게 내가 하는 일마다 불만이야)라고 말할 수 있다.

Level 03 051

Run it by (me) again
다시 내게 설명해봐

🚀 핵심급소공략

화자가 자기가 이해를 쉽게 할 수 있도록 설명을 다시 해달라고 할 때 쓰는 표현이다. run sth by sb는 "…한테 ~에 대한 의견(opinion)을 물어보거나, 허락(permission)을 구하기 위해 말하다, 설명하다"라는 뜻이다. 참고로 Run it by me again은 굳어진 표현으로 "다시 한번 말해[설명해]달라"는 표현으로 'me'는 생략하기도 한다.

💬 Speak Like This

1 **I think you'd better run it by me.**
   내게 말해봐.

2 **Run it by me again. I need to think about it.**
   다시 한번 말해줘봐. 생각을 해봐야겠어.

3 **You what? Run it by me again.**
   네가 뭐라고? 다시 한번 설명해줘.

EASY TALK

A: Do you understand my proposal?
B: Not really. Run it by me again.
  A: 내가 제안한 내용 알겠어요?
  B: 글쎄요. 다시 한번 설명해주세요.

A: I'm going to drop out of school. I hate it!
B: What? Run that by me again.
  A: 자퇴할래. 학교 가기 정말 싫어!
  B: 뭐라구? 다시 한번 말해봐.

◀ '중도하차하다'라는 의미로 dropout하면 '중퇴'라는 명사가 된다.

✓ Talk Tips

Run it by me again 단독으로 써도 되지만, 앞에 충고의 문구인 You'd better~를 붙여 You'd better run it by me란 문장을 많이 쓴다. "그거 사장에게 먼저 물어보는게 좋을 거야. 별로 맘에 들어할 것 같지 않아"라고 하려면 You'd better run that by the boss first. He might not like that idea라고 하면 된다.

Level 03 052

You heard me
내가 말했지, 명심해, 얘기들었잖아

🎯 핵심급소공략

대개는 윗사람이 아랫사람에게 화내거나 타이를 때 완고하고 강압적 분위기에서 하는 말로, "내가 말했지," "명심해" 정도의 의미. You heard+사람[직책/대명사]가 와서 "명령이므로 입다물고 말 들어라"라는 얘기가 된다.

💬 Speak Like This

1 You heard me, son, turn it down!
시키는대로 해, 자식아. 소리줄이라고!

2 You heard me. Go to your room.
내 말 들었지. 방으로 가.

3 You heard me. I don't want you dating him.
명심해. 걔랑 데이트하지마.

EASY TALK

A: Do I have to do my homework?
B: You heard me. You can't watch TV until your homework is complete.
A: 숙제를 해야 돼요?
B: 내가 말했지. 숙제 다 할 때까지는 TV 못봐.

◀ movie에는 see, watch 다 쓰지만 영화보다 좁은 화면을 집중해서 봐야 하는 TV에는 보통 watch를 쓴다.

A: Did you say you're leaving?
B: You heard me. I'm never coming back.
A: 네가 떠난다고 말한거야?
B: 내가 말했잖아. 다시 안 돌아올거야.

◀ leave는 출발하다, 혹은 가다, 나가다, 퇴근하다, 퇴사하다 등 문맥에 따라 해석을 달리 해야 한다.

✓ Talk Tips

응용표현으로는 I don't think you heard me는 "내 말 못들었구만," 그리고 I've been told는 "그렇다고 들었어" 등이 있다.

Level 03 053

I'll get right on it
당장 그렇게 할게요, 그럴게요

핵심급소공략

어떤 일을 당장 실행에 옮기겠다는 말. 주로 직장에서 자주 하게 되는 말로 상사의 지시에 따라 "바로 일을 착수하겠다"는 의미의 표현이다. 메인 표현인 get right on~은 '뭔가 바로 시작하다,' '착수하다,' '바로 진행하다'라는 뜻으로 주로 I'll get right on it[that]의 형태로 쓰인다. 쉽게 표현하자면 "I will do it now"와 같다. 문장의 특성상 I'll get right on it 앞에는 Yes, sir, All right[Alright] 등의 대답이 먼저 나온다.

Speak Like This

1 **We're a little busy. But we'll get right on it.**
   좀 바쁘지만 바로 시작할게.

2 **I understand. I'll get right on it.**
   알았어요. 바로 시작 시작할게요.

3 **I'll have someone get right on that.**
   다른 사람이 바로 시작하도록 할게.

EASY TALK

A: JJ, I want to see those reports on my desk by 5 o'clock.
B: Yes, sir. I'll get right on it.
◀ o'clock은 보통 생략하고 그냥 by 5라 하기도 한다.

A: JJ, 그 보고서들을 다 작성해서 5시까지 내 책상 위에 올려놔.
B: 네 부장님. 바로 시작하겠습니다.

A: This paperwork is urgent. We need to submit it soon.
B: All right, I'll get right on it.
◀ 구동사로 하면 turn in, hand in 등으로 바꿔 쓸 수 있다.

A: 이 서류업무가 급해요. 곧 제출해야 합니다.
B: 좋습니다, 바로 착수하죠.

✓ Talk Tips

위 3번째 예문은 사역동사를 이용한 문장이다. I'll have someone get right on that은 사역동사 have를 이용한 문장으로 have+사람+동사원형이 그 틀이다. 즉 get right on 하는 사람이 'I'가 아니라 'someone'으로 누군가를 시켜서 그 일을 하도록 하겠다는 의미가 된다.

Level 03 054

I don't blame you
그럴 만도 해

핵심급소공략

blame은 「비난하다」(criticize), 「흠을 잡다」(find fault with)라는 뜻이어서 I don't blame you를 단순히 「널 비난하지 않는다」라고 해석할 수 있다. 하지만 이 표현은 어떤 일에 대해 「네 처신이 당연해」(It is right and reasonable for you to do something)라는 의미로 "그럴 만도 하지," "나라도 그랬을거야"라고 하면서 상대방의 말이나 행동에 동조할 때 유용하게 쓰인다. 이해하는 것까지 한문장에 말하려면 I don't blame you for~라 쓰면 된다. I don't blame you for being angry(네가 화낼 만도 해)처럼 말이다.

Speak Like This

1 **I don't blame you.** It's cold outside.
   어쩔 수 없죠. 바깥 날씨가 추우니.

2 **I don't blame you.** It was just an accident.
   어쩔 수 없었잖아요. 어쩔 수 없이 일어난 사고였는걸요.

3 That food was terrible, but **I don't blame you.**
   음식이 끔찍했지만 너도 어쩔 수가 없었잖아.

EASY TALK

A: I am so upset right now. I feel like quitting my job.
B: **I don't blame you.** I'd feel the same if I were in your shoes.

A: 나 지금 너무 화나. 딱 일을 관두고 싶은 기분이야.
B: 그럴 만도 해. 나라도 같은 기분이었을거야.

◀ 가정법 표현으로 '내가 너의 입장이라면'이라는 뜻이다. 같이 쓰는 표현은 feel[do] the same이다.

A: I am so sorry that I hit your car.
B: **I don't blame you.** It was just an accident.

A: 당신 차를 박아서 정말 미안합니다.
B: 어쩔 수 없었잖아요. 어쩔 수 없이 일어난 사고였는걸요.

✓ Talk Tips

그밖에 Don't blame yourself하면 "네 자신을 나무라지 말아라," 즉 "너무 자책하지 말라"는 위로의 표현이 된다. 또한 Don't blame me는 "나한테 그러지마," "내 탓으로 돌리지마"라는 의미.

Level 03 055

Does it work for you?
네 생각은 어때?, 너도 좋아?

🚀 핵심급소공략

여기서 'it'은 앞서 말한 제안이나 의견의 내용 전체를 지칭하는 대명사로, Does it work for you?하면 그것을 받아들이거나 동의할 수 있는지 물어보는 표현이 된다. 특히 약속을 잡을 때 시간이 괜찮냐고 물어볼 때 많이 쓰인다. 또한 이에 대한 답변인 (It) Works for me하면 "난 괜찮아," "찬성이야" 혹은 "…에 효과적이다," "…에게 먹히다," "통하다"라는 의미로 쓰인다.

💬 Speak Like This

1 Does this afternoon work for you?
오후 괜찮으세요?

2 Interesting. Chris, does that work for you?
흥미롭구만, 크리스, 너도 괜찮겠어?

3 All right. That works for me.
좋아. 난 괜찮아.

EASY TALK

A: I have to do my job this weekend.
B: Does it work for you?

◀ 강력한 조동사 must와 같은 계열. should와 ought to는 '약한 의무'를 나타낸다.

A: 이번 주말에 일을 해야 돼.
B: 괜찮겠어?

A: Can you meet me here at 1 pm tomorrow?
B: OK, that works for me.

A: 내일 오후 1시에서 여기서 만날래?
B: 그래, 난 좋아.

✓ Talk Tips

Sth works for sb는 "…가 ~에게도 괜찮냐"고 동의를 구하는 표현인 반면 Sb works for sth은 …을 위해 일한다는 의미이다. 또한 Does that~에서 주어자리에는 대명사만 오는 것이 아니다. "4시 괜찮아?"라고 물어보려면 Does four o'clock work for you? 라고 하면 된다.

Don't let it bother you
그거 신경쓰지마

핵심급소공략

bother는 '성가시게 하다,' '괴롭히다'라는 단어. 따라서 Don't let it bother you하면 "그것이 너를 괴롭히게 하지 말아라," 즉 "그 일로 더이상 괴로워하지 마라," "더 이상 신경쓰지마라"는 뜻. 쉬운 영어로 표현하자면 "Don't think about it"이 된다. 영어식 사고방식이 많이 요구되는 표현으로 'it'자리에 'him,' 'her' 혹은 'them' 등 사람을 가리키는 대명사가 올 수도 있다.

Speak Like This

1. **It's okay. Don't let it bother you.**
   괜찮아요. 신경쓰지 마세요.

2. **They're just teasing. Don't let it bother you.**
   그냥 놀리는거야. 너무 신경쓰지마.

3. **Does that smell bother you?**
   저 냄새 때문에 신경쓰여?

EASY TALK

A: I can't believe he was so rude to me!
B: Don't let it bother you.
   A: 그는 어쩜 그렇게 나한테 무례할 수가 있지!
   B: 신경쓰지마.

A: Oh, excuse me. I seem to have stepped on your foot.
B: That's all right. Don't let it bother you.
   A: 어머, 미안해요. 제가 당신 발을 밟은 듯하군요.
   B: 괜찮아요. 신경쓰지 마세요.

◀ seem to+V는 V가 seem과 시제 일치이고, seem to have+pp는 seem 보다 앞선 시제를 말한다.

✓ Talk Tips

'let it bother'가 주축이 된 또 다른 문장으로는 I tried not to let it bother me(그것에 신경을 쓰지 않으려고 노력했어), That's why I didn't let it bother me(그래서 내가 신경을 쓰지 않았던거야), 그리고 Don't let it get you down(그것 때문에 괴로워하지마) 등이 있다.

Level 03 057

He's gone for the day
퇴근했어

핵심급소공략

앞서 언급한 'call it a day[night]'와 같은 의미의 표현으로 현재완료를 써서 have[has] gone for the day하게 되면 그날 일을 마무리하고 퇴근했다라는 의미의 문장이 된다. 비슷한 형태의 has done for the day 역시 '하루 일을 끝냈다,' '그만 가자,' '그만 하자'라는 표현이 된다.

Speak Like This

1 Where's Sam? Gone for the day?
샘 어디있어? 퇴근한거야?

2 He's gone for the day. I'm his partner. Can I help you?
그 분은 퇴근했어요. 제가 그분의 파트너인데 뭐 도울게 있나요?

3 4:00 in the afternoon and he's done for the day?
오후 4시인데 퇴근했다고?

EASY TALK

A: It looks as if Jim has gone for the day.
B: What makes you say that?
A: 짐이 퇴근한 것 같은데.
B: 어째서 그런 소리를 하는거야?

◀ 화자가 보기에, 듣기에 '…한 것 같다'라고 말할 때 사용하면 된다.

A: Is she in her office right now?
B: I'm sorry, but she's gone for the day.
A: 지금 사무실에 계시나요?
B: 죄송합니다만 퇴근하셨습니다.

✓ Talk Tips

퇴근이 아니고 아예 하루를 쉰다고 할 때는 'take a day off'를 주로 쓴다. 그래서 "하루 쉬어야겠어"는 I need to take a day off, "오늘은 나 쉬는 날이야"는 This is my day off 라고 하면 된다. 아파서 오늘 출근 못한다고 전화를 할 때는 call in sick이라는 표현을 사용하면 된다.

Level 03 058

How did it go?
어떻게 됐어?, 어땠어?

🚀 핵심급소공략

어떤 일(it)의 진전 상태를 물어보는 표현. did를 축약하여 How'd it go?로 줄여 말하기도 한다. 단독으로 써도 되고 특정 장소에서의 일이 어떻게 되었냐고 물어보려면 How did it go at the doctors?(병원에서 어땠어?), 그리고 How did it go in court today?(오늘 재판 어땠어?)처럼 하면 된다. 또한 장소가 아니라 누군가와의 관계가 어떻게 되어가는지를 물어보려면 How did it go with sb?라고 하는데 "지난밤 크리스하고 어떻게 됐어?"라고 하려면 How did it go with Chris?라고 말하면 된다. 여기서 go는 '가다'가 아니라 '진행되다'라는 뜻이다.

💬 Speak Like This

1 How did it go? Please tell me it went OK.
어땠어? 잘 됐다고 제발 말해줘.

2 Did you talk to Chris? How did it go?
크리스에게 말했어? 어떻게 됐어?

3 How did it go with the teacher?
선생님하고는 어떻게 됐어?

EASY TALK

A: I finally met my girlfriend's parents.
B: Well, how'd it go?
> A: 드디어 여자친구 부모님을 뵈었어.
> B: 그래, 어떻게 됐어?

A: Sam and I went to visit her mother.
B: How'd it go? Did she like you?
> A: 샘하고 난 걔 엄마를 방문하러 갔어.
> B: 어땠어? 널 좋아하셨어?

◀ 우리나라 사람이 가장 틀리기 쉬운 영어말하기는 과거를 현재로 말하는 것이다. 'go to~'라고 하지 말기를.

✓ Talk Tips

How did it go?에서 'it'을 명사로 직접 넣어 물어보는 경우도 있다. "회의 어땠어?"는 How did the meeting go?, PT 어땠어?는 How did the presentation go?, 그리고 "소개팅 어땠어?"는 How did the blind date go?라고 하면 된다.

I'm totally burned out
완전히 뻗었어

핵심급소공략

burn(타다, 태우다)에 '완전히'(completely)란 의미의 부사 out이 붙어 만들어진 표현으로 '기력을 완전히 소진하다'라는 뜻. 주로 장기간에 걸친 과로나 스트레스 등이 원인이 될 경우 사용한다. I'm exhausted(완전히 지쳤어), I'm stressed out(스트레스로 피곤해), I'm tired out(진이 다 빠졌어), I'm worn out(녹초가 됐어), 그리고 I'm wiped out(완전히 뻗었어) 등의 표현들을 써도 된다.

Speak Like This

1 **I am totally burned out.** Let's call it a day.
난 완전히 뻗었어. 퇴근하자.

2 I didn't eat lunch. I can't eat when **I'm stressed out.**
점심을 안 먹었어. 스트레스 받을 땐 난 못 먹어.

3 I'm going to have to cancel. **I'm totally wiped out.**
취소해야 돼. 완전히 녹초가 됐어.

EASY TALK

A: **I am totally burned out.** I don't think I can work another minute.
B: You'd better take a **break**.

◀ break는 계속 일을 하다가 멈추고 쉬는 것을 말한다. 그래서 쉬는 시간은 'break time.'

A: 난 완전히 녹초야. 단 일분도 더 일 못하겠어.
B: 쉬는게 좋겠다.

A: Can you **help** me move the desk?
B: **I'm exhausted.** Can we do it tomorrow?

◀ help+목적어+(to)+V. 요즘에는 'to'를 거의 쓰지 않는다.

A: 이 책상 옮기는 것 좀 도와줄래?
B: 나 녹초거든. 내일 해도 될까?

✓ Talk Tips

무엇에 지쳤는지 말하려면 I'm burned out on sth이란 패턴을 쓰면 된다. 상대방에게 "결혼생활에 지쳤어?"는 Were you burned out on your marriage?, 그리고 "연례보고서 작성하느라 완전히 뻗었어"는 I'm totally been burned out on the annual report라고 하면 된다.

Level 03 060

I'll tell you what
이게 어때, 저기 말야, 이러면 어떨까

🚀 핵심급소공략

대화 도중 더 좋은 생각이나 주제가 떠올라서 이를 제안할(to introduce a suggestion or a new topic of conversation) 때 사용하는 표현. I tell you what이라고도 할 수 있는데 우리말로는 「이게 어때?」, 「이러면 어떨까?」(Here's an idea; Let me put it to you this way) 정도에 해당된다. 앞에 OK나 Alright이 오는 경우가 많고 뒤로는 I am going to+V /I'll+V /Why don't you+V /Let's+V 등의 문장이 자연스레 따라온다.

💬 Speak Like This

1 **I'll tell you what. I'll buy you a new pair of gloves.**
   이러면 어떨까. 새 장갑 사줄게.

2 **I'll tell you what. Here's my business card. You call me.**
   저기 말야. 여기 내 명함야. 네가 전화해.

3 **I'll tell you what. How about I cook dinner at my place?**
   이럼 어때. 우리 집에서 저녁 해먹자.

EASY TALK

A: **I'll tell you what. I will buy the watch for you.**
B: **Really? That's great! You're so generous!**
   A: 저기 말야. 내가 시계를 사줄게.
   B: 정말? 좋아! 정말 고마워.

◀ buy sb sth(4형식)을 3형식으로 바꿀 때 sb 앞에는 for가 붙는다.

A: **I'll tell you what. I think every summer feels hotter.**
B: **Me too. Is it an effect of global warming?**
   A: 저기 있잖아. 매년 여름이 더 더워지는 것 같아.
   B: 나도 그래. 지구 온난화 현상인가?

✓ Talk Tips

I'll tell you what S+V 형태로 쓰면 "네게 …을 말해줄게"라는 뜻이 된다. "네가 말해주면 팀이 말한 걸 말할게"는 If you tell me, I'll tell you what Tim said, "걔네들이 무엇 땜에 싸웠는지 말해줄게"는 I'll tell you what they were fighting over라고 표현하면 된다.

Level 03 061

No harm done
괜찮아, 잘못된거 없어

핵심급소공략

이미 벌어진 일에 대하여 "손해본거 없어," "일이 잘못된 것은 아니야," 그러니 걱정말라는 의미로 하는 말이다. 즉 "다 괜찮고 문제가 없다"(Everything is OK and there are no problems)이라는 맘을 전달하는 표현으로 No damage라고 해도 된다. 자연스레 이렇게 손해본거 없다는 말을 하기 전에는 주로 That's okay 등의 문장이 앞서는 경우가 많다.

Speak Like This

1 That's okay. No damage.
괜찮아요. 손해본 것도 없는데.

2 No damage to the car, no injuries.
자동차 손상도 없고 다친 데도 없어.

3 There's no damage to the fuel line.
연료선에는 아무 손상이 없어.

EASY TALK

A: I'm sorry we caused a problem for you.
B: No harm done. Everything turned out alright.

A: 너한테 문제를 일으켜서 미안해.
B: 손해본거 없고 다 괜찮아.

◀ turn out all right for you
(너에게 ~가 다 잘된다[풀리다])
를 암기해둔다.

A: Oops. I spilled wine all over your dress.
B: That's okay. No damage.

A: 이런. 와인을 당신 옷에다 온통 쏟아버렸네요.
B: 괜찮아요. 별일 아니에요.

✓ Talk Tips

What's the harm?하면 "손해볼게 뭐야?," "밑질게 뭐 있어?"라는 좀 다른 의미가 된다. 그래서 "손해볼게 뭐 있어? 아무한테도 피해가 가지 않는다구"라고 말하려면 What's the harm? It doesn't hurt anyone이라고 하면 된다.

That's not how it works
그렇게는 안돼

핵심급소공략

방법이 틀렸음을 지적해 주는 표현으로 That's not how we do things here(여기서는 그렇게 하는게 아냐)라는 의미로 많이 쓰인다. how를 the way로 대체하여 That's not the way it works라 쓰기도 한다. 직설적으로 간단히 Not that way!(그런 식으로 안돼!)라고 말해도 된다. 또한 뭔가 (상대방이) 틀린 방법이나 틀린 정보를 알고 있을 때 바로 잡아줄 때는 That's not the how S+V의 패턴을 이용하면 된다.

Speak Like This

1 **That's not really how it works.**
정말 그렇게 되는게 아냐.

2 **That's not how they measure pants.**
바지 치수를 그렇게 재는게 아냐.

3 **That's not how it happened.**
그렇게 해서 그게 일어난게 아냐.

EASY TALK

A: If I invest in the stock market, will I get rich?
B: That's not how it works. Many people lose their money.

A: 내가 주식시장에 투자를 하면 돈 좀 만지겠어?
B: 그렇게 되는 건 아니야. 돈 잃는 사람이 많아.

◀ get+형용사는 '...가 ...해지다'라는 의미.

A: Judge, I paid the fine. Can I go now?
B: That's not the way it works. You have to stay in jail one more night.

A: 판사님, 벌금을 냈어요. 이제 가도 되나요?
B: 그렇게는 안됩니다. 하룻밤 더 감옥에 있어야 합니다.

◀ fine letter는 계약서 뒤의 아주 작은 글자를, parking fine하면 주차위반벌금을 뜻한다.

✓ Talk Tips

'how it works'는 빈출어구로 이를 이용한 두 문장을 알아본다. 먼저 Show me how it works는 "그거 어떻게 하는건지 보여줘," 그리고 'know how it works'를 이용한 They don't want us to know how it works는 "걔네들은 우리가 그게 돌아가는 방식을 알길 원하지 않아"라는 의미가 된다.

Level 03 063

What's got into you?
뭣 때문에 이러는거야?

핵심급소공략

get into sb는 "…가 이상한 행동을 하게 하다"(make someone act strangely)라는 뜻으로, What's got into you?는 평소와 달리 이상하게 구는 사람에게 "뭣 때문에 이러는 거냐?"고 그 이유 또는 원인을 다그치는 말. What's의 's'는 'is'가 아니라 'has'의 축약형이다. 또한 get의 pp는 got, gotten 두가지로 쓰이기 때문에 What's gotten into your head?(무슨 생각으로 그래?), What has gotten into you?(뭣 때문에 이래?)로 쓰일 수도 있다.

Speak Like This

1 **Talk to me, what's got into you?**
나한테 말해봐, 뭐 때문에 이러는거야?

2 **What's gotten into you? You're quitting?**
어, 너 왜 그래? 그만두려고?

3 **You've been acting odd lately. What's got into you?**
너 요즘 행동이 이상해. 뭐가 문제야?

EASY TALK

A: I hate studying. It is really boring.
B: What's got into you? You used to be an excellent student.

A: 공부하기 싫어. 정말 지루하단 말야.
B: 뭣 때문에 그래? 넌 모범생이었잖아.

◀ hate+to+V[~ing]이지만 넘 강한 단어여서 보통 don't like~를 많이 쓴다.

A: You were fighting. What's gotten into you?
B: That guy was making me really angry.

A: 너 싸웠지. 뭐 때문에 이러는거야?
B: 저 자식이 정말 날 짜증나게 했어.

✓ Talk Tips

앞서 언급했지만, What's eating you?라는 표현에서 eat은 먹다가 아니라 '걱정시키다(worry)', '속을 태우다(annoy)'라는 뜻. 그래서 전체적으로는 '무슨 걱정거리 있어?,' "뭐가 문제야?"라는 의미로 쓰인다. You've been acting odd lately. What's eating you?하면 "너 요즘 행동이 이상해. 뭐가 문제야?"라는 말.

Level 03 064

You can count on me
나만 믿어, 나한테 맡겨

핵심급소공략

count는 '수를 세다'라는 뜻 외에도 '의지하다'라는 의미가 있어 You can count on me하면 도움을 요청받았거나, 무슨 힘든 일에 맞닥뜨렸을 때 자신감을 피력하고 상대에게 확신을 심어주는 표현이 된다. count on과 같은 의미의 구동사로는 depend on, rely on, rest on 등이 있다.

Speak Like This

1 **In a crisis, you can always count on me.**
힘들 땐 항상 날 의지해.

2 **I'm here for you. You can always count on me.**
내가 옆에 있잖아. 항상 날 믿어.

3 **You can count on my help. Just say the word.**
내 도움에 의지하라고. 말만해.

EASY TALK

A: **Please get it done right away.**
B: **Don't worry, you can count on me.**

◀ '당장'이라는 뜻으로 좀 더 강조하려면 right now라고도 한다.

A: 그거 당장 마치도록 해.
B: 걱정하지말고, 나만 믿어.

A: **Honey, will you always love me and never leave me?**
B: **You can count on me.**

A: 자기야, 언제나 나를 사랑하고 절대 떠나지 않을거지?
B: 나만 믿어.

✓ Talk Tips

비슷한 표현으로는 Let me take care of it(나한테 맡겨), Leave it to me!(나한테 맡겨, 내가 할게) 그리고 Let me handle it[this](내가 처리하죠) 등이 있다.

Level 03 065

It's never gonna happen
절대 그런 일 없을거야

🚀 핵심급소공략

어떤 일이 일어날 가능성이 아주 희박하고, 아니 거의 일어날 가능성이 없을 때 happen을 이용하여 It's never going to happen이라는 표현을 사용한다. going to는 gonna로 바뀌어서 It's never gonna happen이라고도 말할 뿐만 아니라 미드나 스크린 대본에서는 이렇게도 쓴다. It's의 's'는 is의 축약형이다. 특히 남녀사이에 사귈 가능성이 없다고 강조할 때 이 표현을 자주 쓴다. happen 대신에 work를 쓰기도 한다. 단순하게 (It'll) Never happen!(절대 안돼!, 말도 안돼!)라 하기도 한다.

💬 Speak Like This

1 We're never gonna happen.
우린 절대 안될거야.

2 You can't get into Harvard. It'll never happen!
넌 하바드에 못가. 절대 안될걸!

3 A date with Chris? It'll never happen!
크리스하고 데이트? 절대 그런 일 없을거야!

EASY TALK

A: If you go out with me, I promise we'll have a great time.
B: Forget it. It's never going to happen.
A: 나랑 데이트하면 우린 정말 즐거운 시간을 보낼 거야.
B: 관두셔. 그런 일은 절대 없을테니까.

◀ go out with sb는 '…와 데이트하다'라는 의미이다.

A: This is a rocket that can fly to the moon.
B: It's never going to work.
A: 달까지 날아갈 수 있는 로켓야.
B: 절대 그렇게 되지 않을걸.

✓ Talk Tips

happen은 다양한 표현을 만들어내는 중요단어로, That can't happen하면 "말도 안돼," "그렇게는 안돼," I don't see that happening하면 "그렇게는 안될 걸," 그리고 That never happened to me하면 "이건 처음 겪는 일이야"라는 뜻이 된다.

Level 03 066

I'll get back to you
나중에 연락할게

🚀 핵심급소공략

get back to는 '나중에 전화하다'(call someone later), '나중에 논의하다'(discuss it later)라는 뜻으로 바쁜 와중에 전화가 걸려오거나 혹은 사정상 논의를 미뤄야 할 때 쓸 수 있는 구어체 표현. Let me get back to you라고 하기도 하며, 쉽게 말하자면 Let's talk later, 혹은 I'll call back later로 생각하면 된다. 참고로 Get back to me하면 "나중에 연락해"가 된다. 연락해야 하는 일도 함께 말하려면 get back to on sth이라고 하면 된다.

💬 Speak Like This

1 I'll get back to you on that. I might have other plans.
그거에 대해서는 나중에 연락할게. 다른 일정이 있을지 몰라서.

2 I'll get back to you when you're not so busy.
바쁘지 않을 때 다시 연락할게.

3 Leave a message and she'll get back to you.
메시지를 남기면 걔가 연락을 할거야.

EASY TALK

A: I'm sorry I didn't get back to you sooner.
B: That's all right, I have been pretty busy as well.
A: 더 빨리 연락 못 줘서 미안해.
B: 괜찮아. 나도 그동안 꽤나 바빴는걸 뭐.

A: Can you take a phone call?
B: No, tell them I'll get back to them as soon as possible.
A: 너 전화받을 수 있어?
B: 아니, 가능한 빨리 연락하겠다고 말해줘.
◀ 줄여서 ASAP라고 하고, 발음은 /에이에스에스피/ 혹은 /에이셉/이라고 한다.

✓ Talk Tips

get back to+장소명사가 나오면 "…로 돌아가다," "다시 가다"라는 의미가 되며, 그래서 get back to the office하면 '사무실로 돌아가다'가 되고, 유명표현인 get back to work는 "다시 일을 시작하다"라는 의미로 쓰인다.

Level 03 067

Don't give me that!
그런 말마!, 정말 시치미떼기야!

핵심급소공략

장황한 변명(excuse)을 늘어놓거나 아예 믿기지 않는 거짓말을 하는 상대에게 쏘아붙일 수 있는 표현이다. 우리말로는 "그런 말마," "정말 시치미떼기야" 정도로 생각하면 된다. 상대방의 설명이나 변명을 믿지 못할 때 사용하면 된다. 강조하려면 that 대신에 that shit을 쓰면 된다. 반대로 I'll give you that하면 "네 말이 맞아"라는 다른 표현이 된다. 또한 Give me that!하면 상대방에게 그것을 달라고 할 때 하는 표현으로 "내놔!"라는 의미.

Speak Like This

1 Don't give me that. I'm mad at you.
그런 말마. 열받잖아.

2 Don't give me that. You were trying to protect yourself.
말도 안되는 소리마. 넌 널 보호하려는거잖아.

3 Don't give me that. I know all the details.
그런 말마. 속속들이 다 알고 있다고.

EASY TALK

A: I can't work with that guy.
B: Don't give me that shit.
A: 난 저 친구하고는 일 못하겠어.
B: 그런 쓸데없는 소리 하지 말라구.

A: I think it's far beyond my ability.
B: Don't give me that. What you need is a little more effort.
A: 그건 내 능력밖인 것 같아.
B: 그런 말마. 노력 좀만 더하면 돼.

◀ be (far) beyond my ability는 '내 능력 밖이다'라는 의미이다.

✓ Talk Tips

참고로 Don't give me that look하면 "날 그렇게 쳐다보지마," Don't do that. Don't give me that fake confused look하면 "그러지마. 그 혼란스러워하는 척하는 표정 좀 짓지마"라는 문장이 된다. 또 하나 Don't you dare give me that attitude는 "그런 태도를 내게 보이지마"라는 의미가 된다.

Level 03 068

You're right on!
좋아!, 맞아!

핵심급소공략

상대방의 말에 "좋아!," "맞아!"(Exactly correct!)하며 전적인 동의나 찬성을 나타내는 말이다. 영어로 풀어쓰면 "You're exactly right" 혹은 "You know something very well" 정도로 생각하면 된다. 주어, 동사빼고 그냥 "Right on!"이라고 해도 된다. 달리 표현하자면 You got that right!이라고 할 수 있다. 또한 아래 두번째 예문에서 보듯 주어로 항상 'You'가 오는 것은 아니며, 또한 You can't be right on all the time하면 "네가 항상 맞을 수 없어"라는 문장이 된다.

Speak Like This

1 **When you say it's too cold, you're right on.**
   네가 너무 춥다고 말하는 건 정말이지 맞는 말이야.

2 **His predictions of the future were right on.**
   미래에 대한 걔의 예견은 맞았어.

3 **You're right on. They are very good for your body.**
   네 말이 맞아. 네 몸에 무척 좋아.

EASY TALK

A: **Are you telling me that you plan to be president of this company?**
B: **You're right on. I'm going to work until I make it to the top.**
   A: 네가 이 회사 사장이 될 생각이라는 말이야?
   B: 맞아. 최고의 자리에 오를 때까지 일할 거야.

A: **I really like the food in this restaurant.**
B: **You got that right. It's the best pizza in town.**
   A: 이 식당 음식 정말 맛있어.
   B: 네 말이 맞아. 시내에서 가장 맛있는 피자야.

◀ '네 말이 맞아,' '그게 맞아'라고 상대방의 말에 적극적으로 동의할 때 사용하면 된다.

✓ Talk Tips

위의 표현에서 right를 빼고 You're on!하면 (내기를 받아들이며) "그래 좋았어, 좋을대로"라는 뜻이 되며 또한 You are right on the money하면 카지노의 룰렛 게임에서 자신이 선택한 번호칸에 공을 넣어 돈을 따게 됐을 때 하는 말 "바로 맞혔어"라는 의미가 된다.

Level 03 069

I got this
이건 내가 알아서 할게, 내가 처리할게, 내가 낼게

핵심급소공략

get의 쓰임새는 무궁무진하고 많은 부분 아주 영어적 사고방식 아니면 이해하기 어려운 표현들이 많이 우리를 괴롭힌다. I got it하면 상대방의 말에 이해했다는 말로 "알았어," "알겠어"가 되지만 'it'을 'this'로 바꾸면 "내가 해결할게," "난 할 수 있어"(I can do this)라는 다른 의미로 쓰인다. 반대로 You got this!하면 상대방을 응원하면서 "넌 할 수 있어(You can do this)"라는 표현이 된다. I've got this라고 해도 된다.

Speak Like This

1 **I got this. Let me take care of this.**
   내가 낼게. 이건 내가 알아서 낼게.

2 **Don't worry about that. I got this.**
   이거 걱정하지마. 내가 알아서 할게.

3 **I got this. Just give me five seconds here.**
   내가 이거 할 수 있어. 5초만 줘.

EASY TALK

A: Tell me you can handle this.
B: I've got this.
◀ 두 단어인 구동사로 하면 deal with이다.
   A: 이거 처리할 수 있다고 말해.
   B: 내가 해결할게.

A: Chris is really angry. I don't know what to do.
B: No problem. I got this.
◀ 의문사절로 고쳐쓰면 what I should do 이다.
   A: 크리스가 정말 화났어. 어떻게 해야 될지 모르겠어.
   B: 걱정마. 내가 해결할게.

✓ Talk Tips

좀 어렵지만 get의 다양함에 놀라기 위해 몇가지 알아본다. You got that from me하면 "그건 나한테 물려받은거야," I got that a lot하면 "나 그런 얘기 많이 들어," 그리고 Get me Chris하면 전화로 "크리스 있나요" 혹은 대면으로 "크리스 데려와"가 된다. Give me Chris하면 '전화로 크리스를 바꿔달라'는 의미로만 쓰인다. '데려오라'는 의미는 없다.

맛있는 요리를 내온 친구에게, 그냥 "맛있다"보다는 "와! 맛있다!"하며 오버하듯 말해준다면 요리를 준비한 친구의 기쁨은 배가 될 수도 있을 터. 잘만 쓴다면, 상대방의 기분을 up 시켜줄 수도 있고, 밋밋한 대화에 생기를 불어넣어줄 수도 있는 감미료 같은 말이 바로 감탄사인 것이다. 고로, 우리가 좀더 생생한 생활영어를 하려면 이러한 일상적인 감탄의 표현들을 잘 알아두어야 한다. 삶의 곳곳에서 나타나는 기쁨, 슬픔, 놀람, 충격, 두려움 등을 담아내는 영어 감탄사들을 속속들이 파헤쳐 보자.

- **Come on!**
- **Wow!**
- **Bingo!**
- **Holy cow!**
- **Great Scott!**
- **God bless you!**
- **Oh, my God!**
- **Good heavens!**
- **Oh, boy!**
- **Whoops! Ooh la la!**
- **For Pete's sake!**
- **Who knows!**
- **Cheers! Gotcha!**
- **Dear me!**
- **Gee!**
- **God damn it!**
- **Son of a bitch!**
- **I'll be darned!**
- **Okey dokey!**
- **Say cheese!**

긴 말 필요없다! 짧지만 강한
영어회화 핵심문장

SUPPLEMENTS

[1] 알아두면 신이나는 감탄사

1

Come on!
작작 좀 해라!

영화나 드라마를 보면 가장 많이 듣는 표현 중 하나로 그 의미 또한 다양하다. 상대방이 놀릴 때 혹은 과장되게 말할 때 Come on!하면 「이러지마!」(Stop it; Stop doing that!)란 뜻이고, 상대방에게 허가를 구할 때, 예를 들어 밤 늦은 귀가를 요청하는 딸이 또는 빵을 더 먹겠다고 졸라대는 아들이 Come on!하면 「제발 허락해 주세요」라는 의미. 또한 상대방이 이동하면서 Come on!하면 「서두르라」(Hurry up!)는 말이다.

A: What time does the show start?
B: It begins at nine. Do you think you can get ready in time?
A: That depends on whether the bathroom is free.
B: Come on! You can take a shower later.

A: 그 공연 몇 시에 시작하지?
B: 9시에. 시간 맞춰 준비할 수 있겠어?
A: 그야 욕실이 비어 있으면.
B: 제발 그만 좀 해! 샤워는 나중에도 할 수 있잖아.

2

Wow!
우와!

신나고 재미있는 일뿐만 아니라 놀랍고 기상천외한 일 등 상황에 따라 억양과 표정으로 뉘앙스를 조절하는 우리말의 「와!」라는 감탄사와 발음뿐만 아니라 뜻도 비슷해 그리 낯설지 않은 영어표현이다. 동물원에 생전 처음 구경간 꼬마가 원숭이를 보며 「와! 진짜 원숭이다!」라고 소리칠 때 Wow! A real monkey!라 할 수 있다.

A: Oh, I'm so sick today. Look at my eyes.
B: Wow! Your eyes look like two cupcakes floating in tomato soup.
A: I think I'm going to stay home today.
B: That's a good idea.

A: 아, 오늘 몸이 너무 아프다. 내 눈 좀 봐.
B: 어머! 꼭 토마토 수프에 컵케이크가 두 개 떠 있는 것 같아.
A: 오늘은 그냥 집에 있어야할까봐.
B: 그러는 게 좋겠다.

3. Bingo!
맞아!, 이겼다!

종이 위에 숫자를 무작위로 적어 놓고 역시 숫자가 적힌 공을 골라 그 공에 적힌 숫자를 지워 나가다가 가로, 세로 혹은 대각선 방향으로 다섯 개를 먼저 연결하는 사람이 "빙고!"하고 외치면 이기는 게임이 바로 Bingo. 여기서 파생하여 일상생활에서 Bingo!하면 「이겼다!」, 「해냈다!」, 「맞췄어!」, 「바로 그거야!」(That's it!)라는 뜻이 된 것.

A: What should I do about the report that's due tomorrow?
B: Call in sick and tell your boss you'll have it done by Friday.
A: You want me to lie to my boss?
B: Bingo!

A: 내일이 보고서 마감인데, 어떻게 하지?
B: 상사에게 전화해서 아프다고 하고 금요일까지 끝마치겠다고 해.
A: 나더러 거짓말을 하라구?
B: 맞아!

4. Holy cow!
어머나!, 세상에!

holy는 「신성한」이라는 의미로 익숙하지만, 반어적으로는 「놀라운」이란 뜻. 여기에 여러 가지 다양한 단어가 결합되어 Holy + 명사!하면 놀람이나 기쁨 등 감정이 격해질 때 내뱉는 탄식어가 된다. 명사로는 이처럼 cow가 빈번히 등장하며 그밖에 cats, Moses, fuck, shit 등이 와도 같은 의미. 하지만 Holy fuck!이나 Holy shit!은 비어이므로 함부로 사용해서는 안 되겠다.

A: Look out! The roof is caving in.
B: Holy cow! It looks like a hurricane.
A: I think it is. We'd better take cover.
B: Let's go down to the cellar.

A: 조심해! 지붕이 내려앉고 있어.
B: 어머나 세상에! 허리케인인가봐.
A: 그런 것 같아. 피해야겠어.
B: 지하실로 내려가자.

5 Great Scott!
어머나!

충격과 놀람의 탄식어(exclamation of shock or surprise)로 일상생활에서 많이 쓰이는 표현. 「이런!」, 「아이고!」 정도에 해당된다. 모처럼 일찍 귀가한 남편, 따뜻한 물로 샤워나 할까 했더니 아내가 The water heater just exploded!(온수기가 터졌어!)라 한다면 바로 이때 Great Scott! What do we now?(이런, 이제 어떻게 하지?)라고 말할 수 있다.

A: I heard a noise. I'm scared.
B: Don't worry. It's probably nothing. Go look.
A: Great Scott! It's a killer cockroach.
B: Run for your life.
  A: 무슨 소리가 들렸어. 무섭다.
  B: 걱정마. 아무것도 아닐 거야. 가서 봐봐.
  A: 아이구 깜짝이야! 살인 바퀴벌레야.
  B: 어서 도망가.

6 God bless you!
신의 가호가 있기를!

우리에게는 다소 낯선감이 있는 표현이지만, 서양에서는 누군가 재채기를 할 때 주위에 있는 사람들이 습관적으로 이 말을 해주곤 한다. 또 누군가가 자기를 위해 호의를 베풀었을 때, 「(이렇게 해주시다니) 신의 은총이 함께 하실 겁니다」라고 감사의 마음을 표할 때도 유용하게 쓸 수 있는 표현. 그냥 Bless you!라고만 말해도 같은 뜻이다.

A: I'm so hungry I could eat a horse.
B: Let me buy you dinner. You've been working so hard these days.
A: God bless you!
B: Don't mention it.
  A: 배고파 죽겠네.
  B: 내가 저녁 사 줄게. 넌 요즘 너무 무리했어.
  A: 어머, 복 받을 거야!
  B: 뭘.

7. Oh, my God!
오, 맙소사!

우리말의 「하느님, 맙소사!」처럼, 다급하고 곤란한 상황에서 신(God)을 찾는 건 동양이나 서양이나 매한가지. 기가 막힐 때뿐 아니라 놀라움이나 충격을 나타낼 때 쓸 수 있는 대표적인 말로, 「아이고!」, 「이런!」, 「큰일났네!」 정도의 의미이다. 같은 표현으로 My God!, My goodness!, Gosh! 등이 있다.

A: The dentist up at the mall was charged with sexual assault!
B: Oh, my God! That's the same dentist I use.
A: You'd better not go there again.
B: Don't worry, I won't.

A: 상가 저쪽에 있는 치과의사가 성폭행으로 고소됐대!
B: 맙소사! 내가 치료 받는 그 치과의사잖아.
A: 다시는 거기에 가지마.
B: 걱정마, 안 갈거야.

8. Good heavens!
저런!

상대방이 딱한 사정을 하소연하거나 놀라운 얘기를 해줄 땐 Good heavens! 정도의 반응은 보여야 예의. Good heavens!는 우리말의 「저런!」, 「어머!」, 「야단났네!」 정도에 해당하는 표현으로, 상대방의 말에 대해 동의하거나(그래, 그렇지) 부정하는(이런, 그게 아니라) 의미로도 쓰일 수 있다. 그냥 Heavens라고만 해도 되고, Good grief!, Good Lord!라고 해도 마찬가지로 놀람과 경탄, 그리고 충격을 나타내는 탄식어이다.

A: Good heavens! What happened to you?
B: I got attacked while coming home from school.
A: Do you know who it was?
B: No, but if I ever see them again, I'm going to kick their asses!

A: 세상에, 이를 어째! 무슨 일이니?
B: 하교길에 얻어 맞았어요.
A: 누가 그랬는지 아니?
B: 아뇨, 하지만 그 녀석들을 다시 만나면, 흠씬 패줄 거예요!

9. Oh, boy!
어쩜 좋아!

젊은 영계를 애타게 찾는 노처녀의 외침이 아니다. 감탄의 표현에 약한 사람, 그리고 아는 단어는 결코 사전을 찾지 않는 게으른 사람들은 종종 Oh, boy!를 「오, 소년!」이라는 그럴 듯한 시구절처럼 옮기는 촌극을 벌이기도 한다. boy는 흥분되거나 즐거운 마음을 표출할 때 쓰는 말로, 우리말 「어쩜 좋아!」에 해당되는 영어표현. 어떤 일에 약간 화가 나거나 짜증이 날 때, 또는 낙심했을 때도 쓸 수 있는데, 이럴 땐 「이런!」 정도의 의미가 되겠다. Oh을 빼고 그냥 Boy!라고만 해도 같은 뜻.

A: I'm sorry, but I can't come to the game tomorrow.
B: Why not?
A: I've got to conduct an interview with Tom Cruise.
B: Oh, boy! That's great. Can you get me his autograph?

A: 미안하지만, 내일 경기에 갈 수가 없어.
B: 왜?
A: 탐 크루즈를 인터뷰해야 돼.
B: 이야! 굉장한데. 사인 좀 받아줄래?

10. Whoops!
아차!, 아이구!

들고가던 물건을 바닥에 떨어뜨리거나 어떤 것을 깜빡하고 잊는 경우, 또는 상대방의 옷에 커피 등을 쏟았을 때와 같이, 경미한 사고나 실수를 저질렀을 때 쓸 수 있는 표현. 우리말의 「아차!」, 「아이구!」처럼 자연스럽게 터져나오는 탄성의 일종으로, Oops!라 하기도 한다.

A: Excuse me, is your name Sally?
B: No, it isn't.
A: Whoops! I must have the wrong girl.
B: Whatever!

A: 실례합니다. 당신이 샐린가요?
B: 아뇨, 아닌데요.
A: 아뿔사! 제가 착각했나봐요.
B: 상관없어요!

11

Ooh la la!
어머머머!

어감이 매우 재미있는 이 표현은 불어에서 온 것으로, 놀랍거나 범상치 않은 일을 겪을 때 쓸 수 있는 말이다. 또한 성적으로 매력적인 이성을 봤을 때 눈이 휘둥그래져 「이야!」, 「우와!」 정도의 의미로도 사용한다. Look at that!이나 앞서 나온 Wow!라고 해도 같은 뜻.

A: Daniel had his hair cut. I wonder what it looks like.
B: Here he comes now. Let's see.
A: Ooh, la la! He looks great.
B: Yeah, like a movie star.
   A: 대니얼이 머리를 잘랐대. 어떤 모습인지 궁금하다.
   B: 지금 오네. 보자.
   A: 와! 멋있다.
   B: 정말, 영화 배우같애.

12

For Pete's sake!
제발 좀!

책을 읽고 있는데 옆에서 자꾸 시끄럽게 떠든다면 화가 안 날 사람이 있을까? 아무리 맘씨 좋은 사람이라도 참다 못해 결국은 한마디하고 넘어갈 터이니 For Pete's sake!는 이처럼 어떤 일에 화가 나거나 더 이상 참을 수가 없을 때 쓸 수 있는 표현이다. 또다른 의미로 「제발」, 「부디」하며 부탁의 내용을 강조하는 말로도 이용된다. For heaven's sake!나 For God's sake!라고 해도 같은 표현.

A: Where are you going?
B: I'm going out to lunch with one of my coworkers.
A: Why do you always go out for lunch?
B: For Pete's sake! Leave me alone!
   A: 어디 가요?
   B: 동료와 점심 먹으러 나가려구요.
   A: 당신은 어째서 늘상 밖에서 점심을 먹어요?
   B: 도대체 말야! 날 좀 내버려둬요!

13

Who knows!
낸들 알아!

반어적인 표현으로 우리말로 하자면 「누가 알래!」, 「낸들 알겠어!」 정도에 해당된다. 풀어쓰면 Who knows the answer to that question!으로 상대방이 묻는 말에 「전혀 모르겠다」는 의미이다. 「오직 신만이 알고 있다」는 God only knows!도 같은 의미. 단어의 의미보다는 전체적인 문장의 억양이 내용전달에 중요한 기능을 한다.

A: Why did you buy such an extravagant dress?
B: Because I like it. How much do you think it cost?
A: Who knows! I hope you didn't charge it.
B: Well, as a matter of fact, I did.

A: 왜 그렇게 터무니없이 비싼 옷을 샀어?
B: 맘에 드니까. 얼마쯤 들었을 것 같아 보여?
A: 낸들 알아! 카드나 안 긁었길 바래.
B: 근데, 실은 카드 긁었어.

14

Cheers!
건배!

술좌석에서 술잔을 부딪히면서 하는 말로 우리말로는 「건배!」에 해당되는 표현이다. Bottoms up!도 같은 말. bottom은 「밑바닥」이라는 뜻인데 여기서는 「술잔의 바닥」을 말한다. 따라서 Bottoms up!하면 「바닥까지 다 마시자」는 것으로 「건배」, 「쭉 들이킵시다」 (Empty your glasses!: Finish your drinks!)에 해당되는 말.

A: I'd like to thank you all for coming here tonight.
B: I'll drink to that!
A: Cheers!
B: Last one to finish is a loser!

A: 오늘밤 여기 와 주신 모든 분들께 감사드립니다.
B: 건배합시다!
A: 건배!
B: 제일 늦게 마시는 사람 바보!

15 Gotcha!
속았지롱!

I've got you!에서 Got you의 발음을 그대로 표기한 경우로 사전에 새로운 entry로 어엿하게 자리잡고 있는 표현이다. 쓰임은 크게 세 가지. 첫째는 술래잡기나 서바이벌 게임 등에서 상대를 잡았을 때 「잡았다!」(I've caught you)하는 말이며, 두번째는 '사장이 너 좀 오래' 하고 거짓말을 하고선 초조해하는 상대에게 I fooled you(속았지롱!)의 의미로 Gotcha!라 할 수 있다. 마지막은 가장 보편적인 경우로 상대방의 뜻을 「이해했다」(I understand wht you said or what you want)는 의미.

A: Why are you taking me to the board room?
B: There is a meeting there for all secretaries.
A: Really? I think you're pulling my leg.
B: Gotcha!

A: 왜 날 중역실로 데려가는 거니?
B: 거기서 비서 전체 회의가 있어.
A: 정말? 날 놀리는 거 같은데.
B: 속았지롱!

16 Dear me!
아 참!

「친애하는」으로 알려진 dear는 편지에서 Dear sb의 형태로 쓰이는 기본적이고도 일상적인 단어. 그러나 감탄사로 「어머나」, 「아이고」, 「저런」 등의 의미도 있다는 사실을 알아두자. 자주 쓰이는 꼴은 Oh, dear!, Dear me!로 놀람이나 슬픔 또는 가벼운 분노, 낙담 등을 표현할 때(used for expressing surprise, sorrow, slight anger, discouragement) 사용되는 감탄사이다.

A: Are you going to get a job after you graduate?
B: No, I'm going to try starting up my own business.
A: That's great, but you are going to have to get the money to do it.
B: Dear me! I thought you'd be the one who would lend it to me.

A: 졸업 후엔 취직할 거니?
B: 아니, 사업을 시작해볼까 해.
A: 멋지구나, 하지만 그러려면 자금이 좀 있어야 할텐데.
B: 아 참! 안 그래도 너한테 돈을 좀 빌릴 생각이었어.

17 Gee!
이야!

Gee하면 왠지 뭔가를 발음하다 만 것처럼 느껴진다. 아니나 다를까 Gee는 Jesus에서 온 말. 억양에 따라 놀라움은 물론이고, 위로, 낙심, 반대의사, 비아냥, 주의, 금지 등 여러 가지 감정을 나타낼 수 있는 감탄사이다. 같은 의미로 Gee whiz!라고도 한다.

A: Do you like my new house?
B: Gee! It's great.
A: Thanks, I hope Rebecca will like it.
B: I'm sure she will.

A: 내 새 집 좋아?
B: 야! 멋지다.
A: 고마워, 레베카가 좋아했으면 좋겠어.
B: 틀림없이 좋아할 거야.

18 God damn it!
제기랄!

우리말의 「빌어먹을!」보다 어감이 강한 말로 기분이 나쁘거나 화가 날 때 쓸 수 있는 표현이다. 거의 욕설에 가까운 표현으로, 다른 사람에게 생각없이 사용했다가 뼈도 못추릴 수 있으니 조심, 또 조심해야 한다. 이보다 조금 완곡한(?) 표현으로 Damn it! 또는 Darn it!이라는 말이 있다. 참고로, damn은 bless의 반대말로 「신의 저주」, 「저주를 내리다」란 의미.

A: The president is about to make his speech. Do you have the camera?
B: No, you were supposed to bring it.
A: God damn it! I told you to bring it.
B: You did not. I distinctly remember you saying that you'd take care of the camera.

A: 대통령이 연설을 하려나 봐. 사진기 있니?
B: 아니, 네가 가져오기로 했잖아.
A: 젠장! 너보고 가져오라고 했잖아.
B: 아냐. 네가 사진기를 챙기겠다고 말한 걸 똑똑히 기억한다구.

19

Son of a bitch!
빌어먹을 (놈 같으니라구)!

「제기랄!」, 「빌어먹을!」이란 의미로, 화나고 짜증나는 일을 겪을 때 홧김에 신경질적으로 내뱉는 말 중 하나이다. bitch는 「암캐」, 「문란한 여자」로 우리말의 개××와 같은 의미. 따라서 상대방을 가리켜 이 말을 사용했을 때는 심한 욕설이 되니, 함부로 사용했다가 큰 코 다치는 일이 없도록 하자. 이보다 한 단계 수위가 낮은 표현으로, Son of a gun!이 있다.

A: He never called me after we slept together.
B: That son of a bitch!
A: It's so hard to trust guys.
B: I know.

> A: 그 사람 함께 밤을 보낸 이후로 통 연락이 없어.
> B: 그런 지랄같은 자식이 있나!
> A: 남자란 믿기 어려워.
> B: 그러게.

20

I'll be darned
젠장!

darn은 damn과 같이 「지옥에 떨어뜨리다」, 「저주하다」라는 의미. 따라서 I'll be darned[damned]는 뒤에 if it's true가 생략된 것으로, 직역하면 「난 저주받을 거야」라는 무시무시한 뜻. 그러나 실제로 이런 끔찍한 뜻으로 쓰이는 것은 아니고, 「저런!」, 「어머나!」, 「이럴 수가!」하며 어떤 일에 놀랐거나 초조함을 느낄 때, 또는 노여운 일이 있을 때 쓸 수 있는 표현이다.

A: I hope I get the promotion.
B: I heard Peter got it.
A: I'll be darned! I really thought I would get it.
B: Better luck next time.

> A: 승진이 됐으면 좋겠어.
> B: 피터가 승진했다던대.
> A: 젠장! 난 정말 내가 승진할 거라고 생각했는데.
> B: 다음번엔 운이 더 따를 거야.

21. Okey dokey!
그럼요!

긍정과 허락의 감탄사인 OK[Okay]!의 구어적 표현. 발음은 [ouki douki]로 영어같지 않은 발음 때문에 좀 생소하다. 이는 Okay의 고어로 현재는 조금 장난기있게 말하는 상황에서 친한 사이에 국한되어 사용되고 있다. 우리의 경우도 「예, 알았어요」라고 할 상황에 옛말로 「예, 분부 받잡겠습니다」하며 웃음을 자아내곤 하는데, Okey dokey!도 그러한 경우.

A: I want you to present your report to the board on Monday. Okay?
B: Okey dokey!
A: Don't forget to wear a suit.
B: Don't worry, I won't.

A: 월요일에 열리는 이사회에서 자네 보고서를 발표했으면 하네. 괜찮나?
B: 그럼요!
A: 정장 입고 오는 거 잊지 말게.
B: 걱정마세요, 잊지 않을게요.

22. Say cheese!
치-즈하세요!

우리는 사진을 찍을 때 웃는 모습을 찍기 위해, 다시 말해 굳어 있는 입술을 강제적으로 이완시키기 위해 사진을 찍는 사람이 찍히는(?) 사람에게 「김치 해보세요!」하는데 미국에서는 Say cheese!라 한다. 그래서 사진을 찍을 때는 All of you please stand still and say cheese! 혹은 Is everybody ready? Say cheese!라고 한다. 각자 김치와 cheese를 발음해 보면서 실제 발음시 웃음이 지어지는지를 직접 체험해 보도록 하자.

A: Can you please take a picture of me and my wife?
B: Sure... say cheese!
A: Thanks a lot.
B: Don't mention it. I hope it turns out okay.

A: 우리 부부 사진 한 장 찍어주시겠어요?
B: 그러죠… 치-즈하세요!
A: 정말 고마워요.
B: 천만에요. 사진이 잘 나오길 바래요.

연출되지 않은 미국인들의 삶을 날것 그대로 보기 위해선 아마도 그들이 무방비 상태에서 내지르는 비명, 탄성 등의 외마디 외침, 그리고 생활 구석구석에서 묻어나는 신음(?) 소리까지도 자연스럽게 내안으로 가져와야 한다. 따라서, 놀람, 기쁨, 불만 등 우리들의 감정을 내보이는 소리들, 그리고 의지와는 상관없는 생리적인 소리들을 다함께 살펴보기로 한다. 문자화된 텍스트로는 좀처럼 다뤄지지 않는 이런 생활 속 의성어들을 말을 처음 배우는 아기의 호기심으로 빼꼼이 들여다보자.

- **Huh**
- **Hmm**
- **Eh?**
- **Uh-huh**
- **Ah-hah**
- **Uh-oh**
- **Whoa**
- **Yuck**
- **Ouch**
- **Boo**
- **Yee-Haw**
- **Oh yes**
- **Ha-ha**
- **Yoo-hoo**
- **Psst**
- **Shh**
- **Yo**
- **blah, blah, blah**
- **Er**

긴 말 필요없다! 짧지만 강한
영어회화 핵심문장

SUPPLEMENTS

[2] 알아두면 재미나는 의성어

1
Huh
어? / 허!

억양을 조절하여 의문, 놀람, 경멸(contempt), 무관심(indifference)을 두루 나타낼 수 있는데, 보통 It's pretty big, huh?하는 식으로 허사로 쓰이는 경우도 많다.

A: We have to leave right now!
B: Huh?
A: If we don't go now, we'll be stuck in traffic.

A: 지금 당장 출발해야 해!
B: 어?
A: 지금 안가면 교통체증 때문에 옴짝달싹도 못할 거라구.

2
Hmm
음~ / 그래?

h'm으로 표기하기도 하며 우리말의 「음 ~」처럼 「깊은 생각」(deep thinking), 「주저」(pausing), 「의심」(doubt), 「불만」(disagreement or dissatisfaction) 등을 억양을 교묘히 조절하여 나타낼 수 있다. Hmm-K는 잠시 생각하다가 OK라고 허락하는 것.

A: I just found out that John is leaving.
B: Hmm?
A: That means his job will be up for grabs.

A: 존이 회사를 그만 둔다는데.
B: 그래?
A: 그럼 그 사람 자리를 누군가가 차지할 수 있다는 얘기네.

3
Eh?
뭐? / 알았어?

조금은 불손한 느낌이 들게(impolite way of saying) What?이라고 말하는 것. 턱을 버릇없이 치켜들고 「뭐?」라고 하는 것을 상상하면 좋겠다. I'm cold! Eh? I said I'm cold와 같이 「알았어?」의 의미로도 쓰인다.

A: I'm taking an early lunch.

B: Eh?
A: It's okay because I'll be back early as well.
> A: 점심 좀 일찍 먹을게요.
> B: 뭐라구요?
> A: 그만큼 일찍 돌아올 거니까 괜찮아요.

4　Uh-huh
아-

Yes의 의미. 즉, 상대방의 말을 귀기울여 듣고 있다고 반응을 보여주는 것. 이것은 우리나라 사람들에게 부족한 면 중의 하나인데 우리끼리 말할 때 「그래, 그렇구나」 하는 식으로 맞장구를 치듯 외국인과 대화할 때도 이것만 때맞춰 적절히 사용하면 결례를 범하는 일은 없을 듯.

A: He said that we're in financial trouble.
B: Uh-huh.
A: Does that mean people are going to get laid off?
> A: 그 사람이 우리 회사가 어렵다고 하던데.
> B: 아- 그렇구나.
> A: 그럼 직원들을 해고한다는 소린가?

5　Ah-hah
아하!

아르키메데스가 목욕탕에서 알몸으로 뛰어나오며 "Eureka!"라고 한 것처럼 뭔가 몰랐던 사실을 발견했을 때 내는 「아하!」하는 소리. 아래의 대화에서처럼 어떤 현장을 잡아냈을 때도 쓰는데 그렇다고 남편의 불륜장면을 포착한 아내가 이런 소리를 내지는 않겠죠?!

A: Ah-hah, I caught you red-handed.
B: I'm sorry, but I was starving.
A: Those donuts were for our guests.
> A: 아하! 현장을 잡았군.
> B: 미안, 배가 너무 고파서.
> A: 그 도너츠들은 손님들에게 대접하려고 갖다 놓은거라구.

Supplements

6. Uh-oh
어머! / 이를 어째!

Whoops 혹은 Oops와 유사하게 쓰이며 넘어지거나 뭔가를 떨어뜨렸을(fall or drop something) 때 혹은 실수를 했을 때 「가벼운 놀람이나 사과」(mild surprise and apology)의 의미가 담겨 있어 우리말로는 「어머」, 「이를 어째!」 정도. 억양을 챙겨줘야 맛이 산다.

A: The big boss is coming.
B: We better clean this place up.
A: And fast.

A: 사장님이 오셔.
B: 큰일났네! 사무실을 깨끗이 치워야겠어.
A: 그것도 빨리.

7. Whoa
워 워

원래는 말(horse)을 멈출 때 내는 「워 워」에 해당하는 소리지만 일상생활에서도 상대방이 열을 올리는 경우 진정하라(stop!)는 의미로 빈번히 쓰인다. 그래서 Calm down이나 Go easy와 같은 말들이 뒤에 따라붙는 경우가 많다.

A: Oh no, we need to finish this project!
B: Whoa, calm down and tell me what the problem is.
A: The boss wants to see it immediately!

A: 안돼, 이 프로젝트를 끝내야 돼!
B: 잠깐, 진정하고 문제가 뭔지나 말해봐.
A: 사장님이 그걸 당장 보고싶어 하셔!

8. Yuck
왝

구역질나는(disgusting) 맛이나 냄새를 접했을 때 내는 반사적인 소리로 우리말로는 「왝」에 해당한다. yucky는 형용사로 「정말 싫은」(extremely unpleasant)이란 의미로 yucky food, yucky color 등으로 쓰인다. 오만 인상을 찌푸리며 리얼하게 Eww!라고 하기도 한다.

A: **So, what do you think?**
B: **Yuck, it really tastes awful.**
A: **I thought that you would have enjoyed it.**

    A: 그래 맛이 어때?
    B: 우왝, 끔찍하다!
    A: 네가 좋아할 줄 알았는데.

9. Ouch
아얏!

어디에 부딪히거나 다쳤을 때 갑작스런 고통(sudden pain)을 호소하는 비명. 우리말의 「아얏!」에 해당하며 Ow!라고도 한다. 또 누가 복부를 한 대 힘껏 쳤을(struck in the abdomen) 때는 Oof라고 한다.

A: **Ouch!**
B: **What did you do?**
A: **I hit my head on the door frame.**

    A: 아얏!
    B: 왜 그래?
    A: 문틀에 머리를 박았어.

10. Boo
어! / 우~

뒤에서 살금 살금 다가와 놀래킬 때 내는 소리로 Boo! Scared you!(어! 놀랬지!) 처럼 쓰이는데 때론 「우~」하며 야유를 보낼때도 이같은 소리를 낸다.

A: **Boo!**
B: **You scared me half to death.**
A: **Sorry, I thought you were Jack.**

    A: 어!
    B: 놀라 죽을뻔 했잖아.
    A: 미안해, 잭인줄 알았어.

11 Yee-Haw!
야호!

기쁨을 넘어 아주 흥분된 상태에서 체면 따지지 않고 내는 탄성(cry of excitement). 이밖에 또 yippee, whoppee 등도 기쁨에 겨운 소리다.

A: They're giving us the afternoon off.
B: Yee-Haw!
A: That's exactly what I think.

A: 우리 오후에 쉬어도 된대.
B: 야호!
A: 내가 그럴줄 알았어.

12 Oh yes
그래 그거야

무아지경의 기쁨을 맛본 사람이 내지르는 소리로, 경황없음으로 인한 특유의 강한 억양이 일품! 결국 기분좋다는 얘기이다. Aah! Aah!도 비명아닌 비명이긴 마찬가지다.

A: How does that feel?
B: Oh yes, that feels good.
A: I told you that I give good massages.

A: 기분이 어때?
B: 그래 그거야, 아주 좋아.
A: 내가 마사지 잘한다고 했잖아.

13 Ha-ha
하- 하-

웃음소리(shout of laughter)를 표기한 것. 하지만 마냥 즐거워 웃는 밝은 웃음이라기 보단 보통은 빈정거리는(sarcastic) 뉘앙스다.

A: Congratulations, you've been promoted!
B: Ha ha.
A: I'm just kidding.

A: 축하해, 승진했다며!
B: 그래, 그래, 나 승진했다.
A: 농담이야.

14. Yoo-hoo
이봐

「이봐요, 여기있어요」(Hello, look over here), 「이봐요, 아무도 없어요?」(Hello, is anyone here?)하는 식으로 주의를 환기시키는 소리.

A: Yoo-hoo, is anyone here?
B: Yeah, I'm in the back.
A: I need to get this shipped overseas right away.

A: 이봐요, 누구 없어요?
B: 여기 뒤에 있어요.
A: 이걸 당장 해외로 발송해야 돼요.

15. Psst
이봐

다른 사람은 못알아듣도록 비밀스럽게(while asking for secrecy) 상대의 주의를 끄는(getting a person's attention) 소리. 너무 큰소리를 내서 본래의 용도와 달리 모든 사람의 주의를 끌어서는 안되겠다.

A: Psst. Hey, over here.
B: Why are you being so quiet?
A: The boss is looking for me.

A: 이봐, 여기야.
B: 왜 그렇게 목소리를 낮추는 거야?
A: 사장이 나를 찾고 있거든.

16 Shh
쉿!

Schh라고도 표기하며 우리말의 「쉿!」에 해당하는 말. 우리말과 거의 같은걸 보면 시끄러울 때 모든 인간이 내는 소리는 매한가지인듯. 그렇게 「조용히 시키다」는 동사는 hush.

A: Shh! You need to be quiet.
B: Why?
A: They're making a presentation next door.
   A: 쉿! 조용히 해.
   B: 왜?
   A: 옆방에서 프리젠테이션을 하고 있거든.

17 Yo
어이, 이봐 / 잠깐만!

아는 사람을 발견하고 Hi, 혹은 Hey의 의미로 부르거나 「잠깐만!」(wait a minute!)이라고 멈춰 세우는 소리.

A: Yo, what's up?
B: I was just going to get a coffee.
A: Do you mind if I join you?
   A: 어이, 어쩐 일이야?
   B: 커피 마시러 가려던 참이야.
   A: 나도 같이 가도 될까?

18 blah, blah, blah
어쩌구 저쩌구

생략해도 상관없는 흥미없는 부분을 「어쩌구 저쩌구」 혹은 「기타 등등」(and so on)처럼 대신하는 것. Yada, yada, yada도 같은 뜻인데 이는 미국에서 한때 선풍적인 인기를 끌었던 Seinfield라는 시트콤에서 유행시킨 말.

A: He went on talking about his trip for so long that I tuned out and all I heard was blah, blah, blah.

B: That guy is certainly full of himself.
A: You're not kidding.

A: 그 사람이 여행 얘기를 하도 오래 하길래 신경을 꺼버렸어. 들은 얘기래야 그저 시답잖은 것들 뿐이라구.
B: 그 사람 정말 자아도취형 인간이야.
A: 그런 것 같애.

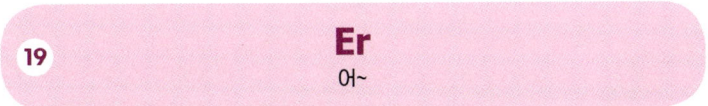

19 · Er · 어~

지난 밤 외박의 이유를 묻는 아내의 질문에 순진한 남편이 취하는 태도처럼 선뜻 대답하기 곤란한 질문을 받았을 때 망설이는(hesitating) 의성어로, Um이라고도 한다.

A: Were you surfing the Net on company time?
B: Er, not exactly.
A: I need to talk to you in my office.

A: 근무시간에 인터넷을 하고 있었나요?
B: 어~, 꼭 그렇진 않아요.
A: 얘기 좀 합시다. 내 사무실로 좀 오세요.